# 高校社科文库
教育部高等学校社会科学发展研究中心

汇集高校哲学社会科学优秀原创学术成果
搭建高校哲学社会科学学术著作出版平台
探索高校哲学社会科学专著出版的新模式
扩大高校哲学社会科学科研成果的影响力

# 国际人权法视域下的健康权保护研究

孙晓云／著

Right to Health: Protection under the International Human Right Law

光明日报出版社

图书在版编目（CIP）数据

国际人权法视域下的健康权保护研究 / 孙晓云著 . -- 北京：光明日报出版社，2011.10（2024.6重印）
（高校社科文库）
ISBN 978-7-5112-1635-9

Ⅰ.①国… Ⅱ.①孙… Ⅲ.①健康—权利—人权的国际保护 Ⅳ.①D998.2

中国版本图书馆 CIP 数据核字（2011）第 192263 号

## 国际人权法视域下的健康权保护研究
### GUOJI RENQUANFA SHIYUXIA DE JIANKANGQUAN BAOHU YANJIU

| 著　　者：孙晓云 | |
|---|---|
| 责任编辑：宋　悦 | 责任校对：罗　中　海　宁 |
| 封面设计：小宝工作室 | 责任印制：曹　诤 |

出版发行：光明日报出版社
地　　址：北京市西城区永安路 106 号，100050
电　　话：010-63169890（咨询），010-63131930（邮购）
传　　真：010-63131930
网　　址：http://book.gmw.cn
E - mail：gmrbcbs@ gmw.cn
法律顾问：北京市兰台律师事务所龚柳方律师
印　　刷：三河市华东印刷有限公司
装　　订：三河市华东印刷有限公司
本书如有破损、缺页、装订错误，请与本社联系调换，电话：010-63131930

| 开　　本：165mm×230mm | |
|---|---|
| 字　　数：224 千字 | 印　　张：12.5 |
| 版　　次：2011 年 10 月第 1 版 | 印　　次：2024 年 6 月第 2 次印刷 |
| 书　　号：ISBN 978-7-5112-1635-9-01 | |
| 定　　价：65.00 元 | |

版权所有　　翻印必究

# 前 言

《国际人权法规视域下的健康权保护研究》是我校青年教员孙晓云在其博士学位论文基础上修订而成的最终成果。

健康权是人权中最基本的权利之一。在长期的医学教育和卫生管理工作中,我了解到目前对国际人权中的健康权研究还不多见,现有资料也仅仅限于概念层面的理论研究,较为抽象。作者充分发挥个人良好的外语优势,广泛收集了世界、区域和国家三个层面上大量的最新外文资料,从国际法高度对这个抽象命题进行了深入探索,在理论与实践相结合的研究过程中,大胆提出个人见解,大胆构想我国健康权保护制度,表现出强烈的创新意识。

加拿大著名医学教育家奥斯勒曾经说过,医学这门学科"需要高度整合心智与道德,并让人求新、务实并有慈悲"。中国人民解放军第三军医大学是一所具有70多年光荣历史的研究型军医大学,一代代建设者们致力于创建世界医学名校,始终坚持做一流科学、育一流人才、出一流成果,形成了追求卓越、追逐一流的浓厚学术环境,积淀了崇尚真理、自由活跃的浓厚人文氛围,熏陶了在此学习、工作和生活的每一位三医大人。作者孙晓云正是植根于这片沃土,潜移默化地浸润着科学精神,滋长着人文情怀,孕育着创新思维,从而勇敢地对健康权这个带有浓厚乌托邦因素、政治色彩及技术性特征的命题发起挑战!

当然,创新之路绝非坦途。本书某些观点还有待深入的思考和实践的检验,论证也需进一步拓展深化。目前,作者瞄准军队遂行多样化军事任务卫勤保障需求,承担了我校两项卫勤法相关课题。希望作者再接再厉、严谨治学、勇于创新,放眼军队全局,立足学校实践,在军事法、卫勤法领域再出新的成果!

2011年7月1日

# 目 录

导 言 /1
  一、选题背景与意义 /1
  二、文献研究综述 /2
  三、研究内容和方法 /6

## 第一章 健康权保护的基本范畴 /8
引 言 /8
第一节 健康权的概念阐释 /9
  一、健康权的内涵 /9
  二、健康权的本质 /14
第二节 健康权的结构形态 /17
  一、健康权的内在结构 /17
  二、健康权的外部形态 /23
第三节 健康权保护的国际标准 /26
  一、以卫生服务为中心 /27
  二、以国家义务为中心 /29

第四节 健康权保护的历史演变 /31
　一、健康权保护的萌芽 /31
　二、健康权保护的产生 /33
　三、健康权保护的发展 /35
本章小结 /40

## 第二章 健康权的世界保护 /41
引 言 /41
第一节 联合国大会与健康权 /43
　一、联合国大会在健康权中的安全结构地位 /44
　二、千年发展目标对健康权的安全结构影响 /46
第二节 世界贸易组织与健康权 /47
　一、世界贸易组织在健康权中的生产结构地位 /47
　二、世界贸易组织规定对健康权的生产结构影响 /49
第三节 世界银行与健康权 /53
　一、世界银行在健康权中的金融结构地位 /54
　二、世界银行政策对健康权的金融结构影响 /56
第四节 世界卫生组织与健康权 /61
　一、世界卫生组织在健康权中的知识结构地位 /62
　二、世界卫生组织规定对健康权的知识结构影响 /64
本章小结 /72

## 第三章 健康权的区域保护 / 74
引　言　/ 74
第一节　欧洲健康权保护　/ 75
　一、《欧洲社会宪章》的健康权保护　/ 75
　二、《欧洲人权公约》的健康权保护　/ 83
第二节　美洲健康权保护　/ 92
　一、美洲健康权保护的法律渊源　/ 92
　二、以美洲人权委员会为中心的健康权保护　/ 96
　三、美洲人权委员会健康权保护案例分析　/ 98
本章小结　/ 104

## 第四章 健康权的国家保护 / 107
引　言　/ 107
第一节　南非健康权保护　/ 108
　一、南非健康权保护的历史背景　/ 109
　二、南非健康权保护的法律渊源　/ 112
　三、南非健康权保护的判例分析　/ 114
第二节　加拿大健康权保护　/ 122
　一、健康权在加拿大的不确定地位　/ 122
　二、健康权在加拿大的立法保护　/ 124
　三、健康权在加拿大的司法保护　/ 127

第三节 美国健康权保护 / 132
  一、制宪前后美国对健康权的态度转向 / 133
  二、20世纪美国健康权保护的是非之争 / 135
  三、美国健康权保护的现实状况 / 138
  四、21世纪美国健康权保护的发展趋势 / 141
本章小结 / 144

## 第五章 我国健康权保护制度的构建 / 146
引 言 / 146
第一节 我国健康权保护的法律状况 / 146
  一、健康权的国际承诺 / 147
  二、健康权的宪法保护 / 149
  三、健康权的制度保护 / 152
第二节 构建我国健康权保护制度的现实意义 / 156
  一、构建和谐社会的需要 / 157
  二、克服政府失灵的需要 / 160
  三、破解医改难题的需要 / 161
第三节 构建我国健康权保护制度的设想 / 163
  一、法律体系构建 / 163
  二、具体内容构建 / 165
本章小结 / 169

结束语 / 170

参考文献 / 172

后 记 / 186

# 导 言

## 一、选题背景与意义

### (一) 选题背景

本书选题建立在全球健康危机暴发及国际人权运动高涨的国际背景和"看病难看病贵"成为我国突出社会矛盾、政府大力提倡民生建设的国内背景之下。21世纪以来的数起全球重大公共健康事件对国际社会的稳定和发展,尤其是对发展中国家和最不发达国家的经济社会发展进程产生了巨大影响。世界卫生组织总干事指出,"公共健康危机将成为21世纪国际社会面临的一个主要问题"。

由于传染性疾病没有国界,突破传统地缘限制,以史无前例的速度在全球蔓延,从而使公共健康问题由单纯的国内法管辖事项演变成为全球性的公共健康危机。最为突出的是艾滋病和SARS的传染。以艾滋病为例,从1981年全球发现首例艾滋病患者到2006年底,艾滋病病毒感染者人数已高达3910万人。人员和货物的高速流动,导致地球一端暴发的疾病会迅速蔓延到世界各地,导致全球公共健康危机。全球公共健康危机还包括环境污染和食物安全带来的全球健康危害等。

全球公共健康危机的根源在于新自由主义下的经济全球化:经济全球化下人员和货物的流动成为全球传染病传播的直接原因;跨国公司对环境的严重污染导致健康环境的破坏、环境疾病的大量增加;食物安全问题导致食源性疾病的增加;最为突出的是TRIPS协议对药品专利限制所产生的药品可及性问题。

始于1985年的医疗卫生体制改革至今步履艰难,"政府主导派"与市场派的争辩仍在继续。"看病难看病贵"已成为我国目前最突出的社会矛盾和倍受关注的民生问题之一。

无论是从国际人权理论出发，还是就我国社会现实需求而言，国际人权视域下的健康权都亟待研究。然而，尽管我国签署了《经济、社会和文化权利公约》，在全球层面承认健康权，但我国宪法只有卫生事业的相关规定，而并没有确立健康权。因此，国际人权视域下的健康权保护研究已成为我国法学领域面临的前沿领域。

（二）选题意义

健康权研究具有较高的理论价值和实践意义。

首先，从理论价值上讲。健康权研究有助于促进国际人权法研究的发展，尤其是经济、社会和文化权利研究的发展。现代国际法正朝着人本化趋势发展，致力于确立和维护"以人为本"和"以人类为本"的人本秩序。国际人权法作为人本化最系统的体现，目前的研究却相对薄弱。相对历史悠久的海商法和正处于研究热潮的国际经济法，国际人权法尚处于起步阶段。健康权研究有助于推动国际人权法的发展，弥补当前研究的不足。

其次，就实践意义来看。第一，以权利为中心的方法（right - centered approach），为解决经济全球化所带来的若干重大社会问题提供了新的路径。国际社会经历了以国家为中心的现实主义到新自由主义指导下的市场中心，产生了全球健康危机、贸易与公共健康等一系列矛盾。克服市场全球化所带来的上述负面影响，势必引入新的路径。健康权建立在以人为本的基础之上，有助于克服市场指导下的经济至上主义。第二，健康权研究是转型期中国构建社会主义和谐社会的需要。"看病难看病贵"已成为当代中国突出社会矛盾，影响到中国的民生建设与和谐社会的构建。确立健康权是解决当前社会现实矛盾的需要。第三，健康权研究为我国当前的医疗卫生体制改革提供了基本价值方向。中国医疗改革的二十年一直伴随着"政府主导"还是市场化的激烈争辩。医疗改革不能单纯从卫生资源配置的角度出发，只有对其基本价值进行理性审视才能确定长期的方向。

## 二、文献研究综述

（一）国内文献

目前，国内健康权研究正处于方兴未艾阶段，但研究人员主要是宪法和民法学者，国际法学者对此进行的相关研究反而相对落后。

国内最早开始提出人权视角下的健康权的是韦以明先生的《"生命权"、"生命安全权"、"生命健康权"谁宜入宪——"非典"现象中的生命权透视》。① 在 2003 年 SARS 危机背景下,作者首次从人权角度提出健康权概念,强调加强政府责任。尽管作者对健康权持否定态度,但这毕竟是国内最早触及人权视角下的健康权的文献。

自 2006 年以来,学界更多地开始关注健康权,尤其以山东大学、吉林大学和湖南大学最为突出,先后有 5 篇硕士论文。② 2007 年开始,法学期刊也开始出现有关健康权的学术文章,包括:厦门大学民法学者蒋月和林志强在《健康权观源流考》中指出健康权从私权、社会权上升到人权的历史路径,认为国家应该更加积极地履行义务;③ 广州商学院的宪法学者杜承铭和谢敏贤在《论健康权的宪法权利属性及实现》也指出,"健康权是《经济、社会及文化权利公约》规定的一项基本人权,具有以积极性为主兼有消极性的宪法权利属性,我国宪法应把健康权作为公民基本权利明文宣示"。④

上述研究转变了我国传统视域下从民法角度对健康权进行研究的历史进路,将健康权研究上升到国际人权的高度,无疑推动了健康权相关研究的发展。然而,目前的研究都基于学科研究的思维定势,仅仅认识到健康权是一项国际人权,缺乏对其进行深入系统的研究。目前研究多限于《经济、社会和文化教程》(修订第二版)中 B. 特贝斯在《健康权》中的研究范式,对健康权、健康保护权、健康权利概念进行比较,罗列国际人权文件中健康权的有关规定,比较健康权与生命权的区别。其局限性突出表现在,对健康权的基本范畴缺乏深入分析,对联合国人权机构外的世界性国际组织对健康权的影响缺乏研究,尤其是对健康权的可诉性缺乏实证分析。

国际法领域有关健康权的研究具有浓厚的"WTO 立场",即从 WTO 角度审视

---

① 韦以明:"'生命权'、'生命安全权'、'生命健康权'谁宜入宪——'非典'现象中的生命权透视",《政法论坛》,2003 年第 6 期。
② 蔡维生:"人权视角下的健康权",山东大学硕士论文,2006 年 5 月;胡玲:"论健康权",吉林大学硕士论文,2006 年 8 月;于宝华:"论健康权",湖南大学硕士论文,2007 年 9 月;郑海涛:"试论健康权及其法律保护",山东大学硕士论文,2007 年 4 月;伊西成:"中国老龄人健康权的保障探析",山东大学硕士论文,2007 年 7 月。
③ 蒋月、林志强:"健康权观源流考",《学术论坛》,2007 年第 4 期,第 144~148 页。
④ 杜承铭、谢敏贤:"论健康权的宪法权利属性及实现",《河北法学》,2007 年第 1 期,第 64~67 页。

作为人权的健康权与 WTO 的冲突与协调。其中，有代表性的是 2007 年西南政法大学国际法专业博士王国锋的学位论文《WTO 的人权理念》提到 WTO 的健康权要素。"WTO 通过多种途径影响着健康权，尤其是发展中国家和弱势群体的健康权。将健康权纳入 WTO 首先可以促进联合国千年发展目标的实现，提高 WTO 的声誉"。① 该论文侧重世界贸易组织对健康权的影响，有利于健康权研究的深入，但其明显的国际经济法立场，显然只能为健康权研究提供一个视角。

（二）国外文献

与国内研究现状相比，尽管国外对健康权研究的时间要早、水平要高，但总体上讲，学界对健康权保护进行的研究在国际人权法领域中尚显薄弱。这与国际人权法和国际卫生法的整体研究水平较低有很大关系。在国际人权法领域，国际现实主义的存在以及经济、社会和文化权利的可诉性争议使得人权研究处于滞后状况；在国际卫生法领域，长期以来健康问题被视为国家主权，各国仅在传染病控制领域有合作，而且健康在国内法中被视为公共政策范围。因此，目前健康权研究在整个国际法领域中处于较低的研究水平。

对健康权进行较深入研究的是联合国人权机构和世界卫生组织。2003 年联合国人权委员会第 59 界会议任命保罗为健康权特别报告员。之后 5 年，保罗先后出访瑞典、罗马尼亚、莫桑比克、秘鲁、乌干达等国，积极开展与世界银行、国际货币基金组织、世界卫生组织和世界贸易组织等国际组织的合作，对健康权进行了较深入的研究。② 其工作重点为推动健康权的广泛承认以及拟定可以纳入卫生政策的指标以促进健康权的实现。世界卫生组织也就卫生与人权的关系、国家在健康权中的义务以及健康环境权等问题进行了较深入的研究，发表了一系列出版物。③

对健康权研究最为深入持续的国家是美国。20 世纪 60 年代以来，伴随着

---

① 王国锋："WTO 的人权理念"，西南政法大学博士论文，2007 年 4 月，第 145 页。
② 参见健康权特别报告员历年来向联合国大会递交的报告，包括：A/RES/58/173，A/62/214/A/61/338，A/60/348，A/59/422，A/58/427 等；《跨国公司和其他工商企业在人权方面的责任准则》，E/CN. 4/Sub. 2/2003/12/Rev. 2，2003 年。
③ 世界卫生组织出版物：《2007 年世界卫生报告：构建安全未来：21 世纪全球公共卫生安全（概要）》，2007 年版，WHO Health and Human Rights Working Paper Series No. 1, "Human Rights, Health & Environmental Protection: Linkages in Law & Practice", 2002, London; WHO Health and Human Rights Working Paper Series No. 3, "The Obligations of States with Regard to Non – State Actors in the Context of the Right to Health", 2002, Geneva.

人口老龄化和医疗费用的激增，美国政界和科学界就是否应该确立健康权开始了历时数代的争论。1983年，美国总统成立"关于医学和生物医学中的伦理问题以及行为研究的总统委员会"对健康权的确立问题进行了研究。1992年，美国最大的科学团体"美国科学促进会"专门组织了是否应该确立医疗保健权的咨询会。① 90年代，美国先后出版了两本关于健康权的论文集。② 由于美国没有在国际上承认健康权，且将健康视为商品，因此国内争论集中在健康权的证立上，即政府究竟负有法律义务还是道德义务。美国研究健康权的直接目的是服务于国内医疗改革以及人权的改善。

2001年，南非宪法法院的"卫生部诉治疗行动计划组织"案③作为健康权保护史上的经典案例，再次掀起美国学界的研究热情并先后出版了两部有关健康权的著作，发表了数篇法学论文。④ 美国著名卫生法学者安南斯认为，"南非的社会活动家成功地使健康作为一种人权重返国际舞台，而不是经济学家们惯用的全球经济范式和政治家们着眼于国家安全问题或慈善事业出发的健康问题"⑤。2005年，位于波士顿的美国东北法学院人权和全球经济项目组专门召开论坛，对公共卫生和人权机制进行研讨，之后出版了论文集《经济、社会和文化权利的实现：社会、法院和学界》。⑥

近年来，国外学者针对健康权的研究呈增加趋势，并且研究角度开始多元化，除了从传统的国家与人权的二元对立分析健康权外，开始关注市场与人权之间的能动关系。在研究上都是先列举国际人权条约中的健康权规定，然后指

---

① 美国科学促进会的官方杂志《科学》(Science)是全球发行量最大的科学杂志，也是全球最权威的科学刊物之一，影响因子高达30多分。

② Chapman, Audrey R., *Health Care Reform: A Human Rights Approach*, Washington D. C.: Georgetown University Press, 1994; Thomas J. Bole, III and Willianm B. Bondeson, *Rights to Health Care*, Boston: Kluwer Academic Publishers, 1991.

③ *Governmnet of the Republic of South Africa and Others v. Grootboom*, 2001 (1) SA 46 (CC).

④ Theodore H MacDonald, *The Global Human Right to Health: Dream or Possibility?* Radcliffe Publishing, 2007; Annas G J., *American Bioethics: Crossing Human rights and health Law Boundaries*, Oxford University Press, 2005.

⑤ Annas G J., *American Bioethics: Crossing Human Rights and Health Law Boundaries*, Oxford University Press, 2005, p.59.

⑥ Hope Lewis ed., *Realizing Economic, Social And Cultural rights: Communities, Courts and The Academy*, July, 2006, http://ssrn.com/abstract=917141, 2007年3月15日登录。

出健康权概念的不确定以及可诉性上的争议。① 最为大胆的是 Meirer 2006 年开拓性地提出,由于健康权的失效,应该确立公共健康权以对应全球化对健康的威胁。② 但遗憾的是,至今 Meirer 没有后续研究。

由此可见,无论是国外还是国内,对健康权保护的研究都还处于起步阶段。除了对是否应该确立健康权的持续争论以外,健康权保护研究囿于其内容的不确定以及是否具有可诉性方面,对于健康保护的基本范畴、联合国人权机构以外的世界性国际组织对健康权保护的影响、区域性人权保护机制中健康权保护的状况以及健康权国家保护的状况都缺乏系统深入的研究。

### 三、研究内容和方法

(一) 研究内容

本书的主要研究任务是建立健康权保护的基本范畴,剖析联合国人权机构外世界性国际组织对健康权保护的结构性影响;分析健康权在区域性人权机构中的保护机制以及在不同国家中的保护状况,从而提出建立我国健康权保护制度的构想。全书主要从以下几方面展开研究:

1. 健康权保护的基本范畴问题研究。目前的健康权研究尚处于国际人权条约文本的平面分析,本书对健康权的概念、结构形态、分析标准以及健康权国际保护历史演变的研究有助于建立健康权保护的基本范畴,从文本主义到功能主义,从条约文本推演出具体概念、丰富形态和立体结构到面向现实需求,为解决各种新问题奠定基础。

2. 健康权的世界保护。在庞大的联合国人权机构之外,世界性国际组织,如世界贸易组织、世界银行以及世界卫生组织对健康权保护有着或破坏或促进的复杂影响。揭示种种纷繁复杂的影响背后真正的原因才能发现健康权受到侵

---

① Lawrence O. Gostin, "The Human Right to Health: A Right to the Highest Attainable Standard of Health", *Hastings Ctr. Rep.*, *Mar*, *Apr.* 2001, vol. 29; Benjamin Mason Meier & Larisa M. Mori, "The Highest Attainable Standard: Advancing A Collective Human Right To Public Health", 37 *Colum. Human Rights L. Rev.* 101; Meier B M, "Employing Heath Rights for Global Justice: The Promise of Public Health in Response to the Insalubrious Ramifications of Globalization", 39 *Cornell Int'l L. J.* 711. 2006.

② Meier B M," Employing Health rights for Global Justice: The Promise of Public Health in Resoponse to the Insalubrious Ramifications of Globalization," *Cornell International Law Journal*, 2006, vol. 39, 711.

蚀的根源,并为健康权保护的实现提供保证。

3. 健康权的区域保护。有效的司法保护是健康权保护的底线,现有区域性人权保护机制正好为健康权司法保护提供了保障,弥补了联合国人权机构强制性不够的缺陷。研究健康权的区域保护可以从实证的角度解决目前学界存在的健康权概念模糊和可诉性问题的争议。

4. 健康权的国家保护。国内保护是健康权国际保护中最重要的方面。主要以南非、加拿大和美国三个国家为代表,从法律渊源、司法判例、学界争论等角度对三个国家的健康权保护现状进行深入剖析。主要解决健康权宪法保护的重要性以及健康权入宪的世界趋势问题。

5. 我国健康权保护制度的构建。在分析借鉴健康权世界、区域和国家保护的基础上,分析我国健康权保护的法律现状及构建健康权保护制度的现实意义,提出构建我国健康权保护制度的法律体系和具体内容。

(二) 研究方法

全书主要采用了以下几种研究方法:

1. 国际政治经济学方法。本书在研究上的主要特点是将国际政治经济理论——英国的结构权力理论引入对健康权世界保护的分析当中,用四个基本结构——安全、生产、金融和知识模式综合分析了国家与市场关系,剖析了联合国大会、世界贸易组织、世界银行和世界卫生组织对健康权纷繁复杂的结构影响。

2. 实证研究方法。健康权的可诉性是目前争议较大的问题。本书没有局限于从理论上对健康权的可诉性进行抽象解释,而是通过欧洲、美洲、南非、加拿大的大量案例对健康权司法保护的可能加以实证。

3. 比较研究方法。比较研究的方法是本书主要运用的研究方法。在全球层面,对联合国大会、世界贸易组织、世界银行和世界卫生组织对健康权的不同结构性影响进行了比较;在区域层面,对欧洲和美洲健康权保护的不同进行了比较;在国家层面,对南非、加拿大和美国具有典型意义的国家的不同健康权保护实践进行了比较。

# 第一章

# 健康权保护的基本范畴

## 引 言

早在联合国成立之初,健康权就在国际人权法中得以确立,至今已有半个多世纪。在此过程中,除美国以外的大部分国家虽然在各个国际人权条约中一致确认了健康权,但由于健康权无论在国际人权法还是在国内法中都是一个争议较大的问题,因此与公民的政治权利备受关注截然不同,健康权在理论和实践上一直备受冷落。从更大的国际背景着眼,该问题也是第二代人权——经济和社会权利所面临的共同问题。当健康权不再是只有宣示性的政治口号,而成为需要付诸实施的法律概念时,健康权保护的基本范畴便成为健康权保护研究不可回避的首要问题。

学者们面临的突出难题在于健康权概念的不明确。学者 Gostin 的观点颇具代表性,他指出"范围过于宽泛的健康权缺少明确的内容,不大可能有实践意义";[1] Meier 根本否定健康权,认为其不是法律权利;[2] 另一位学者 Meier 提出用公共健康权取代健康权;[3] 更多的学者试图从健康入手,从健康自身的

---

[1] Lawrence O. Gostin, "The Human Right to Health: A Right to the Highest Attainable Standard of Health", *Hastings Ctr. Rep.*, Mar, Apr. 2001, vol. 29, p. 29.

[2] Benjamin Mason Meier & Larisa M. Mori, "The Highest Attainable Standard: Advancing A Collective Human Right To Public Health", 37 *Colum. Human Rights L. Rev.* 101, pp. 102–147.

[3] Meier B M., "Employing Heath Rights for Global Justice: The Promise of Public health in Response to the Insalubrious Ramifications of Globalization", 39 *Cornell Int'l L. J.* 711, 2006, pp. 727~777.

丰富内涵推演出健康权的全面释义。① 还有为数不少的学者一直致力于对"健康权"（right to health）、"医疗保健权"（right to health care）、"健康保护权"（right to health protection）等概念的区分。② 总而言之，学界对健康权的研究尚处于刚刚开始的阶段，对于健康权保护的基本范畴基本缺乏研究。在某种程度上，与其称研究，倒不如说是刚刚"发现"国际人权法视域中健康权的存在。

国际人权视域下的健康权概念如何界定、健康权的内在结构和外部形态如何解构和呈现、健康权保护的标准是什么，以及健康权如何产生、何时产生等都属于健康权保护的基本范畴。本章将基于上述四个方面，对健康权的基本范畴作出阐释，并在此基础上得出基本结论。

## 第一节　健康权的概念阐释

考察国际人权法视域下健康权保护的主要目的，是建构一个在国际法及国内法中可实施的法律概念，明确健康权中的国家义务与个人权利的内在联系，使健康权不因包罗万象而变得毫无意义。本节从健康观的本体溯源分析国家在保护健康中的作用，继而从文本和案例方面解析关于健康权概念的现况与不足，并在此基础上对健康权的概念作出界定。

### 一、健康权的内涵

（一）健康观的本体溯源

《辞源》称"健康：一、强有力也；二、精力强壮；三、才力强壮。"③《汉语大词典》将健康解释为：（人体）生理机能正常，没有缺陷和疾病。《辞

---

① B·特贝斯："健康权"，《经济、社会和文化权利教程》，[挪] A·艾德、C·克洛斯等，成都：四川出版集团、四川人民出版社2004年版，第140~156页；国际人权法教程项目组：《国际人权法教程》（第一卷），北京：中国政法大学出版社2002年版，第339~349页。

② Meier B M. Employing Heath Rights for Global Justice: "The Promise of Public health in Response to the Insalubriou ramifciations of Globalization", 39 Cornell Int'l L. J. 711, 2006, pp. 727~777.

③ 《辞源》，北京：警官教育出版社1993年版，第220页。今天的健康观其实和古代健康观十分相似。无论是在西方还是在东方，古代都强调一种整体健康观。

海》将"健康"定义为:人体各器官系统发育良好,功能正常,体质健壮,精力充沛并具有健全的身心和社会适应能力的状态。① 目前,最权威的定义是国际卫生组织 1946 年在《世界卫生组织宪章》中给出的界定,即:健康是身体、精神与社会的全部美满状态,不仅是免病或残弱。② 上述字源解释揭示了人类健康观的不断变化,进而折射出国家在健康保护中的地位和作用的演变。

1. 《辞源》的整体健康观

《辞源》中的健康观是一种整体健康观。希波克拉底时代,人们认为健康和社会有着密切的联系。尽管认识到健康的社会性,但受生产力水平的限制,家庭而非国家是应对疾病和痛苦、保护健康的主要机构。③

2. 《汉语大词典》的疾病健康观

《汉语大词典》揭示了生物医学模式下的疾病健康观。生物医学模式是现代社会的主要特征之一,其出现与科学和理性战胜对世界传统或宗教的解释紧密相关。生物医学模式的主要预设在于:第一,将没有疾病等同于健康,认为每种疾病都存在病因;第二,精神和身体可以区分对待;第三,受过训练的医疗专家被认为是治疗疾病的唯一专家。医学家贝克尔的观点是传统疾病健康观的代表。它认为健康就是"一个有机体或有机体的部分处于安宁的状态,它的特征是机体有正常的功能以及没有疾病"④。《剑桥医学史》也称:"医学总是处理同一事件:治疗疾病"⑤。过去几十年间,生物医学模式备受批判。学者们认为,科学的医学效力被"过分夸大",整体健康状况的改进更多地应归因于社会和环境的变化,而不是医疗技术。这种疾病健康观的必然后果是,强调医院而不是国家在保护健康中的作用。

3. 《辞海》的社会健康观

《辞海》所反映的社会健康观是 20 世纪健康社会学的产物,强调健康与社会的互动关系:个人健康除了身体健康、精神健康还包括社会健康,社会是

---

① 《辞海》,上海:上海辞书出版社,1999 年版,第 722 页。
② 由于世界卫生组织在健康问题上的权威性,所以本人将其定义为字源解释的构成。
③ [英]安东尼·吉登斯著、赵旭东等译:《社会学》,北京:北京大学出版社 2003 年版,第 146 页。
④ [美]沃林斯基著:《健康社会学》、孙牧虹等译,北京:科学文献出版社 1993 年版,第 123 页。
⑤ [美]罗伊·波特等编著:《剑桥医学史》、张大庆等译,长春:吉林人民出版社 2000 年版,第 700 页。

影响健康的要素。社会健康观是随着工业化、都市化、疾病构成变化、科学技术进化和知识层次深化等过程而逐渐发展起来的观点，认为社会因素对健康和疾病起决定性作用，只有国家承担卫生保健的责任，才能实现人类的健康。

如美国著名社会学家帕森斯就认为，"健康可以解释为已社会化的个人完成角色和任务的能力处于最适当的状态"。①另一位社会学家特沃德儿则从另一方面揭示了健康的社会性，认为"健康的任何一种定义都应该首先是社会性的，而不是生物性的；健康必须被看成是一种社会规范；由社会标准来决定健康定义的部分，要比由生物学标准来决定健康定义的部分大"。②

1978年，国际初级卫生保健大会发表《阿拉木图宣言》，肯定了健康的社会维度，"健康不仅是疾病与体弱的匿迹，而且是身心健康、社会幸福的完美状态"。2005年世界卫生大会还设立了一个重要的三年期委员会，即决定健康的社会因素问题委员会，研究健康的社会方面问题。

通过对健康观的本体溯源，可以得出如下结论：从整体健康观、疾病健康观到现代健康观，保护健康的主要机构从个人和家庭、医院逐渐转变为国家。正是这种转变促使健康权从朴素私权演变成社会权和人权。笔者认为，界定健康权概念的关键，不在于对健康丰富内涵的全面揭示，而必须强调国家责任，实现国家义务和个人权利的有机统一。

（二）健康权的文本和案例释义

健康权不是指获得健康的权利，而是更完整的条约文本的简略形式，并可由各个不同层面的案例加以解释。如《经济、社会、文化权利国际公约》第12条首先规定健康权是"享有能达到的最高的体质和心理健康的标准"，然后指出国家具体义务包括："1. 低死胎率和婴儿死亡率，使儿童得到健康的发育；2. 改善环境卫生和工业卫生的各个方面；3. 预防、治疗和控制传染病、风土病、职业病以及其他的疾病；4. 创造保证人人在患病时能得到医疗照顾

---

① ［美］沃林斯基著、孙牧虹等译：《健康社会学》，北京：社会科学文献出版社1993年版，第132页。帕森斯是首先将健康的医学定义改变为社会学定义的社会学者。以结构功能理论著称的帕森斯从美国的价值和社会结构这一角度来分析健康和疾病，意图是要在整个社会体系中，分析健康和疾病的环境。

② ［美］沃林斯基著、孙牧虹等译：《健康社会学》，北京：社会科学文献出版社1993年版，第140页。

的条件"①。1988 年《美洲人权公约关于经济、社会和文化权利的补充议定书》第 10 条也是将权利和义务分开规定,"人人有健康权利,亦即最大程度地享受身心健康和社会幸福",并列举了国家的具体义务,包括"1. 初级保健,即社会的所有个人和家庭可获得基本保健;2. 将健康服务的利益推广到所有受国家管辖的个人;3. 对主要传染病进行普遍免疫;4. 防治及治疗地方性疾病;5. 对全民进行防治保健问题的教育;6. 满足风险最高群众的健康需要,这些人因为贫穷而成为最脆弱者"②。

在目前的判例中,法院认定的健康权内容包括:预防、控制和治疗疾病的权利,健康环境的权利,妇女、儿童的健康权以及享有健康设施、服务和货物的权利。起诉人通常不是援用单一的健康权,而是援用多种人权,如生命权、非歧视权、获信息权、免受酷刑权以及隐私权等。③

虽然上述文本和案例采用描述加列举的方式提供健康权定义,但仍缺乏定性的刻画。在 2000 年经济、社会和文化权利委员会通过的《享有能达到的最高健康标准的第 14 号一般性意见》(以下简称《第 14 号一般性意见》)和南非 2002 年治疗行动运动组织诉卫生部案(Treatment Action Campaign and Others v. Minister of Health)④ 中,对健康权概念的界定有了质的进步。

《第 14 号一般性意见》对健康权概念进行了全面解释,认为健康权不仅包括及时和适当的卫生保健,而且也包括决定健康的基本因素,如食物和营养、住房、使用安全饮水和得到适当的卫生条件、安全而有益健康的工作条件和有益健康的环境。享有健康的权利不应仅仅理解为身体健康的权利。健康权不仅包括自由,还包括不受干扰的权利,如不受酷刑、未经同意强行治疗和实验的权利。此外,它还试图抽象出健康权的规范性阐释,指出"享有健康权必须被理解为一项享有实现能够达到的最高健康标准所必须的各种设施、商品、服务和条件的权利"。这种观点在南非 2002 年治疗行动运动组织诉卫生部案(Treatment Action Campaign and Others v. Minister of Health)⑤ 中得到了进

---

① 《经济、社会、文化权利国际公约》第 12 条。
② 《美洲人权公约关于经济、社会和文化权利的补充议定书》第 10 条。
③ http://mannrettindi.is/the-human-rights-rpoject/humanrightscasesandmaterials/comparativeanalysis/therighttohealth/prevention/冰岛人权中心网站,2007 年 5 月 22 日登录。
④ *Minister of Health v. Treatment Action Campaign*, Case CCT 8/02.
⑤ *Minister of Health v. Treatment Action Campaign*, Case CCT 8/02.

一步诠释。在该案中,法官将个人健康权解释成一种合理卫生政策权。Jacca 法官认为,传统观点分割了个人权利和国家义务,通过将健康权解释成卫生政策请求权可以实现权利和义务的结合。①

(三) 健康权的概念界定

"人权概念是在历史发展的过程中逐渐从价值形态上升到制度形态"。② 所谓健康权,是一项享受有效和综合卫生制度服务的权利。与条约中的健康权概念只描述人类对健康的迫切需要不同,该概念从制度安排的角度对健康权进行定义,符合健康权作为一种法律权利而非道德权利的内在要求。

近年来,我国法学界已经出现从制度角度界定人权概念的倾向。我国法理学家张文显曾指出,人权通常在三种意义上使用:(1) 描述一种制度安排,其中,利益得到法律的保护,选择受到法律效力的保障,商品和机遇在有保障的基础上提供给个人;(2) 表达一种正当合理的要求,即上述制度安排应该建立并得到维护和尊重;(3) 表达这个要求的一种特定的正当理由,即一种基本的道德原则。该原则赋予诸如平等、自主或道德力量等某些基本的个人价值以重要意义。第一种意义的人权是法定的人权,第二种意义的人权是道德权利或应有权利,第三种意义的人权实际上是人权存在的理由或人权证成。③

联合国人权事务高级专员玛丽·鲁宾逊认为,"健康权并不意味着人们必须健康的权利,也不意味着贫困政府必须建立现有资源无法承受的昂贵卫生服务,但是,它确实要求政府在最可能的时间内实施能导致所有人都有可能获得并能得到的卫生保健政策和行动计划"。④ 联合国健康权特别报告员保罗也试图从制度的角度准确界定健康权的概念,他在2006年向联合国人权委员会递交的年度报告中提出,"从根本上说这就是健康权的含义:一个有效的、综合的根据需要作出反应的卫生制度,其中包括为所有人提供卫生保健和健康的基本决定因素"⑤。

因此,界定健康权概念不能只停留在抽象的对健康需求的表述上,而是要

---

① *Minister of Health v. Treatment Action Campaign*, Case CCT 8/02, para. 28.
② 莫纪宏:"人权概念的制度分析",《法学杂志》,2005年第1期,第7页。
③ 张文显:《二十世纪西方法哲学思潮研究》,北京:法律出版社2006年版,第428~429页。
④ 世界卫生组织出版物:《关于卫生和人权的25个回答》,2002年,第9页。
⑤ 《人人有权享有最佳身心健康问题特别报告员保罗·亨特的报告》,联合国经济及社会理事E/CN.4/2006/48,2006年3月3日,第10段。

从制度的角度对健康权与卫生制度的内在关系进行揭示。二者的内在联系首先表现为目的与手段的关系,即健康权的实现需要具体卫生制度的保障。尽管为数不少的国际人权条约都规定了健康权,但健康权实现的关键在于缔约国国内法实行的卫生制度。其次,二者还具有内在的嵌合关系。卫生制度中嵌合了健康权理念,健康权是卫生制度的价值基础。同法院制度或政治制度一样,有效的卫生制度是一个核心的社会机制。如同享有公平审理的权利是良好法律制度的基础,投票权是国家政治制度的基础,健康权是有效卫生制度的基础。①

## 二、健康权的本质

### (一)资源配置的要求

健康权区别于第一代人权的本质属性在于,它是卫生资源重新配置的要求。长期以来,学者们对人权属性的研究局限于"平等、普遍性、相对性以及不可分割性"的反复论证。刚刚开始的健康权研究也沿袭了第一代人权属性的范式,强调"固有性、无差别性、体现人的尊严"②,忽视了健康权作为一种经济权利与经济基础的相互联系。健康权不是抽象地要求健康状态的权利,而是对卫生资源重新配置的主张。因此,对健康权属性的考察需要摆脱"倚人权说人权",悬于"太虚幻境"的传统人权研究方法,回归马克思主义本体论唯物主义的进路。

在马克思主义唯物史观中,人权总是作为反映社会关系的社会上层建筑而存在的。对于人权的经济基础,马克思、恩格斯在《资本论》及其手稿中已有十分明确的论释,可谓"钢链"早已架起,人权之秘早已"破解"。但后来学者一直沿袭西方研究第一代人权的传统方法,惯于从人民与国家的对抗中寻求人权的抽象哲学依据,忽视了经济权利的经济基础,忽视了经济权利的本质在于从法权关系调节经济关系,结果如同恩格斯所指"观念同自己的物质存在条件的联系,愈来愈混乱,愈来愈被一些中间环节弄模糊了"。③ 考察健康

---

① 《人人有权享有最佳身心健康问题特别报告员保罗·亨特的报告》,联合国文件 E/CN. 4/2006/48,2006 年。
② 郑海涛:"试论健康权及其法律保护",山东大学硕士论文,2006 年 9 月,第 11~13 页。
③ 胡义成:"人权研究方法论反思——重温马克思主义方法论原则",《法律科学》,1994 年第 4 期,第 23 页。

权的实质,有必要将健康权从一种抽象的人权具体到一种经济社会权利,认识到健康权作为一种经济权利与卫生资源配置之间的必然联系,强调从法权关系调节经济关系。

其实,美国学者早就意识到健康权与卫生资源配置的内在联系,相关健康权是否应该确立的争论从 20 世纪延续到 21 世纪,争论的核心并非健康是否人类的基本需要,而是卫生资源配置究竟应该按需分配还是根据市场价格进行。如平等主义者赞同健康权,认为健康权是指卫生服务方面具有平等可及性,要求卫生资源配置的原则是按需分配,而自由市场主义者将个人的边际产品视为衡量其社会贡献的指标,认为应该根据个人的社会贡献大小来分配医疗产品。①

因此,对健康权本质的认识应该建立在健康权作为一种经济权利的基础之上。资源配置是权利语言的具体表达。健康权不是个人主观健康需要的主张,而是卫生资源重新配置的内在要求。

(二) 个人参与的强调

联合国健康权特别报告员在历次向联合国递交的报告中反复强调,参与是健康权一个不可或缺的特点。② 个人参与是健康权的重要本质属性。

首先,健康权作为一种人权强调个体存在的个性特征,至高无上的个体在人权谱系中起最终作用。③ 唯名论摒弃了抽象概念,否认集体、城邦、社会等普遍性范畴,将中心放在特殊性上。人权的本质在于"个人的诞生",其最高体现就在于参政权。④ 参政权不仅意味着自由公正的选举,同基本民主原则具有不可分割的联系,还包括个人和社区积极明智地参与对他们有影响的决策,包括有关健康的决定。换句话说,健康权不仅重视与健康有关的目标,也同样重视实现目标的过程。

其次,健康权的个人参与属性将传统的自上而下、非参与性的健康治理方

---

① Theodore R. Marmor, "Rights to Health Care: Reflections on Its History and Politics," in Thomas J. Bole, III and Willianm B. Bondeson, *Rights to Health Care*, Kluwer Academic Publishers, 1991, pp. 23~52.

② 《人人享有能达到的最高身心健康的权利》,联合国大会文件 A/59/422,2004 年 10 月 8 日,第 24 段。

③ [美]科斯塔·斯杜兹纳:《人权的终结》、郭春发译,南京:江苏人民出版社 2002 年版,第 62 页。

④ 叶必丰:"人权、参政权与国家主权",《法学》,2005 年第 3 期,第 41 页。

式,与健康权指导下的自下而上、参与性的健康治理方式相区别。尽管健康保护的战略必须由国家推动,但不应把国家所有权狭隘地理解为完全属于政府所有。这种战略应该归于广泛的利益有关者所有,包括生活贫穷者。当然这不容易实现,需要假以时日。有些人通常被排除在政策制定过程之外,为了帮助他们参与,需要有创新的安排,而且这些安排还应该尊重现有的地方和国家民主体制。个人参与在促进健康权发展中发挥的重要作用已得到众多公约和案例的承认。欧洲政府缔结的《奥胡斯公约》就承认了公众参与对推进环境健康的重要作用。该协定是在联合国经济委员会的支持下为欧洲而签订的,要求各国保障信息获取、公众参与及司法救济渠道,目的是使人民享有清洁、健康的环境权。IACHR《厄瓜多尔人权报告》也强调了公众参与在实现环境人权方面的重要作用。哥伦比亚宪法法院还直接指出,宪法性的生存权不仅包括实体性的健康环境权,还暗含着参与决策的程序性权利。

第三,个人参与除了表现在参与健康政策的制定上,还表现为直接通过司法途径实现权利救济。尽管健康权的可诉性还存在争论,但 21 世纪以来可以看到越来越多的健康权诉讼案例,当然也有其局限性。从目前案例实际来看,大多是非政府组织代表下的集体诉讼,少有个人诉讼。南非的肾衰案结果以失败告终。

(三)法律责任的强化

健康权的第三个本质属性在于法律责任的强化。国际人权法增强个人和社区的力量,给予他们应享权利,并对其他方面规定法律义务。重要的是,权利和义务需要问责制。除非得到问责制的支持,否则权利和义务只是装饰。所以,注重人权或健康权的办法是强调义务,并要求所有有义务者对其行为负责。

尽管"问责制"常常用于表示指责和惩罚,①但这样狭义地理解该词,局限性太大。健康权问责机制确定哪些健康政策和机构有效、哪些无效以及无效的原因,以便促进实现人人享有健康权。这种问责机制必须是有效、透明和可获取的。儿童保健和产妇保健问题第 4 工作队在倡导"建设性问责制"时,就是这样理解问责制的。

---

① L. P. Freedam,"多米尼加共和国的人权、建设性问责制和产妇死亡率:评论",《国际妇产科杂志》,2003 年第 82 期,第 111~114 页。

此外，问责制包括多种形式。如，在国际一级，各人权条约机构提供了一种问责制雏形；在国家一级，保健专员或监察员则可以提供某种程度的问责制。民主选举的地方保健委员会是另一种问责机制。行政安排如公布保健影响评估也可以加强问责制。像健康权这样复杂的人权需要一系列问责机制，但机制的形式和组合又因国家而异。

## 第二节　健康权的结构形态

### 一、健康权的内在结构

"目前的人权研究中，无论是在西方或社会主义国家，少有学者对人权的主要原则口号进行矛盾分析，用对立统一的观点对之进行阐释和批判。这势必使研究在理论上缺乏应有的深度。"① 笔者赞同这一观点，并在此采用结构主义方法，从三个层面分析健康权内在的结构矛盾：从微观层面分析有限资源和最高可能的结构矛盾；从国家分权考量的角度分析健康权保护中立法权与司法权的结构矛盾；从国际政治经济学的权力结构说角度分析健康权的安全、生产、金融和知识四种根源权力。

（一）最高可能——有限资源

有限资源与最高可能的矛盾冲突是作为人权的健康权在法律这门实践性科学中所遇到的难题。在美国，不少学者以资源的稀缺性作为理由反对健康权的确立；实践中，成员国也往往将此作为托词否定应尽的法律义务。笔者认为，资源有限性的问题被部分学者所夸大。正是"有限资源"使"不可能"的权利得以可能化，而不是否定权利自身的存在。因此，有必要从最高可能和有限资源这对矛盾入手，对健康权进行深刻理解。

1. 最高可能：乌托邦色彩

作为人权的健康权有着明显的乌托邦色彩。《经济、社会和文化权利国际公约》第12条规定，"人人有权享有能达到的最高的体质和心理健康的

---

① 胡义成："人权研究方法论反思——重温马克思主义方法论原则"，《法律科学》，1994年第4期，第29页。

标准"。《儿童权利公约》第 24 条规定,"缔约国确认儿童有权享有可达到的最高标准的健康,并享有医疗和康复设施"。在《欧洲社会宪章》中,健康权也被表述为"每个人有权享受任何使他能够获得最佳健康水准的措施"。

健康权对最高可能健康的诉求是由健康权作为人权而固有的乌托邦特性所决定的。在《人权的终结》中,科斯塔斯·杜兹纳提出,"人权源于这个传统,人权是法律背后的乌托邦成分。但是,与古典的乌托邦不同,人权没有从一个预言描述的美好未来那里,而是从宣告人权胜利的国家公民感受的痛苦和蔑视那里汲取了力量","当人权失去了乌托邦的目标时,人权也就终结了"。① 因此,健康权将人人实现的最高可能的健康作为其乌托邦的目标。对此,《第 14 号一般性意见》也承认,"有一些方面不可能完全在国家与个人之间的关系范围内解决"②。

林肯主张废奴制度的就职演说可以被视为健康权乌托邦色彩的经典性论述。他主张,"他们(立国先贤们)并无意制造明显的谎言,即所有的人当时都在真实地享有平等,他们也不准备马上就赋予这种平等。他们只是想昭示这种立一套为每个人所熟悉的准则和标准,让人们不停地去追寻,让人们不停地去努力,让人们不停地去逼近,尽管永远不可能臻于完美。从而让人们不停地去扩大和深化它的影响,并且把生命的幸福和价值扩及于所有肤色、所有地方的全体人民"。③

2. 有限资源:现实基础

带有乌托邦色彩的健康权在实践中必然面临的问题是有限资源造成的障碍。世界卫生组织的"初级保健"战略规定了许多必不可少的基本卫生服务。关于保健,主要包括:母婴保健,包括计划生育;主要传染病的免疫;对普通疾病的适当治疗;基本药物的提供。这些内容的实现都需要资源的保证。

但是,资源有限不能成为否定健康权确立的理由。"其实所有权利,即便是最传统的权利,都是要付出代价的。财产权、契约权、言论自由权和宗教自

---

① [美]科斯塔·斯杜兹纳著、郭春发译:《人权的终结》,南京:江苏人民出版社 2002 年版,第 408 页。
② 《第 14 号一般性意见》,第 9 段。
③ 引自:奥斯顿:"美国对经济、社会和文化权利的认可",《美国国际法杂志》,1990 年,第 84 期,第 387 页。

由权都需要纳税人的大力支持。"① 阿马蒂亚森也曾经说过,目前不具有实现的基础并不能从本质上否定经济和社会权利的存在,困难是可以通过政治和组织上的改变来实现的。②

事实上,资源稀缺性存在于任何一个社会问题当中,而且资源的多少与国家的政治态度以及意识形态有着密切关系。因此,资源稀缺并不能成为反对健康权实现的理由。卫生保健作为一项基本社会支出,其标准的制定必须以社会长期的资源可及性为依据,而不是受制于每月或每年的波动。③ 所谓的有限资源不过是把一个充满乌托邦色彩的健康权拉回到法律现实中,为所谓的最高可能设定了限制,从而使健康权具有了现实基础。

(二)立法权——司法权

在健康权产生和发展的半个多世纪中,一直伴随着一个争论:健康权的可裁判性。反对健康权司法保护的首要原因就在于:立法权与司法权之间的分权考量。由于法官的作用影响到卫生资源配置政策的制定,立法权与司法权之间的关系也由此成为健康权保护中的一对突出结构矛盾。

1. 传统分权的考量:立法权主导

传统卫生政策的制定是立法部门和行政部门的职能。司法部门恪守一种"司法节制"的姿态,只是卫生政策的适用者。在传统分权考量理论下,立法机关通过民主选举产生,最能代表人民的意志;涉及到政治决策,尤其是关联到国家预算、财政支出的重要举措亦应由立法机关作出。立法机关通过法律的制定和政策的发展,成为赋予健康权的权利内容并实现权利的首要主体。

法院对健康权的司法保护,往往需要国家实施一定的积极义务。这意味着国家需要提供一定资源作为法律救济。因此,法官就充当了立法者在资源配置方面的作用,而这正是立法权的核心所在。这种现象带来两难困境:究竟是立法权还是司法权能更好地承担制定国家政策的需要?是目睹了卫生政策不足而

---

① [美]凯斯·R·孙斯坦著、金朝武、刘会春译:《设计民主:论宪法的作用》,北京:法律出版社2006年版,第258页。
② Amartya Sen, "Elements of Human Rights", *Philosophy Public Affairs*, vol. 32, Blackwell Publishing, Inc. p. 320.
③ Mary Ann Baily, "defining the Decent Minimum", in Audrey R. Chapman, *Health Care Reform: A Human Right Approach*, Washington D. C.: Georgetown University press, 1994, p. 184.

积极主动的法官,还是面对国家的综合需要而难以应付的立法者?① 另外,法官专业领域知识的缺乏和信息的缺乏也会限制法官的能力。

这种传统的分权理论直接导致美国反对健康权的确立。一贯倚重司法审查实现权利保障的美国认为,健康权等经济、文化和社会权利不具有可诉性,根本不能作为国际人权加以确立。② 即使在确立了健康权的诸多国家,健康权的司法保护在20世纪80年代以前也一直处于停滞状态。

2. 现代实践的突破:司法能动作用

正如霍姆斯在其巨著《普通法》中所称,"法律的生命不是逻辑而是经验",法官在健康权中的消极史正在由实践而改变,立法权和司法权的结构矛盾因此显现。与此同时,现代司法能动主义所引起的一场悬而未果的大辩论正从美国发端,并向世界各国蔓延。③

在司法实践中,日益增多的健康权案例表明,法官倾向于在卫生资源配置中发挥积极作用。自20世纪80年代后期开始,国际健康权案例的数量逐渐呈上升趋势。哥斯达尼加、印度、委内瑞拉、哥伦比亚、阿根廷和南非宪法法院都有相关案例。④ 在区域性人权机构中,美洲人权法院自20世纪80年代以来受理健康权保护案件数量也逐渐增多。⑤ 2002年南非治疗行动运动组织诉卫生部案(Treatment Action Campaign and Others v. Minister of Health)中,法官明确指出,"在本案中,不存在可诉性问题。可诉性显然存在"。⑥ 法官还继续指出,"社会经济权利将几乎不可避免的引起类似预算含义这一事实对我们而言并不是其可诉性的障碍。"

即使在不承认健康权的美国,司法也在卫生资源的配置以及卫生法的形成中发挥着重要作用。受政治层面及医疗保健领域内权利和责任冲突不断升级的

---

① Dleanor D. Kinney & Brain Alexander Clark, "Provisions for Health and Health Care in the Constitutions of the Countries of the World", 37 *Cornell Int' L L. J.* 2004, p. 300.
② 胡敏洁:"论社会权的可裁判性",《法律科学》,2006年第5期,第26页。
③ 刘慧英:"能动还是克制:一场尚无结果的美国司法辩论——评司法能动主义",《美国研究》,2005年第4期,第148页。
④ Yamin A E, "Not Just a Tragedy: Access to Medications as a Right under International Law", *Boston University International Law Journal*, vol. 21, 2003, p. 325.
⑤ Melish T J., "The Inter – American Commission on Human Rights: Defending Social Rights Through Case – Based Petitions", *Social Rights Jurisprudence: Emerging Trends in Comparative and International Law*, New York: Cambridge University Press, M. Langford, ed., 2007, pp. 23~29.
⑥ *Minister of Health v. Treatment Action Campaign*, Case CCT 8/02.

影响，法官被推到卫生政策领域的中央，对争论不休的卫生政策发表意见。尽管政治势力和利益集团的全面阻拦，使得国会对医疗保健进行全面立法的努力胎死腹中，但少数人的声音仍通过接近司法而得以表达。① 实践证明，20世纪中叶，美国法院在涉及到堕胎以及安乐死等问题上发挥了积极的政策形成功能。②

在此，笔者无意对司法能动主义或是司法节制主义发表更多的评论。但笔者认为，在健康权的保护中必须认识到立法权和司法权两种权力的作用，实现二者的平衡。2001年，美国学者对450个判例进行实证分析并得出结论：立法者和法院对卫生资源配置的原则不同。前者遵循利益最大化的经济原则，主要解决医疗费用上升情况下质量保持的问题，而后者通常表现出对个人自由和权利的关心。这从侧面证实，司法权介入能够更好地实现对健康权的保护。对此，论文第四部分"区域层面的健康权保护"和第五部分"国家对健康权的保护"将进一步展开分析。

（三）安全——生产——金融——知识权力

在对经济、社会和文化权利的研究中，目前的主流研究仍然沿袭着人权与主权之间对抗的固有模式。这一方面是受第一代人权研究范式的影响，另一方面也与国际关系领域中长期盛行的美国现实主义有关。在最新的研究中，已有学者开始从国际金融组织对健康权的根本破坏作用着手对健康权展开研究。③

笔者认为，健康权是对卫生制度进行主张的权利，对一国卫生制度的建立产生重大影响的国际安全、贸易、金融、卫生等组织不能忽视。研究健康权的内部矛盾需要抛弃传统美国现实主义影响下的"人权—主权"模式，转向英国国际关系领域中的权力结构理论，从安全、生产、金融和知识四种结构权力对健康权进行深层次的解构。

1. 美国现实主义的权力结构观

在美国现实主义派的杰出代表摩根索的政治理论中，权力（或者说实力）

---

① M. Gregg Bloche, "The Invention of Health Law", 91 *Calif. L. Rev.* p. 250.
② 胡敏洁：《论社会权的可裁判性》，《法律科学》，2006年第5期，第27页。
③ 参见：George Annas: *Global Right to Health: Dream or Possibility?* 2007; Benjiamin Mason Meier, "Employing Health Rights for Global Justice: The Promise of Public health in Response to the Insalubrious Ramifications of Globalization", 39 *Cornell Int'l L. J.* 711, 2006, pp. 716~731.

概念自始至终起着中轴（axis）的作用。① 摩根索视野中的权力结构由不同的国家权力要素组成，国家之间的关系是一种争权夺利、弱肉强食的关系。他认为，"国际政治同一切政治一样，是追逐权力的斗争。无论国际政治的终极目标是什么，权力总是它的直接目标。"②

在这种以国家为中心的权力结构模式影响下，对健康权的分析一直沿袭着"人权——主权"的结构模式。尽管《世界人权宣言》、《经济、社会和文化权利国际公约》、《消除一切形式的歧视公约》以及《儿童权利公约》等都对健康权的国际保护作出了规定，但这种规定更像是一种政治承诺，缺乏有效的国际约束机制。健康权从未跨越民族国家的边界。

随着冷战的结束和世界的总体和平，全球化成为世界的主流，国际社会发生了结构性变化。这种变化"对国际法在世界范围内的进一步发展产生决定性的影响"③，摩根索理论慢慢从"经典"走向"古典"。在摩根索理论影响下的健康权结构模式，也逐渐不适应国际社会的需要。尽管摩根索的古典权力观不能解释为什么需要从全球层面对健康权加以保护，但它从另一个层面证明，在以国家权力为中心的时代，健康权保护必然建立在国家模式的基础之上。

2. 英国政治经济学中的权力结构观

20世纪80年代末至90年代初，著名国际关系女专家苏珊·斯特兰奇教授提出的新型权力结构观为理解健康权内部的权力结构提供了分析工具。斯特兰奇教授以权力的来源为依据，将权力结构划分为安全权力、生产权力、金融权力和知识权力四种结构性权力。掌握不同权力的主体可以利用其具有的结构性权力，制定法律，巩固和维护它的社会政治权力，施加其影响。权力拥有者能够改变其他人面临的选择范围，又不明显地直接对他们施加压力，要他们作出某个规定，而不作出别的决定或选择。④

通过斯特兰奇教授提供的分析工具，可以清晰地看到全球层面健康权保护

---

① 王逸舟：《西方国际政治学：历史与理论》，上海：上海人民出版社1998年版，第75页。

② [美] 汉斯·摩根索著、徐昕等译：《国家间政治——权力斗争与和平》，北京：北京大学出版社2006年版，第55页。

③ Manfred Lachs, "Thoughts on Science, Technology and World Law", *American Journal of International Law*, vol. 86, 1992, p. 676.

④ [英] 苏珊·斯特兰奇、杨宇光等译：《国家与市场》，上海：上海世纪出版集团2006年版，第41~122页。

中的四种结构性权力：联合国大会、世界贸易组织、世界银行和世界卫生组织分别代表了影响健康权的安全、生产、金融和知识四种结构性权力。联合国大会代表安全权力；WTO代表生产权力，为健康权保护提供必需的各种资源，包括各种设施、商品、服务，尤其是GATS的签署使医疗服务业直接服从生产权力的规制；世界银行掌握金融权力，可以通过借贷政策、信贷协议和结构调整方案，直接影响主权国内的健康政策的制定和健康权保护的实现；世界卫生组织代表知识权力，通过制定疾病的预防、公共卫生知识、检验方法、药品安全标准等相关规定，① 从知识层面实施对健康权保护的影响。

全球层面的结构性权力对健康权的国家保护既有积极影响，也有消极影响。积极影响表现为世界卫生组织代表的知识性权力在统一不同国家对健康权保护知识层面认识上的促进作用；而生产和金融方面的机构性权力则对健康权保护国家模式有侵蚀作用。在生产方面，"贸易与环境"、贸易与健康、贸易与劳工标准等问题日渐引人注目；② 在金融方面，这种侵蚀作用表现更为明显。20世纪80年代末，受新自由主义影响，World Bank和IMF倡导"华盛顿共识"，主张削弱政府在卫生事业中的财政开支，这直接削弱了发展中国家公共卫生基础设施的建设，影响到国家对健康权的保护。

正是由于与世界市场相适应的生产和金融方面的结构性权力正越过国家权力的疆域限制影响主权国内的健康权保护，因此，健康权的研究需要采用新的视角。如何协调上述四种权力之间的矛盾，将在论文第三部分"全球层面的健康权保护"展开更深刻的论述。

## 二、健康权的外部形态

在人权研究中需要注意，作为价值观念体系的人权在形态上具有相对独立性和多样化的特征。③ 古典自然理论、新自然理论把自然法或人的尊严作为社

---

① 《世界卫生组织章程》第21条规定，世界卫生大会有权通过下列五方面规则：1. 预防疾病在国际间蔓延的环境卫生与检疫的必须条件及其他方法；2. 关于疾病、死因以及公共卫生工作的名称；3. 检验方法的国际通用标准；4. 出售给各国市场的生物、药物及其他类似制品的安全、纯净和功效的标准；5. 出售给各国的生物，药物及其他类似制品的广告与标签。
② 那力、何志鹏：《WTO与公共健康》，北京：清华大学出版社2005年版，第1页。
③ 胡义成："人权研究方法论反思——重温马克思主义方法论原则"，《法律科学》，1994年第4期，第30页。

会制度发展的动力,很难给出权利发展的可信解释;而以规范为基础的权利理论实际上等于对现象进行注释,只能对制度亦步亦趋,根本无法进一步对制度进行指引和批判。①

为什么发展中国家比发达国家更强调健康权?为什么发达国家尽管承认健康权,学界讨论不多,实践中也少见案例?为什么在美国,是否应该确立健康权引起了民众、政界、伦理学界、卫生法界广泛的争论?目前的研究将健康权局限于国际人权规定和国家宪法规定,无法回应上述问题。上述问题的解答,需要利用索绪尔的符号学理论对权利的形态进行解析,对权利与制度间的互动进行认识,从而把握健康权的外部形态及权利与制度之间的互动。

(一)符号学的人权形态理论

伟大语言学家索绪尔所开创的符号学从全球化运动中获得动力,被看做全球人文科学认识论和方法论现代化的主要路径之一,正从语言学研究的主客体域向各学科转移。② 将符号学理论运用于法学领域,有助于增强对人权外部形态的认识。

1. 符号学的本体理论

符号学最伟大的创新,就在于它确定了"所指"(signified)和"能指"(signifier)这个符号的两面体结构特征和符号系统的结构层次观。③ 具体说来,索绪尔将单一符号(sign)分成意符(Signifier)和意指(Signified)两部分。意符是符号的语音形象,意指是符号的意义概念部分,由两部分组成的一个整体就称为符号。所指是唯一的,能指具有多样形态。

符号学理论的实质在于寻求各种符号的共性。俄罗斯《语言学大百科词典》将作为学科的符号学解释为"研究保存和传递信息的各种符号系统在构成和功用上的共性的学科"。"异中求同"(Synthesis in Diversity)甚至直接成为了 1994 年 6 月在美国加州大学伯克利分校召开的世界符号学协会第五次大

---

① 何志鹏:"权利发展与制度变革",《吉林大学社会科学学报》,2006 年第 5 期,第 150 页。
② 李幼蒸:"符号学的认识论转向——从自然和文化世界中的记号到学术话语的语义学制度",《国外社会科学》,2007 年第 2 期,第 33 页。
③ 陈勇:"略论符号学分析的方法论实质",《解放军外国语学院学报》,2006 年第 1 期,第 34 页。

会的会议标题。①

2. 符号学的人权形态理论

根据索绪尔的理论，人权形态可以表现为抽象的人权和具体制度表达的人权。二者间可以构建出所指和能指的符号关系。由此，一项单一的人权就表现出丰富的外部形态，如国际人权法中的人权、宪法权利以及具体制度中的权利；不同形态的"能指"的权利共性在于都有助于维护"所指"的人权。

我国人权法学者莫纪宏曾指出，宪法权利、行政法上的权利以及民事权利、诉讼权利是人权制度化的主要法律手段。② 莫先生已经认识到抽象的人权需要具体的制度来表达，但他是从人权实现的法律手段的角度，探讨具体法律制度对人权实现的作用，局限性在于其构建的归根到底是一种单向施动的模型。

符号学理论的丰富蕴意，为我们理解人权的丰富形态、抽象人权与具体制度中的权利之间的共性以及互动提供了理论工具。

(二) 健康权的外部形态

1. 外部形态的具体内容

根据索绪尔的符号学理论，作为一种卫生制度请求权的健康权可被视为所指，能指则包括国际人权法中的人权规定、宪法中的宪法权利规定、卫生法中的规定以及社会保障法中的规定。因此，健康权的外部形态包括上述不同法律文件中的条文规定。

各种国际以及区域性中的人权规定是健康权外部形态的最高形式。从内容表达上，国际人权条约中的规定更集中，更反映健康权作为人权的抽象特质；从法律效力上看，国际人权条约中的规定效力更高。各国宪法中的健康权规定是国际人权条约中健康权规定在国内的内化，同时又是健康权保护的最有力保障。因为，健康权作为一种经济、社会和文化权利，最重要的是在国内的实施。

大量卫生法规定是健康权的全面规定。社会保障法关系到穷人的医疗保障，因此在某种意义上来说是健康权实现的最关键环节。不少欧洲国家，尤其

---

① 陈勇："略论符号学分析的方法论实质"，《解放军外国语学院学报》，2006年第1期，第35～36页。

② 莫纪宏、李岩："人权概念的制度分析"，《法学杂志》，2005年第1期，第7页。

是北欧国家之所以健康权案例较少,很大程度上就是因为其国内建立了完善的医疗保障体系,从另一个层面对健康权进行了保护。

长期以来,国际人权法学者将研究的重点放在国际人权法和宪法的规定上,忽视了卫生法体系和社会保障法也是以权利体系为主线的。发达国家健康权相关研究不够丰富的原因正是在于发达国家一般都建立了从医疗保障、公共卫生、环境保护等比较完善的法律保护制度。因此,笔者认为,对健康权的研究不能局限于国际人权条约和国家宪法规定的范围。

2. 一般形态和具体形态的区别

当然,具体卫生制度和社会保障制度对健康权的间接保护与国际人权法中明确确立的健康权之间毕竟是有区别的,不能等同。其最大区别就在于,健康权是一切卫生法体系的价值基础,① 它使卫生体系更具有伦理性。

另外,立足人权的卫生体系制定方针,特别重视处境不利的个人和社区,要求个人和社区积极和以知情的方式参与制定影响他们利益的决定;要求要有有效、透明和能够利用的监测和问责制机制。立足人权的卫生法的制定不仅注重主要卫生结果,而且注重实现这些结果的一些进程。因此,这种权利路径指导下的健康保护法制的制定,强调知情权、参与权和诉权,从而"鼓励民主价值和法治精神"。②

## 第三节 健康权保护的国际标准

为了增强健康权在法律中的操作性,联合国经济社会理事会逐步发展出两套健康权保护的国际标准:一套以卫生服务为中心;另一套以国家义务为中心。尽管在某种意义上,两类标准不过是提供了健康权的分析框架,还不能称为严格的国际标准,但对推动健康权从国际人权法中的抽象规定到具有法律规则的操作性具有积极意义。

---

① 《人人有权享有最佳身心健康问题特别报告员保罗·亨特的报告》,联合国经济及社会理事会 E/CN.4/2006/48,2006年3月3日,第10段。

② Health and Human Rights Working Paper Series No. 1, "Human Rights, Health & Environmental Protection: Linkages in Law & Practice", p. 23.

### 一、以卫生服务为中心

健康权是要求一项全面、综合的卫生制度的服务的权利。卫生服务是否全面、综合可从下列因素进行评价:①

(一) 可供性

所谓可供性(availability)是指从总量上看,国家境内必须有足够数量、行之有效的公共卫生和卫生保健设施、商品和服务以及卫生计划。这些设施、商品和服务的具体性质会因各种要素而有所不同,包括缔约国的发展水平,但它们应包括一些基本的卫生要素,如安全和清洁的饮水、适当的卫生设施、医院、诊所和其他卫生方面的建筑、经过培训工资收入在国内具有竞争力的医务人员和专业人员以及世界卫生组织必须药品行动纲领规定的必须的药品。

(二) 可及性

可及性即可获取性(accessibility),包括不歧视、地理上与经济上的可获取性以及可以获取信息。

第一,不歧视。卫生设施、商品和服务必须在法律和实际上面向所有人,特别是人口中最脆弱的部分和边缘群体,不得以任何禁止的理由加以歧视。

第二,地理上的可及性(physical access)。所谓地理上的可及性,是要求健康服务设施位于每个人都能达到的距离之内,特别是脆弱群体和边缘群体,如少数民族和土著人、妇女、儿童、青少年、老年人、残疾人和患有艾滋病/携带病毒者等人。获得的条件不仅包括能够安全、切实得到医疗服务和基本的健康要素,如安全和洁净的饮水、适当的卫生设施等,包括农村地区,还包括建筑物为残疾人配备适当的进入条件等。地理上的可及性尤其需要注意。相关联合国机构报告指出,"有许多国家……卫生支出虽然很多,但被过多地用于发达城区的大医院内的医疗保健,而不是用来促进优质初级保健向被边缘化的

---

① *The right to the highest attainable standard of health*:*General Comments*,UN Document 11/08/2000. E/C. 12/2000/4,11 August 2000,p. 12.

社区扩展"。①

第三,经济上的可及性。即在经济上可以支付。卫生设施、商品和服务必须是所有人能够承担的。卫生保健服务以及基本健康要素有关的服务、收费必须建立在平等原则的基础上,保证这些服务无论是私人的还是国家提供的,应是所有人都能承担得起的,包括社会处境不利的群体。平等原则还要求较贫困的家庭与较富裕的家庭相比,不应在卫生开支上负担过重。

第四,获得信息的条件。获得信息的条件包括查找、接受和传播有关卫生问题的信息和意见的权力。当然,获得信息的条件不应损害个人健康资料保密的权利。

根据可获取性,卫生制度必须向所有人提供服务,不仅是向有钱人,也要向穷人提供服务;不仅要向主要族裔群体,也要向少数民族和土著民众提供服务;不仅向男人也要向妇女提供服务;不仅要向城市里的人提供服务,也要边远村民提供服务。

(三) 可接受性

可接受性(acceptability)强调卫生设施、商品和服务必须遵守医务职业道德,在文化习俗上是适当的,即尊重个人、少数群体、人民和社区的文化,对性别和生活周期的需要敏感,遵守保密规定,改善有关个人和群体的健康状况。

(四) 质量标准

这里所指的质量,即卫生设施、商品和服务应当具有科学和医学上的适当质量标准。要求应有熟练的医务人员,在科学上经过批准、没有过期的药品、医院设备、安全和洁净的饮水和适当的卫生条件。

另外,还需要注意卫生制度的优先性问题。卫生制度必须根据国家和地方优先事项作出反应。熟练的社区卫生工作者,如村庄里的保健小组能够了解其社区的卫生重点。此外,包容性参与有助于保证卫生制度能够满足妇女、儿童、青少年、老年人和其他处境困难的群体的特殊的卫生需要。包容、知情和积极的社区参与是健康权的关键因素。卫生制度也必须是有效和综合的,不应

---

① S. Gillespie et al., *How Nutrition Improves: a Rreport Based on An ACC/SCN Workshop held on 25~27 September 1993 at the 15th IUNS International Congress on Nutrition, Adelaide, Australia*, Geneva; ACC/SCN; July 1996, p. 47.

仅仅是针对不同疾病的一些松散集结起来的纵向干预措施。

### 二、以国家义务为中心

（一）一般法律义务

逐步实现义务是健康权保护中的国家一般法律义务。《经济、社会和文化权利公约》第2条第1款规定了国家在保护健康权中的一般法律义务。根据该规定，缔约国有义务采取步骤逐步实现经济、社会和文化权利。

逐步实现义务包括两方面含义：第一是国家的积极义务。国家在第一代人权中负有消极义务，主要是不干预个人自由，而健康权保护要求国家履行积极义务，积极采取措施保护个人健康。如提供足够的医疗卫生设备、设施和服务。第二是逐步义务。由于健康权的实现对资源有高度依赖，资源有限性决定国家义务不能超越社会经济发展水平，必须与社会经济发展共同进行。因此，国家义务具有时间上的渐进特征。

逐步义务要求不应理解为国家义务失去了有意义的内容，成为空洞的口号。相反，逐步实现义务意味着国家有一项具体和始终存在的义务。如果国家采取的卫生措施严重滞后，没有跟随社会经济科技的发展而得到提高，那么国家就违反了健康权保护的一般法律义务。

尽管公约只规定了国家的逐步实现义务，承认由于可利用的资源有限造成各种困难，但公约还是规定了一些立即有效的义务。国家在健康权方面立即有效的义务包括：保证行使这项权利不得有任何歧视（第2条第2款）和采取措施充分实现第12条义务（第2条第1款）。同时，逐步义务内含的重要假定是不允许在健康权上采取倒退措施。如果有意采取任何倒退措施，国家必须证明措施的合理性，如对有限资源和公约所有权利的整体衡量。

（二）具体法律义务

国家在健康权保护中的具体法律义务包括尊重、保护与实现三个层次上的国内义务、国际义务以及核心义务和限制义务。其中尊重、保护与实现义务最为重要。

尊重健康权的义务是指缔约国必须避免直接或间接地干涉健康权。比如，缔约国不应否认和限制平等获得医疗保健的机会，不应审查、限制和扣留或故意捏造与健康有关的信息，应当禁止非法污染空气、水源和土壤。保护健康权的义务是指缔约国应当采取措施防止第三方干涉健康权。如，缔约国应当确保卫生部门的私有化不会对保健设施、物品和服务的可用性、易用性、可接受性和高品质构成威胁；缔约国应当确保医疗人员和其他健康专业人员符合适当的教育、技能和行为规范标准。实现健康权的义务是指要求缔约国履行一系列的义务。其中，包括要求缔约国在国内法律和政治系统中对健康权有足够的承认，制定一个详细的全国健康政策和一个详细的实现健康权的计划。上述三个层次的义务属于国内层次的义务。

除此之外，国家还具有国际援助与合作的义务，即健康权还要求缔约国承担国际援助和合作方面的义务（ICESCR，第2.1条）。比如，缔约国有义务尊重在其他管辖地区享受健康权，确保国际协议不会对健康权产生不利的影响，确保它们在国际组织（如世界贸易组织，世界银行和国际货币基金组织）里的代表在讨论所有政策时都对健康权有足够的考虑。①

核心义务是国家在健康权保护义务中的最低限度。经济、社会和文化权利委员会认识到缔约国有一个确保最低限度基本健康权水平的核心义务。所谓核心义务即确保不受歧视地使用健康设施、物品和服务的机会，特别是边缘群体和弱势群体；确保获得基本庇护所、住房、卫生条件、适当的食品和水源的机会；提供WHO确定的基本药品；确保平等地分配所有健康设施、物品和服务；制定一个确保每个人健康权的全国性健康战略和行动计划。②

此外，国家还具有限制义务。国家可以出于公共健康保护的角度出发，对基本人权进行限制，但这种限制必须符合法律规定，包括国际人权法的规定。国家限制义务对推进民主社会的整体福利是严格必要的，但必须与实际需要相称，能够接受审查并且期限是有限的。如锡拉库扎原则③和《一般评论第14号》都对何时允许限制作了有益的规定。

当然，健康权保护中的义务主体并非限于国家，其他主体也负有义务。尽管国际人权法规定缔约国在实现健康权方面承担主要义务，但同时也承认其他参与者在实现这一目标方面也应承担责任和发挥重要作用。

---

① 《一般评论第14号》，第38~42段。
② 《一般评论第14号》，第43段。
③ 《关于限制和违反公民和政治权利国际公约的锡拉库扎原则》，联合国文件 E/CN. 4/1985/4。

## 第四节 健康权保护的历史演变

相对漫长的国际贸易法史,健康权在国际法中的产生时间较晚并在相当长一段时期几乎处于停滞状态。自20世纪末21世纪初以来,健康权国际保护进入全面发展的阶段。中西方学者多从人类历史早期开始探寻健康权的演进史,① 但这种将国家最早对健康的朴素规定作为历史源头似显粗放。本节将以健康权的起源、产生和发展为线索对其历史背景进行简要勾勒。

### 一、健康权保护的萌芽

笔者认为,作为人权的健康权萌芽于19世纪的公共健康运动以及19世纪开始的确认经济、社会文化权利的发展之中,同一时期的国际预防传染病制度促成健康进入国际法的视域。

#### (一) 国内萌芽

健康权起源于19世纪的卫生革命,这与通常意义的人权起源有所不同。人权概念起源于18世纪的启蒙运动和英国大革命,当时的人权运动主要在于要求承认公民和政治权利。财产权作为唯一的经济权利被主张是因其被视为工业革命时期资本主义制度的基础。经济权利,特别是健康权有不同的起源。不同于公民和社会权利起源于对国家的反抗,经济权利主要是回应工业大革命所

---

① 国际健康权研究先驱 B. 特贝斯在《健康权》这篇被广为引用的论文中从古代卫生措施、现代卫生立法、国际卫生合作、国家宪法规定各个不同角度对"作为人权的健康的历史演变"进行了横向和纵向以及国家和国际不同维度的探寻。我国学术界也承袭了这一思路。民法学者研究健康权观时,进行了从古到今的国内国际研究,指出"健康权的发展至少可以归纳为三个历史阶段,首先是朴素的私权观,继而是萌芽的社会权观,最后是在二次大战前后成为各国宪法和国际法强调的基本权利和现代人权,从而彻底地改变了其'消极权利'的性质"。宪法学者在研究作为宪法权利的健康权的历史演变时,也将"自有记录的人类历史早期以来,有关当局已经采取措施改善公众的健康"作为起点,并探讨了健康权的国际人权法渊源。B. 特贝斯:"健康权",[挪] A·艾德、C·克洛斯等主编:《经济、社会和文化权利教程》,成都:四川出版集团、四川人民出版社2004年,第140~156页;论文被《国际人权法教程(第一卷)》收录。参见:国际人权法教程项目组:《国际人权法教程》(第一卷),北京:中国政法大学出版社2002年,第339~349页;蒋月、林志强:"健康权观源流考",《学术论坛》,2007年第4期,第144~148页;杜承铭、谢敏贤:"论健康权的宪法权利属性及实现",《河北法学》,2007年第1期,第 页。

带来的经济混乱。卡尔·马克思就指出，人类有权获得经济安全。①

健康权起源的根本原因在于，19世纪工业化带来的公共卫生污染和传染病大流行。19世纪正是第一次工业革命时期，原先分散、小规模的家庭作坊逐步被大规模、人口集中的机器工业所替代，大量劳力涌向城市，恶劣的工作条件和密集的城市人口引发了许多卫生问题。当时频频暴发的欧洲黑死病、霍乱、热病大流行，迫使人们注意水源、食品、环境等的卫生状况，促成了公共卫生学的建立。② 健康权的社会性引起人们注意。在德国，卫生改革运动倡导人维尔萧（Virchow）提出"政治只不过是广义的医学"的主张，要求从社会政治、经济等方面解决工业化带来的一系列健康问题。当时的公共卫生改革者们倍受工业革命带来的混乱之苦，得益于疾病细菌学理论科学发展的影响，推动了国家支持的公共卫生改革。

维护公民健康的国家责任始于1848年，英国第一个公共卫生条例被列入法令全书以及国家卫生委员会的成立。③ 在德国，卫生改革运动倡导人维尔萧（Virchow）提出"政治只不过是广义的医学"的主张，要求从社会政治、经济等方面解决工业化带来的系列健康问题。1883年，德国颁布了世界第一个医疗保障法律《企业工人疾病保险法》，标志着个人、社会、国家共同承担风险的新型医疗保障制度的诞生。④

另外一个平行的进程是将社会权利纳入国家宪法。随着19世纪末社会意识的觉醒，有些国家很早就把基本社会权利纳入宪法规定。⑤

（二）国际萌芽

频频暴发的传染病促成了19世纪下半叶的一系列国际卫生大会以及国际健康协调制度的开端。国际贸易和交通的发展要求在全球层面对传染病的预防加以协调。自1851年在巴黎召开的首届国际卫生会议后，欧洲各国在近半个世纪里共举行了六次会议，并于1892年在意大利威尼斯缔结了人类历史上第

---

① Eleanor D. Kinney, "The International Human Right To Health: What Does This Mean For Our Nation and World?" *Indiana Law Review*. 2001, vol. 34, p. 1459.

② 胡鞍钢：《透视SARS：健康与发展》，北京：清华大学出版社2003年版，第134页。

③ Eleanor D. Kinney, "The International Human Right To Health: What Does This Mean For Our Nation and World?" *Indiana Law Review*. 2001, vol. 34, p. 1463.

④ 乌日图：《医疗保障制度国际比较》，北京：化学工业出版社2003年版，第3页。

⑤ ［挪］A·艾德、C·克洛斯等编：《经济、社会和文化权利教程》，成都：四川出版集团、四川人民出版社2004年版，第141页。

一个具有约束力的《国际卫生公约》。① 由于公约重点是控制传染病，强调从环境因素入手，因此这一时期被称为环境卫生时代。

健康权萌芽期总的特点在于国家开始承担保护公民健康的责任并开始了全球层面的协调与合作。这种责任是在传染病暴发的社会背景下，由功利主义思想而非平等主义指导的产物，与工业化以及国际贸易具有密切的联系。

## 二、健康权保护的产生

第二次世界大战和联合国是健康权产生的直接诱因。20世纪中期到20世纪末，健康权在国际、区域以及国家层面的各种法律文件当中全面确立。不过，"作为保护世界和平的核心策略"，健康权有着明显的工具性价值。在长期国际现实主义影响之下，50多年来健康权一直不过是国际文件中的一个口号（slogan），② 而没有取得实质性进展。

（一）在国际人权法中的产生

健康权作为人权的产生可归因于第二次世界大战期间，德、意、日法西斯对人权的极大侵犯。第二次世界大战之后，公共卫生问题和国家对公民健康权实现的积极责任受到普遍关注。联合国框架范围内有关人权的定义构成了一个转折点。美国罗斯福总统的四大自由演讲及当时美国与苏联两大阵营的角力，促进了公民和政治权利之外的社会权利的承认。他的"免于匮乏"的呼吁为在国际人权条约中承认经济、社会和文化权利铺平了道路。③ 1945年在旧金山召开的联合国国际组织大会提出，将健康权纳入经济、社会和文化权利范畴。一份宣布"医药是和平的支柱之一"的特殊备忘录引致在《联合国宪章》第55条中列入健康权。④ 健康权国际保护法制的产生具体表现在20世纪40至

---

① 李辉："贸易与健康：多边贸易体制的公共卫生安全视角"，《中国卫生法制》2005年第1期，第17页。

② Kenney ED, Clark BA, "Provisions for Health and Health Care in the Constitutions of the World", *Cornell Int Law J* 2004, 37, 285.

③ 在他的演说中，他提到"言论和表达自由、以自己方式信奉上帝的自由、免于匮乏的自由和免于恐惧的自由"。[挪] A·艾德、C·克洛斯等编：《经济、社会和文化权利教程》，成都：四川出版集团、四川人民出版社2004年版，第143页。

④ 该备忘录引用了当时的纽约主教佩尔曼（Spellman）的声明。见世界卫生组织《世界卫生组织第一个十年》，1958年，第38页。

60年代，一系列宣言、决议、宪章和纲领以法律文件的形式明确承认健康权。1946年通过的《世界卫生组织宪章》承认健康为基本人权，明确指出，"健康是身体、精神与社会的全部美满状态，不仅是免病或残弱。享受最高而能获致之健康标准，为人人基本权利之一，不因种族、宗教、政治、信仰、经济及社会条件而有区别。全世界人民的健康为谋求和平与安全的基础，有赖于个人的国家的充分合作。任何国家在增进和维护健康方面的成就都是对全人类有价值的"。由于世界卫生组织成员国有很大的普遍性，世界卫生组织规章的规定具有重要意义。

两年后，《世界人权宣言》为健康权的国际法律框架奠定了基础。① 1966年《经济、社会和文化权利国际公约》第12条规定，"任何人有权享有能达到的最高的体质和心理健康的标准"。从那以后，许多具有法律约束力的国际和区域人权条约都规定了健康权，包括1956年《消除一切形式种族歧视公约》第5条（e）（4）、1979年《消除对妇女一切形式的歧视公约》第11条第1款（f）和第12条、1989年《儿童权利公约》第24条。对健康权阐述最全面的条约当属《儿童权利公约》，除两个国家以外，所有国家都批准了该公约。

除了上述条约和章程，健康权还为下列国际文书所确认：修订的1961年《欧洲社会宪章》第11条，1981年的《非洲人权和人民宪章》第16条，1988年的《美州人权公约关于经济、社会和文化权利的补充议定书》第10条。另外，人权委员会1989/11号决议、1993年《维也纳宣言和行动纲领》和其他国际文书②也都确认了健康权。

（二）在国内宪法中的产生

许多国家的宪法也将健康权包括在内，其中100多条宪法条款规定了健康权、保健权或与健康有关的权利（如健康环境权）。如1980年智利宪法第9号第16条规定，"（保证所有人有）健康保护权。国家保护自由和平等地进行

---

① UN Univeral Declaration of Human Rights, G. A. Res. 217A（Ⅲ），art. 25（1948）.
② 联合国大会1991年通过的"保护精神病患者和改进精神保健的整套原则"（第46/119号决议）和实用于精神病患者的委员会关于残疾人的第5号一般性意见；1994年在开罗举行的人口与发展国际会议行动纲领；1995年在北京举行的第四次世界大会宣言和行动纲领，分别载有生育卫生和妇女健康的定义。

促进、保护和恢复健康的活动和个人康复的权利。"① 在描述健康权为一项基本社会权利时,出现了不同的表达方法。有些国家宪法条款规定为健康领域的一般性或具体义务;有些则把健康视为一种权利;有些宪法把健康权写入有关适当的生活条件或社会福利的一般性条款中,类似于《世界人权宣言》第25条。此外,还有些国家把健康纳入(不可裁判的)有关"国家政策的指导原则"。

总而言之,健康权国际保护法制产生阶段的基本特点是健康权被广泛纳入国际、区域以及国家层面的各种法律文件当中,取得了全面"胜利",但这种胜利因局限于宣示阶段而缺乏有效的保护。

### 三、健康权保护的发展

20世纪末21世纪初以来,健康权从文本上的宣示阶段走向实行阶段。具体标志包括:2000年《第14号一般性意见》的发布、健康权特别报告员的任命以及以南非健康权案例为代表的诸多司法案例。这一时期,经济、社会和文化权利运动开始引起理论和实务界广泛的重视。②

(一)条约解释的发展

《第14号一般性意见》在健康权保护的发展中具有里程碑式的意义,③ 它既是"创造性的突破",同时又标志着健康权不再是一个"口号",而是所有卫生政策制定者和卫生从业人员的重要工具。④

2000年,联合国经济、社会和文化权利委员会发布《第14号一般性意见》(General Comment)⑤,对国际文件中抽象的健康权规定进行了全面的解

---

① See H. L. Fuenzalida – Puelma and S. scholle Connor (eds). The Right to Health in the America, 1989, p. 613.
② Yoram Rabin and Yuval Shany, "The Israeli Unfinished Constitutional Revolution: Has the Time Come for Protecting Economic and Social Rights?", Israel Law Review, vol. 37, No. 300, pp. 2~3, 2003~2004; Balakrishnan Rajagopal, "Pro – Human Rights but Anti – Poor?: A Critical Evaluation of the Indian Supreme Court from a Social Movement Perspective", Human Rights Review, vol. 18, No. 3, 2007, pp. 157~187.
③ Bebe Luff, Sofia Gruskin, "Getting Serious about the Right to Health", The Lancet, vol. 356, 2000, p. 1435.
④ Paul Haunt, "Right to Highest Attainable Standard of Health", the Lancet, vol. 370, 2007, p. 370.
⑤ 《第14号一般性意见》,联合国人权委员会,E/C. 12/2000/4,11/08/2000。

释。为了帮助缔约国执行公约和履行其报告义务，这份一般性意见着重阐述了《经济、社会和文化权利公约》第12条的规范内容、缔约国义务、违反和在国家范围内的落实。由于该一般性意见是根据委员会多年来审查缔约国报告的经验提出，因此内容十分全面，涵盖了健康权的各种形式和层次，并特别考虑了具有广泛适用性的特别专题（如：不歧视和平等待遇，性别观点，妇女和健康权，儿童和青少年、老年人、残疾人和土著人）。

《第14号一般性意见》目的在于"使历来通过审查这些报告所获得的经验为各缔约国带来好处，从而帮助和促进它们进一步执行《公约》提请缔约国注意大量的报告中的不足之处；建议改善报告程序，和促进缔约国、有关国际组织和专门机构在逐渐和有效地充分实现《公约》中所承认的权利方面的活动"①。

尽管该意见对政府只具有指导性作用，不具有强制约束力，但经济、社会和文化权利委员会作为联合国经济、社会和文化人权保护机制的核心机构，发布的文书具有重要影响力。而且该意见建立在经济、社会和文化权利委员会与其他机构（包括世界卫生组织以及其他精通健康问题的政府间组织和非政府组织）紧密合作的基础之上，② 既保证了实质内容的科学性，又提供了程序上的民主保证，因此，为健康权的发展提供了最可靠的报告。③

（二）条约机构的完善

健康权特别报告员的任命是健康权从宣示性文本走向实践性权利的另一重要标志。健康权特别报告员属于联合国人权专家机制的构成部分，其任务是审查、监测和公开报告特定国家的健康权的情况或世界各地与健康权相关的重要主题，并就此提出咨询意见。

2003年人权委员会第59界会议任命保罗为健康权特别报告员。自2003年到2007年，保罗开展的活动包括：向人权委员会年度会议提交主题报告（其中一些报告还提交大会）；对瑞典、瑞士、罗马尼亚、莫桑比克、秘鲁、乌干达等国家进行了访问，处理被忽视的健康权问题，并将访问报告作为主题报告的增编提交委员会年度会议；就指称的侵犯人权情况向有关国家的政府发

---

① 《一般性意见导言》，联合国人权委员会，E/1989/22。
② Paul Haunt, "Right to Highest Attainable Standard of Health", the Lancet, vol. 370, 2007, p. 370.
③ Jennifer Prah Ruger, "Toward a Theory of a Right to Health: Capability and Incompletely Theorized Agreements", Yale Journal of Law & the Humanities, vol. 18, 2006, p. 274.

送函件（紧急呼吁和指称信函），如 2006 年与其他 4 个特别程序负责人一道向人权委员会提交了一份联合报告，重点阐述了美国关塔那摩湾海军基地被拘捕者的健康权状况；向多个国家发出了若干紧急呼吁和其他信件，并发布新闻稿；积极开展与世界银行、国际货币基金组织、WHO、WTO 等国际组织的合作；发展健康权的分析框架等。①

最引人瞩目的是从 2006 年起，健康权特别报告员开始编写供各国和制药公司使用的关于获得药品的准则草案。该准则草案是对社会和文化权利委员会在《一般性意见》14 第 42 段中所确认的制药公司在健康权方面的责任的进一步规范。尽管准则草案不具有法律地位，但人权委员会认为促进和保护人权小组委员会的《跨国公司和其他工商企业在人权方面的责任》的准则载有"有益的内容和主张"。② 一些国家法院已认识到制药公司定价政策对病患者人权的影响。③ 重要的是，一些公司已编写了自己的准则和其他声明，明确申明自己的人权责任。④

健康权特别报告员作为联合国际人权专家机制的构成部分，其活动不仅有助于推动健康权在国家以及国际上的广泛承认，而且有助于明确健康权的具体内容、增加健康权的可及性和操作性。

（三）司法实践的突破

健康权国际保护发展阶段更大的进展在于司法实践的突破。这些具约束力的条约正开始产生能阐明健康权内容的判例法。在一些管辖区域中，规定健康权的宪法条款已经生成了重要的判例。20 世纪末以来，健康权司法保护在区域性人权机构取得相对发展，一些国家的法院也表现出通过司法保护来实施健康权的倾向。

如美洲人权法院自 20 世纪 80 年代以来受理健康权保护案件数量逐渐增多，主要集中在对土著人健康权的保护、对犯人健康权的保护、对艾滋病人健

---

① 参见健康权特别报告员历年来向联合国大会递交的报告，包括：A/RES/58/173，A/62/214/A/61/338，A/60/348，A/59/422，A/58/427 等。

② 《跨国公司和其他工商企业在人权方面的责任准则》（E/CN. 4/Sub. 2/2003/12/Rev. 2）（2003 年）。

③ AIDS Access Foundation and others v. Bristol – Myers Squibb and others，2002（10）BC Tor Por 34/2544.

④ "Novartis Corporate Citizenship Guideline 4（Human Rights）"，www.novartisfoundation.com，2006 年 12 月 24 日登陆。

康权的保护以及监狱公共卫生设施的改善这四个方面。①

健康权更为重要的司法保护是在国内法院实现的。不管这种司法保护模式的法律依据是国际人权公约还是国家法，其具体数量在诸多国家呈现出上升趋势。尤其是与艾滋病药可及性案件中，健康权与生命权的联系更为直接、明确，国家义务的特定性更为明确，健康权的可诉性更强。哥斯达尼加、印度、委内瑞拉、哥伦比亚、阿根廷和南非宪法法院都有相关案例，认为国家负有提供艾滋病的资料和其他疾病治疗的义务。② 代表性的案例如1998年维奇康蒂诉卫生与社会福利部的阿根廷法庭判例。

波多黎各最高法院认为，"在国家法律中，生命权以及健康权应受到特别的保护。任何有损上述权利的经济法规都必须放弃其重要性……因为没有了生命权和健康权，其他一切权利都失去了价值……如果个人的健康权和生命权得不到保障，其他一切权利和保护、组织和计划还有什么价值呢？我们的自由体制又还有什么优势和利益呢？"③

哥伦比亚宪法法院提出了健康权可诉性的四项标准：1. 必须包括其他基本权利，如生命权、食物和水；2. 程度要求，对生命或地球造成严重威胁；3. 原告必须极度需要；4. 在具体案件中提供服务的可能性必须在一国资源范围内。④

南非宪法法院受理的两个案例被视为健康权司法保护上的经典案例。1997年苏布尔莫尼诉卫生部部长案（Soobramoney v. Minister of Health）案⑤是主张昂贵医疗设施及服务的医疗保健权的典型案例。"卫生部诉治疗行动计划组

---

① Melish T J, "The Inter – American Commission on Human Rights: Defending Social Rights Through Case – Based Petitions", *Social Rights Jurisprudence*: *Emerging Trends in Comparative and International Law*, New York: Cambridge University Press, M. Langford, ed. , 2007, pp. 23～29.

② Yamin A E, "Not Just A Tragedy: Access To Medications As A Right Under International Law", *Boston University International Law Journal*, 2003, vol. 21, p. 325.

③ S. C. Res. 1308, U. N. Doc. S/RES/1308（July 17, 2000）, available at http://www.state.gov/www/regions/africa/000717 unsc hivaids. html. 2007年7月31日登录。

④ Yamin A E, "Not Just A Tragedy: Access To Medications As A Right Under International Law", *Boston University International Law Journal*. 2003, vol. 21, p. 325.

⑤ *Soobramoney v Minister of Health*, Kwazulu – Natal 1998（1）SA765（CC）(S. Afr.).

织"不仅引起了全世界学者的共同关注,① 还被联合国健康权特别报告员保罗作为健康权良好实践（good practice）的典范提交到联合国大会。②

健康权司法实践发展的重要意义在于，结束了局限于抽象地从法理上辩论健康权是否可诉的历史，向人们展示了通过司法保护实现健康权的可能性和现实性，并为健康权具体含义的发展提供了现实基础。

此外，健康与人权问题也突出地出现在最近的许多国际宣言和文件中，显示了全球层面达成的政治承诺。2000年9月，联合国千年宣言要求各国形成全球伙伴关系，以减轻贫困、增进健康和促进和平、人权、性别平等以及环境的可持续发展。富裕和贫困国家均接受了千年发展目标。之后的许多国际宣言都包括健康与人权的问题，如《世界贸易组织关于涉贸知识产权协定和公共卫生宣言》（多哈，2001年）、《发展筹资问题国际会议蒙特雷共识》（墨西哥蒙特雷，2002年3月18~22日）以及可持续发展世界首脑会议的产物（约翰内斯堡，2002年8月26日~9月4日）。2005年世界首脑会议在战胜贫困、减免债务和发展方面作出很多重要承诺。它支持必须增加投资以改进卫生系统、加强艾滋病的预防和保健工作、解决疟疾和结核问题、确保普及生殖卫生服务，并支持全面实施修订的国际卫生条例（2005年），包括世卫组织全球传染病暴发预警和反应网。

综上所述，健康权起源于19世纪工业化带来的公共卫生污染和传染病大流行，并在第二次世界大战和联合国的直接影响下得以在国际人权法中确立。由于健康权的成立是作为和平的策略之一，具有强烈的工具价值，并且受国际现实主义的影响，在其成立之后的半个世纪里，健康权一直处于宣示阶段，只具有口号的作用。20世纪末21世纪初，随着《第14号一般性意见》的发布、健康权特别报告员的设立以及司法案例的突破，健康权国际保护法制进入全面发展阶段。

---

① 各国学者都对该案例寄予了高度的关注。见 Annas G J. American Bioethics, *Crossing Human rights and Health Law Boundaries*, Oxford University Press, 2005, p. 59; Cass R. Sunstein, "Social and Economic rights? Lessons From South Africa", in *Constittutional Forum* (2001) 11: 4; 黄金荣: "经济和社会权利可诉性问题的由来及其发展"，刘作翔: 《多向度的法理学研究》，北京：北京大学出版社2006年版，第153~195页; 胡敏洁: "论社会权的可裁判性", 《法律科学》, 2006年第5期, 第25~32页。
② 《人人有权享有最佳身心健康问题特别报告员保罗·亨特的报告》，联合国人权委员会，A/58/427，October 10，para. 62, 2003。

## 本章小结

1. 所谓健康权,是一项享受有效和综合卫生制度的服务的权利。健康权并不意味着人们必须健康的权利,也不意味着贫困政府必须建立现有资源无法承受的昂贵卫生服务,但它确实要求政府在最可能的时间内实施能导致所有人都有可能获得并能得到的卫生保健政策和行动计划。健康权的实质在于:资源配置的要求、个人参与的强调以及法律责任的强化。

2. 健康权具有自身的结构和形态。内在结构包括三类:最高可能——有限资源结构;立法权——司法权结构;安全——生产——金融——知识权力结构。第一类是微观层面有限资源和最高可能的矛盾。资源稀缺不能成为反对健康权实现的理由。资源稀缺性存在于任何一个社会问题当中;而且资源的多少与国家的政治态度以及意识形态有着密切关系。第二类结构是国家分权在健康权保护中的体现。立法权与司法权之间可以实现平衡,并且司法权介入能够更好地实现健康权保护。第三类结构从国际政治经济学的权力结构角度,对健康权内在的四种根源权力加以分析,并为健康权国际保护提供正当依据,与世界市场相适应的生产和金融方面的结构性权力正越过国家权力的疆域限制,影响主权国内的健康权保护,这导致健康权国际保护的必然。健康权的外部形态包括国际人权条约和国家宪法中的明确规定以及国家卫生制度等具体法律制度中的规定。

3. 健康权保护的国际标准包括两类。第一类以卫生服务为中心。具体包括可供性、可及性、可接受性以及质量。其中,可及性最为重要,包括地理上的可及性、经济上的可及性以及获得信息的条件。第二类以国家义务为中心,将国家义务分为一般法律义务和具体法律义务。一般法律义务即逐步实现义务;具体法律义务包括尊重、保护和实现三个层次的国内义务、国际义务、核心义务和限制义务。

4. 探源历史,健康权起源于19世纪工业化带来的公共卫生污染和传染病大流行,并在第二次世界大战和联合国的直接影响下得以在国际人权法中确立。由于健康权的成立是作为和平的策略之一,具有强烈的工具价值,并受到国际现实主义的影响,在其成立之后的半个世纪里,健康权一直处于宣示阶段,只具有口号的作用。20世纪末21世纪初,随着《第14号一般性意见》的发布、健康权特别报告员的设立以及司法实践的突破,健康权保护进入全面发展阶段。

# 第二章

# 健康权的世界保护

## 引 言

近年,采用国际关系理论与国际经济法研究方法研究国际法问题受到西方法学界的广泛重视,西方通过国际关系理论分析国际法的著述包括与国际经济法律制度有关的研究成果,但主要是 GATT/WTO 法律体制的成果,所采用的理论工具主要包括新现实主义学派、新自由主义学派和建构主义学派。① 国际人权法的研究仍囿于通过自然法理论和社会契约论对人权的证成上,无法对人权保护中世界性国际组织的实质影响进行回应。健康权世界保护应采取国际政治经济理论的研究方法,解析世界性国际组织对健康权的"软法"影响。

随着冷战的结束以及全球化的发展,以摩根索为代表的国家权力中心模式日渐式微,政治与经济、国际与国内的能动性逐渐增强。在此背景下,以国家为中心的传统人权研究范式正在向市场、国家和人权的三维范式演进,新自由主义强调由市场取代国家提供福利,备受人权捍卫者抨击,相反英国国际政治经济学大师苏珊·斯特兰奇的权力结构理论强调政治与经济、国际与国内的结构影响,为健康权的世界保护提供了理论分析工具。

本章从具有"造法"功能的世界性国际组织入手探析健康权的世界保护,建立在联合国缺乏强制性监督机制以及国际组织"造法"功能凸现的背景之下。健康权在联合国体制内产生已有半个多世纪,在此过程中,联合国一直致

---

① 徐崇利:"中国的国家定位与应对 WTO 的基本战略——国际关系理论与国际法交叉学科之分析",《现代法学》,2006 年第 6 期,第 3~4 页。

力于通过缔结条约、发展监督机构以促使健康权从道德领域进入有约束力的法律领域，实现健康权在全球层面的"立法"保护和"司法"保护。自从健康权首次出现在《世界人权宣言》以来，联合国先后通过大量有关健康权的国际文件，并构建了包括六项核心人权条约自身的监督机构、人权事务委员会、促进和保护人权小组委员会、人权事务高级专员以及经济和社会理事会等在内的联合国人权机构，主要通过缔约国定期报告制度来实现健康权的保护。尤其是健康权特别报告员的设立，极大地推对了对健康权的广泛承认和实现。

毋庸置疑，联合国大会以及人权机构对健康权的保护有着重要作用，但相对公民权和政治权利而言，健康权缺乏缔约国间控告制度和个人申诉制度，保护机制的作用大为减弱。尽管健康权可以通过现存公民权和政治权利的执行机制得到实现，但这种间接保护方式却导致其一直以来所受到的嘲弄或贬低待遇。① 国际人权学界对健康权的研究一直在是否具有可诉性的问题上裹足不前。

健康权保护中的缔约国定期报告制度同样备受抨击。《经济、社会和文化权利国际公约》第16条、《消除对妇女一切形式歧视公约》第21条、《禁止酷刑或其他残忍、不人道或有辱人格的待遇或处罚公约》第19条、《儿童权利公约》第44条等都要求缔约国提出关于它们已经采取的公约所承认的健康权得以实施的措施以及在享受这些权利方面所取得的进展报告。报告的期限等具体内容有所差异，这导致缔约国在履行报告义务方面负担沉重。在实践中最为突出的问题表现在两个方面：一是许多缔约国未履行公约规定的提交报告中的一些义务；二是已经提交了的报告大量积压，审议工作拖延。

与此同时，冷战结束后，国际社会组织化呈进一步加深的趋势。② 国际组织迅猛发展，国际组织活动的范围不断扩大，作用不断加强，国家主权这一根深蒂固的传统国际法概念日益受到冲击和影响。对此，国内已有比较丰富的著述，如梁西先生称，"国际组织最严重地侵蚀了传统的国家主权"。③ 国际经济组织（如世界贸易组织和世界银行、国际货币基金组织）对国家主权的冲击

---

① A·罗萨斯、M·谢宁："执行机制与救济"，[挪] A·艾德、C·克洛斯等：《经济、社会和文化权利教程》，成都：四川出版集团、四川人民出版社2004年版，第347页。

② 杨泽伟：《主权论——国际法上的主权问题及其发展趋势研究》，北京：北京大学出版社2006年版，第194页。

③ 梁西：《国际组织法》，武汉：武汉大学出版社2001年版，第328页。

尤为广泛和深刻。

国际组织对国家主权的侵蚀，揭示了市场和国家之间的力量变换，而侵蚀后果的真正承受者是人类。以在1999年11月底意欲发起"千年回合"的世界贸易组织西雅图会议期间所发生的大规模反全球化和反世界贸易组织的抗议活动为重要起点和标志，① 从日内瓦、哥德堡、纽约到达沃斯等地，凡是涉及世界贸易组织与金融问题的国际会议，必定有大批抗议者如影随形，并由此逐渐形成所谓"反全球化运动"。反全球化运动是世界各地的公众以及各种团体、组织对以世界贸易组织为代表的国际经济组织践踏人权的回应，并由此引起学界对国际组织"造法功能"的关注。

因此，本章力图跳出在联合国人权机构中研究人权的传统模式，以英国国际政治经济学著名学者苏珊·斯特兰奇的权力结构理论为工具，阐释掌握安全、生产、金融和知识权力的四类世界性国际组织，联合国大会②、世界贸易组织、世界银行和世界卫生组织在健康权保护中的结构性影响。

## 第一节 联合国大会与健康权

在联合国60多年的发展史中，联合国大会维护国际和平与安全的职能不

---

① 数万抗议者和反世界贸易组织的草根激进分子参加了游行示威。他们用飞机拖着书写着"人民重于利润：叫停WTO"的巨幅标语。见：Charles W. Kegley, Jr., Eugenne R Wittkopf, *World Politics*: *Trend and Transformation*, Peking University Press, 2004, p. 322.

② 联合国大会只是联合国主要机构之一，本章将其作为具有安全结构权力的国际组织的代表，研究其在健康权中的权力结构地位，首先是因为联合国机构和职责的庞大；另外，没有将联合国安理会作为集体安全体制的代表机构是出于对安全理论演进的考虑。集体安全制度建立在传统安全理论基础之上，侧重以军事为主的国家安全；而非传统安全包括卫生安全、环境安全和食物安全等多方面安全，并且以人类为中心，与健康权的联系更为直接。参见：朱锋："'非传统安全'解析"，《中国社会科学》，2004年第4期，第139~146页；张明明："论非传统安全"，《中共中央党校学报》，2005年第9卷第4期，第11~16页；任晓："安全——一项概念史研究"，《外交评论》，2006年第10期，第36~45页；莫宏宪等："'多维视野下的国家安全'笔谈"，《武汉大学学报（哲学社会科学版）》，2006年第4期，第544~547页。因此，本节选择联合国内部维护和平与安全的另一主要机构联合国大会，作为代表阐释其在健康权中的安全结构地位。当然，联合国安理会对健康权的影响亦不能忽视，可参见：李薇薇："论联合国经济制裁中的人权保护——兼评联合国对朝鲜的经济制裁"，《法律科学》，2007年第2期，第49~56页。

断扩展,① 在"非传统安全"进程中扮演着发动机的角色。自2000年开始,联合国大会开始关注卫生安全②,先后通过四个重要宣言,包括《联合国千年宣言》(2000年)、《关于艾滋病毒/艾滋病问题的承诺宣言》(2001年)、《2005年世界首脑会议成果》(2005年)、《关于艾滋病毒/艾滋病问题的政治宣言》(2006年)。联合国大会作为联合国维护和平与发展的主要机构以及世界上最重要的政治论坛,对健康权有着重要的影响。本节以联合国千年发展目标为重点,阐释联合国大会对健康权的安全结构影响。

### 一、联合国大会在健康权中的安全结构地位

(一) 国际政治经济学中安全结构的含义及地位

政治经济学中的安全结构,即由于某些人为另一些人提供安全防务而形成的一种权力框架。③ 传统安全结构与暴力紧密相关。安全防务的目的在于消除战争、武装冲突和暴力的威胁,意味着和平。军事和国防是传统安全的主要威胁,"安全议题说到底就是如何管理和防止国家间的军事冲突和战争,避免和阻止因为领土、种族、宗教等因素引起的冲突以及由掠夺财富的野心而诱发的战争"④。

文中所指的安全结构还包括非传统安全结构。近年来,非传统安全成为国

---

① 司平平:"联合国大会维护和平职能的扩展——对《联合国宪章》第12条逐步扩大的解释",《法学评论》,2007年第2期,第52~57页。需要说明的是,联合国大会具有广泛的职能,在健康权保护领域中发挥着重要作用,包括在年会议程中讨论健康权项目、通过有关健康权的公约等,本节仅讨论其在安全方面的职能及影响。

② 联合国开发计划署1994年《人类发展报告》指出:人类安全的威胁主要来自:"失业、毒品、犯罪、污染和侵犯人权",大致划分为七大类:经济安全、食品安全、健康安全、环境安全、人身安全、社区安全和政治安全。"2007年5月15日,世界卫生组织(WHO)在瑞士日内瓦召开的第60届世界卫生大会第二天的全体会议将"国际卫生安全"作为会议主题。参见:高强部长在第60届世界卫生大会全体会议上发言,http://www.moh.gov.cn/newshtml/19002.htm,2007年5月17日登录。

③ [英] 苏珊·斯特兰奇著、杨宇光等译:《国家与市场》,上海:上海世纪出版集团2006年版,第41页。

④ 朱峰:"'非传统安全'呼唤人类共同体意识",《瞭望新闻周刊》,2006年1月23日,第54页。

际关系理论中的核心议题。① 所谓"非传统安全"结构是指那些区别于传统军事安全又能够给国家安全造成实质性影响的安全因素,涉及经济、文化、科技、社会、生态环境等多种安全领域,其关注点也由国家安全转移到从个体人到整个人类社会及其赖以存在的环境安全。② 联合国开发计划署 1994 年《人类发展报告》将人类安全的威胁大致划分为七大类:经济安全、食品安全、健康安全、环境安全、人身安全、社区安全和政治安全。

安全结构的地位高低取决于安全威胁的有无和强弱程度。国际政治关系理论大师苏珊认为,"只要暴力冲突的可能性威胁着个人的安全,为别人提供免受威胁的保护手段的人,就能在食品分配或司法等非安全事务方面使用权力","对安全的威胁越大,人们愿意付出的代价越高,接受提供保护的防御力量本身将会对它所保护的人带来另一种威胁的风险也越大"。③

(二) 联合国大会在健康权中的安全结构地位

联合国大会作为集体安全体制的重要构成,在维护和平和安全方面享有广泛职能。根据《联合国宪章》第 10 条、第 11 条、第 13 条和第 14 条,联合国大会有权审议为维持国际和平与安全包括裁军开展合作的一般原则并提出建议;讨论与国际和平与安全有关的任何问题,并就此提出建议,但当前由安全理事会讨论的争端或情势除外;除同样的争端或情势之外,讨论属于《宪章》范畴的任何问题或涉及联合国任何机关权力和职能的任何问题,并就此提出建议;开展研究和提出建议,促进国际政治合作、国际法的发展和编纂、人权和基本自由的实现以及经济、社会、人道主义、文化、教育和健康领域的国际合作。

在非传统安全逐渐成为国际关注焦点的时代背景下,联合国大会在维护国际和平和安全方面的作用日渐突出。集体安全体制建立在传统安全基础之上,以军事为主体、以国家为中心,而非传统安全主要指向跨国家的安全互动,以非军事安全为中心,将"人"——在概念解释中无差异、无区别的人类整体,

---

① 参见:王逸舟:"论'非传统安全——基于国家与社会关系的一种分析思路'",第 2~10 页;任晓:"安全——一项概念史研究",《外交评论》,2006 年第 10 期,第 36~45 页;《中国社会科学》,朱峰:"非传统安全解析",2004 年第 4 期,第 139~146 页。
② 张明明:"论非传统安全",《中共中央党校学报》,2005 年第 4 期,第 111 页。
③ [英]苏珊·斯特兰奇著、杨宇光等译:《国家与市场》,上海:上海世纪出版集团 2006 年版,第 25 页。

视为安全主体和实现安全的目的。①

卫生逐渐被视为人类安全的一个主要方面,它是20世纪90年代期间一个不断引起兴趣的概念。没有均衡的人类发展就没有和平,没有和平也就没有安全,而没有卫生工作这两方面均不能实现。生物恐怖主义的威胁和可能发生的新传染病的暴发明显例证了卫生的重要性,但是它们并非唯一的实例。贫困和匮乏是人类安全的核心问题。卫生状况与暴力和冲突密切关联:这主要是由于暴力是主要造成可预防的发病和死亡的原因,再有就是与贫困人口健康相关的不稳定又促进了制度失灵、侵蚀社会资本和暴力的增多。

## 二、千年发展目标对健康权的安全结构影响

千年发展目标代表联合国最重要的战略之一。这些目标为人权界在国家和国际各级影响减贫政策和做法提供了一个关键的机会。健康权事务在千年目标上会大有作为,同样千年目标也会对健康权方面产生重要影响。

尽管由千年目标已产生大量文件,但在这些丰富的材料中,对人权的关注却很少。千年目标与健康、教育、粮食、住所和男女平等的若干人权密切相关,因而这一现象尤其令人惊讶。正如秘书长在其有关执行千年发展目标行进图的报告中所说"经济、社会和文化权利是所有千年发展目标的核心所在"②。

189个联合国会员国的代表,包括147名国家元首和政府首脑,在2000年9月纽约千年首脑会议上通过了《联合国千年宣言》。《宣言》确定了新世纪国际关系的原则和价值观,明确了各国领导人做出一系列具体承诺的7个领域,其中包括发展、消除贫穷及人权。

秘书长为执行《联合国千年宣言》而设计的进程图(A/56/326)分别确定了与这7个领域相关的具体目标。关于发展与消除贫穷的第三章中的目标,现已称为千年发展目标。关于人权、民主和善政的第五章包括6项千年人权承诺。这8项千年发展目标和6项千年人权承诺相辅相成。

《宣言》通过之后已经得到反复确认,包括2002年发展筹资问题国际会议上通过的蒙特雷共识。目前,整个联合国"大家庭"正把实现千年目标当

---

① 朱锋:"'非传统安全'解析",《中国社会科学》,2004年第4期,第140页。
② A/56/326, para. 202.

作紧急的首要任务。自 1945 年联合国成立以来，还没有其他国际承诺和政策目标吸引过如此具战略性、系统性、持久性的注意。

千年发展目标最突出的特点之一，就是把健康放在显著的位置。在 8 项目标中，有 4 项是与健康直接相关的：一是降低儿童死亡率（目标 4）；二是改善产妇保健（目标 5）；三是与艾滋病毒/艾滋病、疟疾和其他疾病作斗争（目标 6）；四是确保环境的可持续能力（包括将无法持续获得安全饮水的人口比例减半，目标 7）。另有两项目标与健康密切相关：即目标 1（消灭极端贫穷和饥饿）和目标 8（全球合作促进发展）。① 剩余两个目标（普及初等教育和赋予妇女权力，目标 2 和目标 3）对健康有直接影响。有确凿的证据证明，受教育的女孩和妇女能给自己和孩子更好的照顾和营养。此外，千年目标的 16 项"具体目标"中至少有 8 项同健康有关，48 个指标中至少有 17 个同健康有关。②

健康问题是千年发展目标的中心，因为它是减少贫穷和发展的中心。良好的健康不仅是减少贫穷和发展的结果，它还是实现减少贫穷和发展的途径，但并非仅此而已。国际法以及许多国家宪法都承认享有能达到的最高标准的身心健康的人权。

## 第二节　世界贸易组织与健康权

WTO 作为具有生产权力的国际组织对健康权有着广泛的影响，不仅决定生产内容，而且决定生产对象。其对健康权的可及性以及质量的影响，已经引起市民社会的广泛注意。

### 一、世界贸易组织在健康权中的生产结构地位

（一）国际政治经济学中生产结构的含义及地位

根据英国著名国际政治经济学家苏珊·斯特兰奇的权力结构观，生产结构可以定义为决定生产什么、由谁生产、为谁生产、用什么方法生产和按什么条

---

① 例如，目标 8 中包含的一个具体目标是，在发展中国家提供负担得起的基本药物。
② 对于目标、具体目标和指标有几个同健康有关还有一些争论，但健康问题的突出性是毫无疑问的。

件生产等各种安排的总和。① 它主要涉及劳动者如何组织起来和他们正在生产什么。在政治经济学中，生产结构就是什么创造了财富。

近两个世纪以来，生产结构已经发生两个非常深刻的变化。第一个变化是，西欧和北欧国家以市场为导向的资本主义生产方式的变化，它们的生产方式比其他的资源配置方式更为成功和更有生气。第二个变化是，主要适应于为本国市场服务的生产结构，逐渐地、不平衡地而又显然不可抗拒地由主要适应于为世界市场服务的生产结构所取代，即生产的国际化。其变化的重要影响在于，跨国公司权力的增长以及民族国家权力的式微。

生产结构权力历来是政治经济学中的根本性问题。生产一直是几乎所有政治经济的基础。社会中的权力中心与生产结构之间有密切关系，当生产结构变化时，社会政治权力的分配，有时候国家的性质和市场管理权的使用，也很容易发生巨大变化。鉴于世界上越来越多的商品和服务，以这种或那种方式为适应世界经济的需要而生产，而不是为满足本国的需要而生产，生产方面的结构性权力已经成为超越国界的社会政治变化的基础。

按照政治经济学四个基本价值观念来衡量，占主要的生产结构有着不同的表现。在生产财富的效率方面，生产结构得分很高；在它给予国家自治力方面得分平平；就它的基本秩序或稳定而言，按照不同的看法，或得分平平，或得分很低。就第四个价值观念或标准公平而言，它的得分最引起争议。简而言之，生产结构变化对分配的正当影响或不正当影响都是不平衡的、复杂的和主观的。这一点在 WTO 对健康权的生产结构影响中有突出反映。

（二）世界贸易组织在健康权中的生产结构地位

WTO 作为目前影响力最大的国际经济组织，全面反映了当前生产结构的两个突出变化：市场主导和生产全球化。WTO 通过减小政府干预，推行自由市场以实现经济的增长和稳定。这种突出变化导致跨国公司权力的增大。尽管到目前为止，WTO 的成员方包括 134 个主权国或地区，但事实上跨国公司作为顾问委员会的重要成员，在很大程度上决定 WTO 的具体政策以及议程的拟定。在某种意义上，WTO 协议不过是跨国公司的权利法案。②

---

① ［英］苏珊·斯特兰奇著、杨宇光等译：《国家与市场》，上海：上海世纪出版集团 2006 年版，第 62 页。

② Balanya B, Doherty A. Hoedeman O. Ma'anit A. Wesselius E, "WTO Millennium Bud: TNC Control over Global Trade Politics", *Corp Eur Observer*, vol. 4, 1999, p. 3.

WTO 在健康权的生产结构权力具体表现在以下两个方面:

1. WTO 影响健康权实现的物质条件。享有健康权必需理解为一项实现能够达到的最高健康标准所必需的各种设施、商品、服务和条件的权利。WTO 推动下的自由贸易可能促使更多进口的卫生设施、产品和服务进入一国卫生保健服务市场,增加健康权的可提供性;同时也可能对卫生设施、商品、服务和条件的可及性和质量方面产生重要的影响。如随着麻醉品市场的开放,制药企业受到刺激而提高其生产数量。同时,自由贸易也会导致不遵守《国际功效和安全标准》的进口药品所引起危害的增加,也会出现医疗技术滥用与不合理配置等问题。商业保险的逐步扩大对社会传统的卫生保健制度的影响,国家财政或社会公共基金分配机制的变化,已经引起人们对卫生保健公平性的关注,也引起人们更加关注全球自由贸易所产生的健康危害以及世界卫生状况差距的逐步扩大等。发达国家的居民可以获得有效的疫苗和抗生素,而那些发展中国家的贫困居民却得不到同样的药物。在亚洲和非洲一些最贫穷的国家和地区,50% 的人得不到基本药品。①

2. WTO 影响健康权实现的制度保障。健康权作为要求一项综合的、全面的卫生制度的权利,其实质是要求政府按需对卫生资源进行配置。与之相反,WTO 的实质是由市场根据利润最大化的成本效益原则进行全球资源的有效配置。在英国,WTO 对国家卫生制度带来的影响已经逐步显现。② 卫生制度中的全面覆盖和平等原则正逐渐被消费主权(consumer sovereignty)所替代。政府关注的重点逐渐向卫生行业的业绩和质量转变,而不是建立全面的、综合的卫生制度以及健康权本身的实质内容。

## 二、世界贸易组织规定对健康权的生产结构影响

WTO 各涵盖协定包含了许多与健康权有关的内容,如 GATT1994 第 20 条(b),GATS 第 14 条(b),TRIPS 第 8 条和第 27 条(2)(3),SPS 序言、第 2 条(1)(2)和第 3 条(2),TBT 序言以及 TRIMS 第 3 条等。在此,主要论

---

① 王小万、刘丽杭:"世界贸易组织与国际卫生保健服务",《国外医学社会医学分册》,2003年第1期,第5页。

② David Price, "How the World Trade Organization is Shaping Domestic Policies in Health Care", *The Lancet*, vol. 354, 1999, November 27, p. 1892.

述 TRIPS 协定和 GATS 协定对健康权的影响。

（一）TRIPS 协定对健康权的影响

TRIPS 协定是一个最具综合性的多边协定，它为知识产权保护和执行设定了详细的最低标准。其所包括的与健康权的享有具有最密切联系的知识产权类型，包括专利保护（包括新药制造方法以及药品本身）、商标（包括区分来自特定交易商的医用产品和服务的标识）和对未披露信息的保护（尤其是检验信息）。以药品的专利保护为例，其允许知识产权持有人在至少 20 年内排除竞争者从事该药品的生产和销售。从理论上讲，该独占期间是为了补偿权利持有人的药品研发成本。除了为各种类型的知识产权设定最低的保护标准，该协定也允许 WTO 成员国采取措施保护公共健康和营养，在某些情况下采取措施限制知识产权的使用。协定将与最低保护标准有关的成员国之间的争端交由 WTO 争端解决机构裁决。

知识产权保护可以从许多方面影响健康权和相关人权的享有。其中，最为重要的是，知识产权保护可以影响药品的研发，并进而影响药品的可获得性。专利保护可以通过帮助制药行业承担药品的试验、开发和批准费用来促进药品的研发。然而，知识产权的商业动机首先鼓励对"有利可图"的疾病的研究，而主要困扰贫穷国家人民的疾病却研究不足。另外，知识产权保护可能影响土著居民的传统医药的使用。现存的知识产权保护能够促进土著和本地社区的健康革新，这些知识本身和这些知识的持有者要求对这些知识产权保护的立法进行重大修正使其更具包容性。实际情况是，在没有给予原有知识持有人任何补偿并得到其事先同意的情况下，一些传统医药已被盗用、改进并被授予专利，由此引发健康权和文化权问题。

由于专利授予产生的结果之一就是排除竞争者，专利通常被专利持有人用作抬高药品价格的工具。昂贵的药价使一部分人（尤其是穷人）买不起药。由于健康权包含国家依照世界卫生组织必需药品清单（WHO Essential Drugs List）向其国民提供支付得起的必须药品的义务，知识产权保护对健康权的享有具有负面影响。换言之，在某些情况下，知识产权保护会降低必需药品经济上的可获得性。TRIPS 协定包括了一些弹性规定，即允许 WTO 各成员在某些情况下授权第三方使用一项专利（即低价生产和销售药品）而无须经专利权人授权，但应受包括支付合理的费用等条件的限制。然而，实际上这种弹性规定只对那些国内具有药品生产能力的 WTO 成员国才有意义。TRTPS 协定第 31

(f) 条规定，此种未经权利授权的专利使用，其产品销售应主要满足本地市场的需要。因此，没有药品生产能力的更为贫穷的国家不能够从这些弹性规定中获益。2003 年 8 月 30 日 WTO 总理事会通过《关于实施多哈宣言第 6 条的理事会决议》。根据该决议，对于缺乏药品生产能力或药品生产能力不足的贫穷国家，可以进口其他成员方通过强制许可而生产的廉价仿制药品。该规定实际上豁免了出口方实施强制许可只能主要满足国内市场需要的义务，从而有利于贫穷国家在必要时更容易进口用于治疗艾滋病等重大传染性疾病的廉价仿制药品。令人遗憾的是，导致该决议出台的漫长的谈判并没有体现富裕国家在与健康权相关的国际援助和合作中所负的人权义务。该决议的效果将取决于其实际上使穷人获得药品能力的增加程度。

另外，疾病被忽视或严重被忽视同样是一个人权问题。特别是被严重忽视的疾病——这些疾病主要或绝对发生在发展中国家，如河盲（river blindness）和睡眠疾病（sleeping sickness）——几乎没有得到研究和开发，并且在富裕国家对这些疾病很少有商业性的研究和开发。通过知识产权制度排除市场竞争以收回研发成本的可能性首先表现为新药具有销售市场。而事实是被这些严重忽视的疾病所困扰的都是贫穷国家的穷人，由于这些人支付不起药费而导致治疗这些疾病的药物不具有任何市场潜力。知识产权保护制度不能够为这些被严重忽视的疾病的研发提供激励。由于 TRIPS 协定的生效已使医学研究的激励机制置于了贸易议程之中，遭受被忽视疾病困扰的人民享有健康权的问题也已经成为了一个贸易问题。另外，被忽视的疾病本身可以说蕴含了丰富的人权因素，这些因素包括歧视、药品的可使用性和可获得性、享受科学进步的利益的权利以及国际援助与合作。

（二）GATS 协定对健康权的影响

服务贸易可以通过 GATS 协定所规定的四种提供方式进行。每一种服务提供方式都与健康和与健康有关的服务的提供有联系，并进而与健康权有关。例如：跨境提供，服务的提供者和消费者都不离开自己的国境，比如通过互联网提供远距离医学服务；国外消费，来自于另一国的消费者在一国境内进行服务消费，比如一个美国人到中国接受中医治疗；商业存在，服务提供者通过诸如子公司在另一国提供服务，比如一家日本公司通过子公司的形式在马来西亚投资设立医院；自然人流动，人们临时进入另一国提供服务，比如菲律宾护士到加拿大提供一段时间的护理服务。

通过这四种服务贸易方式所实现的服务贸易自由化，使各国的公共卫生服务领域面临着更高水平的国际竞争。这种与健康和健康相关的服务的提供方式的自由化的效果，将取决于一个国家公共卫生制度的特点、规则环境、政府政策以及该国的发展水平和基础设施。不可否认，在某些情况下，公共卫生服务贸易的增长可增加可利用的资源并改善卫生保健状况，但它也可能导致健康权享有的倒退。例如，远距离医疗机会的增加、对富裕的国外病人的吸引以及公共卫生服务领域直接投资的增加会提供所需资源以改善卫生基础设施。然而，这也会使公共卫生服务偏向于本地和外国的富裕病人，导致一种迎合健康和富裕人而不是贫穷病人的双层卫生体制。有时候，公共卫生系统同样会忽视穷人以及传统上遭受歧视和社会不公的人们。这种问题在提供高水平私人服务的情况下更为突出。

这种双层体制会导致针对有利可图地区的专科性医院的出现（如选择性医院），同时产生"奶油撇取（cream skimming）"效应和"人才流失（brain drain）"效应。"奶油撇取"是指服务提供给那些能够支付其高价而需求较小的人们；"人才流失"是指卫生保健专业人才流向主要向富裕人提供服务的高收入的私人部门，并有可能使有限的资源由农村和初级卫生保健部门转移至专科性保健中心。因此，服务贸易的增加在导致一些人卫生保健服务改善的同时，也会导致卫生保健服务提供方面歧视的增加（尤其是基于社会地位的歧视），并导致资源由穷人流向富人。

这种情况也正是服务贸易的人权视角所能够帮助避免的。虽然一些贸易与发展专家认为在贸易与发展进程中会有一些"失败者（losers）"，并且认为由于整体福利得到增加，这种情况是正当的，然而人权视角强调的是保护所有人的权利，尤其是潜在"失败者"的权利，并寻求制定相应的政策。健康权要求卫生保健设施、商品和服务应当是可获得的并且质量良好。如果由于使用费的原因，服务贸易的增长导致了农村初级卫生保健的减少或者穷人获取的减少。显而易见，这与健康权的要求不符。同理，如果服务贸易的增长导致了不合格的卫生设施、商品和服务的提供，这也很显然与健康权的要求不符。

健康总的说来，服务贸易总协定提高了卫生服务的可得性，但是存在着需要通过协调监督机制和管理措施使其业务与公共卫生目标相一致并使它们负有其责的问题。

## 第三节 世界银行与健康权

近年来,受阿马蒂亚·森等经济学者①以及联合国《发展权宣言》的影响,发展概念开始复杂化和综合化,这导致国际人权和国际金融组织这两个相对独立的领域联系日渐密切。国际金融组织对人权享有的实际影响、实践中的负面效应以及国际金融组织历来奉行非政治化主张对人权采取漠视态度,使其在经济、社会和文化权利问题上引起大量批评。②健康权即国际金融组织在人权问题上引起的最主要争议之一。国际金融组织所奉行的结构调整计划对健康权产生破坏性影响,已经开始引起广泛关注。③

另一方面,健康权的享有需要巨大的财政支持。《世界卫生组织》最新工作规范指出,"对与卫生相关规划的预付资金已在1993年和2003年之间每年平均增长8%。政府——私立合作伙伴逐渐将大量资源拨付给卫生相关规划,并强烈意识到必须加以更好地实施。在实现千年发展目标和其他卫生需求方面仍面临着资源的严重短缺"。④这又使学者们对国际金融机构充满了强烈的期待。⑤联合国《第14号一般性意见》也指出,国际货币经济组织、世界银行、各区域开发银行等应在机构的借贷政策、信贷协议和国际性措施对权发挥着影响。⑥

---

① 阿马蒂亚·森最经典的著作是《以自由看待发展》;另外参见:Dominic McGoldrick, "Sustainable Development and Human Rights: An Intergraded Conception", *International and Comparative Law Quarterly* 45, 1996, pp. 119~149.

② Beth Lyon, "Discourse in Development: A Post-Colonial Theory 'Agenda' For the UN Committee on Economic, Social and Cultural rights", *American University Journal of Gender, Social Policy & the Law*, vol. 10, 2003, p. 26.

③ Theodore H MacDonald, *The Global Human Right to Health: Dream or Possibility?*, Radcliffe Publishing, 2007, p. 197; Kinney, Eleanor D., "What does this Mean for Our Nation and World?", *Indiana Law Review*, vol. 34, p. 1474.

④ 世界卫生组织文件:《2006~2015年第十一个工作总规划》,EB117/16,2005年12月12日,第17段。

⑤ Schieber GJ, Gottret P, Fleisher LK, Leive AA, "Financing Global Health: Mission Unaccomplished," *Health Affairs*, vol. 26, 2007, pp. 921~934; Wolfgang Hein und Lars Kohlmorgen, "Global Health Governance: Conflicts on Global Social Rights," *Working Paper for Global and Area Studies* in German Oversees Institute, pp. 6~40.

⑥《第14号一般性意见》,第39段。

国际金融组织对健康权的影响与世界贸易组织的生产结构影响存在着差异。在此，笔者以世界银行为代表，分析国际金融组织对健康权的金融结构影响。

## 一、世界银行在健康权中的金融结构地位

（一）国际政治经济学中金融结构的含义及地位

金融结构可以定义为支配信贷可获性的各种安排与决定各国货币之间交换条件的所有要素之总和。① 它实际上有两个不可分割的方面，不仅包括信贷得以建立的政治经济机构，而且包括货币体系或确定作为信贷记账单位的不同货币汇率的体系。

建立信贷的权力由政府和银行分享（因此大部分这种权力将取决于两者之间的政治关系和法律条令方面的关系）；其次，不同货币之间的汇率是由政府的政策和市场决定的（同时也取决于政府给予市场多大程度的自由）。

金融结构无论是对于发达的工业国——社会主义国家及资本主义国家，还是较之发展中国家来说，公认的具有特殊的意义。发放信贷的权力意味着有权允许或不让人获得今天花费、明天偿付的机会，意味着让别人运用购买力去影响产品市场，也意味着有权控制或滥用作为信贷记账单位的货币，从而影响以其他货币为单位提供信贷时的汇率。金融信贷控制的这一面也许在近30年中比其他几类结构性权力更加迅速地提高了自己的地位，因而在国际经济关系和企业竞争中已经具有决定性的重要意义。

金融结构的巨大作用的结果，增加了经济的不平等，因而迟早会激起改善福利制度的要求，以纠正财富和风险的不平等。同时，也增加了对政治权力机构的要求，促使它们通过福利制度维持社会稳定。

（二）世界银行在健康权中的金融结构地位

世界银行是二战结束时布雷顿森林会议的产物，主要承担通过国际资本流动和投资来援助成员国经济复兴与开发的任务。根据《世界银行协定》第1条规定，世界银行的宗旨是援助成员国的复兴与发展，通过担保或参与贷款促

---

① ［英］苏珊·斯特兰奇著、杨宇光等译：《国家与市场》，上海：上海世纪出版集团，2006年版第90页。

进外国私营资本或其他私营资本的投资活动，促进国际贸易长期均衡增长，协助成员国维持支出平衡，"使其在领土范围内增加产出，提高人民生活水准以及劳动条件"，并调整其政策以便优先安排"更具有效用、更为紧急的项目"。

世界银行在健康权中的金融结构地位主要表现在，世界银行卫生贷款项目在卫生领域的大量投资，成为健康权实现所需要的卫生筹资的重要来源。据统计，世界银行是世界上最大的健康项目外部投资人，每年在健康、营养和人口项目方面新增承诺13亿美元。① 此外，世界银行还是全球抗击艾滋病运动中最大的外部投资人，承诺每年13亿美元的贷款。②

同时，世界银行卫生贷款项目的分配方向对健康权的资源配置分配有实质影响。比如，通过贷款项目的选择，世界银行可以决定将资金投向借款国内妇女、儿童以及土著人等脆弱人群健康权的享有，也可以将资金投向肺结核等传染病的预防和治理，还可以决定贷款项目针对农村卫生还是城市卫生以及针对预防还是治疗。通过卫生贷款项目的实施，项目地区卫生服务机构在服务功能、管理模式、人力资源、基础设施建设等方面都能得到加强。③ 项目地区人群的健康权享有情况能够得到有效改善。需要注意的是，正是因为世界银行卫生贷款项目对健康权资源配置的上述影响，可能产生卫生不平等的结果。

除上述直接的资金作用以及产生的局部影响以外，世界银行对健康权享有最突出的影响在于通过贷款所实现的杠杆作用。即通过施加结构贷款条件，要求借款国国民卫生制度进行全面改变。当然，世界银行的具体影响程度取决于成员国对金融支持的需要程度。④

世界银行的信贷控制这一面使其在全球健康引起史无前例的关注的时候，比其他结构性权力更加迅速地提高了影响，对健康权的享有具有决定性意义。

---

① 《影响评估》http://siteresources.worldbank.org/EXTABOUTUS/Resources/AssessingImpact_CH.pdf，2007年10月30日登录。

② Jennifer Prah Ruger, "The Changing Role of the World Bank in Global Health", *American Journal of Public Health*, vol. 95, 2005, p. 61.

③ 段明月："世界银行贷款卫生项目对我国卫生发展的影响"，《中国卫生经济》，2004年第2期，第12页。

④ Daniel D. Bradlo," The World Bank, The IMF, and Human Rights", 6 *Transnat'l L. & Contemp. Probs.* 47, p. 49.

有学者甚至认为，世界银行是全球健康治理中最强有力的实体。① 与此同时，世界银行对健康权的具体影响也值得更为仔细的研究和分析。

## 二、世界银行政策对健康权的金融结构影响

随着发展经济学从传统的新古典主义、结构主义和激进主义发展到现代的制度分析理论，② 世界银行健康政策也经历了从漠视、主张削减政府卫生开支以及大量投资健康、主张加强国家卫生系统这三个阶段的演进，③ 并由此对健康权产生了积极或消极的影响。

战后初期，世界银行将工作重点放在经济复兴和增长上，大量贷款都投向电力、电信、交通运输等基础设施上，根本没有卫生贷款项目，④ 对健康权奉行漠视态度；⑤20 世纪 80 年代到 90 年代，世界银行通过结构贷款项目实施削减政府卫生公共开支，进行市场导向的国家卫生体制改革，给大量借款国的国民健康权的享有带来破坏性影响；之后，世界银行推行健康、营养和人口策略，对健康行业进行大量投资的同时，推动国家卫生系统的建设，重塑了其在全球健康治理以及健康权享有中的角色和地位。

结构调整计划与健康、营养和人口策略对健康权的具体影响，主要表现在以下方面：

（一）结构调整计划对健康权的影响

所谓结构调整计划（Structure Adjustment Programs）是 20 世纪 80 年代

---

① Schieber GJ, Gottret P, Fleisher LK, Leive AA, "Financing Global Health: Mission Unaccomplished," *Health Affairs*, vol. 26, 2007, pp. 921~934; Wolfgang Hein und Lars Kohlmorgen, "Global Health Governance: Conflicts on Global Social Rights," *Working Paper for Global and Area Studies* in German Oversees Institute.

② 张明："世界银行性质的演变及发展趋势——兼论发展经济学的发展"，《社会科学》，2002 年第 4 期，第 25~29 页。

③ Jennifer Prah Ruger, "The Changing Role of the World Bank in Global Health", *American Journal of Public Health*, vol. 95, 2005, p. 61~69.

④ Kapur, Lewis, and Webb, *The World Bank: Its First Half Century*, Washington DC: Brookings Institution Press, 1997, p. 82.

⑤ 唯一例外的是，1951 到 1954 年期间，美国对南非援助款项的 30% 用于健康、农业和教育，但这不过是战后美国从意识形态角度出发，对共产主义的遏制。参见：R. J. Muscat, *Thailand and United States: Development, Security, and Foreign Aid*, New York: Columbia University Press, 1990.

健康权的世界保护

"华盛顿共识"①下的产物,旨在帮助借款国在宏观经济、部门经济和机构体制方面进行全面的调整和改革,以克服其经济困难,特别是国际收支的不平衡"。②使用结构调整贷款必需具备严格、苛刻的条件,最核心的就是要求借款国承诺并制定结构调整计划,内容包括调整进出口政策、修改国家投资计划,改革机构体制等。

结构调整计划反映了20世纪80年代到90年代世界银行政策的导向。在此时期,世界银行政策的重点在于支持发展中国家和转轨国家进行市场导向的改革,帮助发展中国家建立市场机制,强调削弱国家在健康、教育、住房等公共项目上的管理,支持私人部门的发展。其核心是强调市场导向和私人部门的作用。③建立在市场导向基础上的结构调整计划导致国家卫生体制的全面削弱,从而给健康权享有带来毁灭性影响,同时也遭到了国际人权界和国际卫生界对国际金融组织的猛烈抨击。④

在"华盛顿共识"指导下,世界银行通过结构调整在借款国实施财政缩减、私有化和市场自由化政策,认为这种私有化可以增加资源,促进卫生保健服务的实施。然而,这种市场导向的卫生政策没有将健康权纳入考虑范围,⑤将健康视为私人的事情,医疗保健是私人商品;主张减少国家干预,国家只提供少量的公共品以及根据成本效益原则为穷人提供一定的救济。其他的一切与健康有关的活动都由市场、非政府组织以及家庭来解决。⑥

---

① John Williamson, "Democracy and the 'Washington Consensus'," 21 *World Dev.* 1329 (1993).
② 王雨本编:《WTO之外的国际经济组织》,北京:人民法院出版社,2002年版,第177页。
③ 金慧华:《世界银行环境政策的法理分析》,华东政法学院博士学位论文,2006年10月,第7~8页。
④ 参见:李克西:"卫生保健的私有化:拉丁美洲的教训",《医学与哲学》,1997年第11期,第586~589页;SS阿克马科:国际开发组织:"世界银行与国际货币基金组织",[挪]A·艾德、C·克洛斯等主编:《经济、社会和文化权利教程》,成都:四川出版集团、四川人民出版社,2004年版,第421页;Theodore H MacDonald, "The Global Human Right to Health: Dream or Possibility?" Radcliffe Publishing, 2007, p.197.; Kinney, Eleanor D., "What does this Mean for Our Nation and World?," *Indiana Law Review*, vol. 34, p. 1474; Beth Lyon, "Discourse in Development: A Post-Colonial Theory 'Agenda' For the UN Committee on Economic, Social and Cultural rights", *American University Journal of Gender, Social Policy & the Law*, vol. 10, 2003, p.26.
⑤ Jack Donnelly, *Universal Human Rights in Theory & Practice*, New York: Cornell University Press, 2002, p. 233.
⑥ Laurell AC, Arellano OL, "Market Commodities and Poor Relief: the World Bank Proposal for Health," *Int J Health Serv.* 1996; 26 (1), p. 9.

世界银行将结构调整作为获取贷款的前提条件,要求贷款国政府大量削减甚至取消健康、教育以及住房等公共发展项目,而不考虑对健康或人权的影响。其结果是,即使发展中国家实现了一定程度的国民经济增长,这种增长通常也是以增大社会中最贫穷和最脆弱人群的不平等作为代价。自 80 年代初,大量欠发达国家的政府迫于世界银行压力,纷纷取消国民卫生保健制度。如在拉丁美洲,卫生制度受到打击的国家包括尼加拉瓜、智利、阿根廷、玻利维亚,而另外一些国家包括巴西和墨西哥,它们的卫生制度也正在受到威胁。①

这种大力削减政府在公共服务提供,尤其是在公共卫生服务中的做法,导致发展中国家在过去 50 年中取得的卫生成果的严重倒退,使得国家公共卫生设施不堪重负(如卫生工作者短缺以及抗生素生产不足)。发展中国家的公共卫生体制缺乏足够实验室和实验人员诊断和监控疾病、治疗慢性病以及防止耐药反应。

在结构调整计划实施 20 年后,非洲和拉丁美洲的许多国家卫生设施脆弱不堪,"人们比实行结构调整计划初期更贫穷、更不健康"。② 许多发展中国家缺乏足够的卫生资源和基础设施来回应全球大量疾病。③ 尽管 WHO 一再强调目前存在严重的卫生不平等现象,但"许多发展中国家无法享受发达国家已经享受到的公共卫生能力改善的成果"。无论是传染病还是诸如环境病、食物中毒等非传染病,都无法在实行卫生私有化了的国家得到控制。

(二)健康营养和人口策略对健康权的影响

90 年代中期至今,世界银行政策进入新阶段,表现出诸多新特点。④ 随着发展观的改变,世界银行开始推行"综合发展框架"(Comprehensive development frame work)。世界银行前首席经济学家斯蒂格里茨指出,"发展不仅仅是经济增长,而是社会全面改造"。同时,世界银行强调"政府管理"特征,突

---

① 李克西:"卫生保健的私有化:拉丁美洲的教训",《医学与哲学》,1997 年第 11 期,第 586 页。
② Benjamin Mason Meier, "Employing Health Rights for Global Justice: The Promise of Public Health in Response to the Insalubrious Ramifications of Globalization", 39 *Cornell Int'l L. J.*, p. 722.
③ Jeffrey D. Sachs, "Tropical Under Development", *Nat'l Bureau of Econ. Research*, *Working Paper No. 8119*, (Feb. 2001), http://www.nber.org/papers/W8119, 2005 年 12 月 29 日登录。
④ 邹佳怡、莫小龙:"从世界银行政策变化勘全球化的矛盾和发展援助的职能",《世界经济与政治》,2002 年第 1 期,第 36~42 页。

出政府公共开支政策的作用。① 在上述理论指导下，"健康、营养和人口新战略"（Health，Nutrition and Population，以下简称 HNP）成为世界银行工作的重点。

1. HNP 对母婴健康权的促进

该战略早期的工作重点是母婴健康，这有助于推动母婴健康权的享有。早在 1979 年 10 月，世界银行就成立了人口、营养和健康部（The Population, Health and Nutrition Department），并于 1987 年首次协同世界卫生组织等机构召开了国际安全抚育大会（Safe Motherhood Conference）。1987 年至 1998 年间，世界银行向 29 个国家提供了相关贷款。②

2. HNP 对医疗保健权的促进

HNP 早期活动还包括：1981 年向突尼斯提供了扩展基本医疗服务的相关贷款；1987 年《发展中国家的卫生筹资：改革议程》以及 1993 年发布《世界银行发展报告：投资健康》。《世界银行发展报告：投资健康》被视为国际健康治理中的分水岭，使世界银行在国际健康规制中的角色以及合理性被世界接受。该报告的全面目的在于促进卫生领域的投资、实现更大的发展。报告明确了国际卫生制度中的几个主要问题，特别是资金和人力资源使用率低下、基本医疗服务可及性不平等等，并建议政府卫生资源向初级保健倾斜，投资公共卫生和必需诊所，促进私人和社会保险以及卫生服务提供的竞争。尽管报告指出了卫生投资的重点，这与健康权优先资源的原则相符合，但对私人化的倡导却使其备受争议。③

3. HNP 对卫生系统的促进

2005 年世界首脑会议（联合国大会第 60 届会议高级别全体会议）承认必须增加对发展中国家和经济转轨国家卫生系统的投资。近年来 HNP 开始强调政府作用和国家卫生系统建设，引起世界卫生组织和学术界广泛好评。如 2007 年 7 月，世界银行向坦桑尼亚提供了总额为 6 千万美元的贷款以支持其

---

① 金慧华：《世界银行环境政策的法理分析》，华东政法学院博士学位论文，2006 年 10 月，第 8 页。

② The Human Development Network, *State Motherhood and the World Bank: Lessons from 10 Years of Experience*, Washington DC: The World Bank, 1999, p. 33.

③ K. Abbasi, "The World Bank and World Health: Under Fire", *British Medical Journal*, vol. 318, 1999, pp. 1003~1006.

卫生部门发展计划。世界银行驻坦桑尼亚官员麦克拉几林（McLaughlin）称，"贷款的主要目的在于，通过加强卫生政策，支持政府继续提高医疗服务质量以及卫生部门的资源分配"。① 世界卫生组织对 HNP 给予大力赞赏，称该策略"代表在支持贫穷国家加强其卫生系统、改进人民可获得的卫生服务和减少贫穷方面向前迈出的一大步"。② 国际卫生法专家安吉尔（Ruger）称，该策略是世界银行在新时期下对自身在全球健康中角色的反思。③

HNP 将重点放在加强卫生系统，卫生筹资和财政保护，卫生部门的财务可持续，宏观经济和财政政策，卫生部门的法律制度、良治、责任和透明这些领域。在这些领域，世界银行具有相对比较优势的领域，有能力提供政策和技术建议以及资金。

在加强卫生系统方面，HNP 强调筹资、建立公私合营的法律制度、治理、保险、支付、信息、训练有素的工作人员、基础设施和供应；强调与其他全球伙伴的紧密合作，将疾病控制的技术方面（如疟疾、营养不良或艾滋病的药物和治疗选择）、卫生资源训练以及医疗服务提供者（如诊所和医院）等领域留给其他组织，尤其是世界卫生组织、联合国儿童基金会和联合国人口基金。

通过提供贷款加强贫穷国家卫生系统的建设，有助于增强健康权享有的可提供性和可获取性，帮助贫穷国家人民健康权的享有。同时，这种将焦点集中在健康的政治经济学上的策略提供了世界银行在健康治理上的新范式，它关注健康和疾病的社会意义，尤其是注重对影响健康的社会因素的分析。其前提是：社会因素增强或减少健康不平等，关注卫生资源的分配以及政府的失职（oversight）。

此外，世界银行对全球公共产品表示大力支持。传染病防治（如艾滋病）是其主要工作领域。自从 2000 年以来，世界银行开始推行"多国艾滋病抗击计划"（Multi Country HIV/AIDS Program，简称 MAP 计划）。到目前为止，26 个非洲国家接受了 10 亿美元。世界银行还将非政府组织在国内的参与和良治

---

① Tanzania: World Bank Approves Additional Funds for Health Development, http://web.worldbank.org/WBSITE/EXTERNAL/TOPICS/EXTHEALTHNUTRITIONANDPOPULATION/EXTHIVAIDS/0, contentMDK: 21398946 ~ menuPK: 376477 ~ pagePK: 64020865 ~ piPK: 149114 ~ theSitePK: 376471, 00. html, 2008 年 1 月 30 日登录。

② "世界卫生组织欢迎世界银行健康、营养和人口新战略"，2007 年 5 月 8 日发布，http://www.chinacdc.net.cn/n272442/n272530/n272772/17461.html, 2007 年 7 月 30 日登录。

③ Jennifer Prah Ruger, "Global Governance and the World Bank," The Lancet, vol. 370, p. 1471.

作为受赠国接受赠款的前提。①

由此可见,世界银行作为国际金融组织对健康权的影响,主要是通过贷款项目来施加的。在具体操作过程中,这种金融结构权力既可以表现出提供大量信贷,缓解欠发达国家在履行国家义务中的资金压力,增强借款国的卫生服务功能、管理模式、人力资源、基础设施建设等方面。需要注意的是,资金运用的方向会对健康权所要求的资源配置优先性产生影响。此外,世界银行通过结构贷款对国家卫生制度所产生的根本影响也是不能忽视的。

## 第四节　世界卫生组织与健康权

世界卫生组织与健康权具有深厚的历史渊源和紧密的内在联系,并因此表现出不同的知识结构关系。自成立之日,世界卫生组织就将健康权的实现作为组织成立的宗旨,并在50多年的活动中始终不懈地将人权路径作为卫生工作的核心。② 世界卫生组织是首个提出健康权概念的国际组织。1946年成立之时,《世界卫生组织章程》就规定,"享有最高的可获得的健康是人类的基本权利之一,不因种族、宗教、政治信仰、经济及社会条件而有区别"③,并规定了健康的权威定义,"健康是身体、精神与社会的全部美满状态,不仅是免病或残弱"。半个多世纪以来,世界卫生组织一直通过其在专业技术领域独有的权威性,致力于促进流行病和地方病的防治,提供和改进公共卫生、疾病医疗和有关事项的教学与训练,推动确定生物制品的国际标准等。

世界卫生组织与健康权的这种嵌合式关系与卫生工作者的职业道德有紧密联系。被西方医学界奉为医学伦理经典的《希波克拉底誓言》称,无论到了什么地方,也无论需诊治的病人是男是女、是自由民是奴婢,对他们我一视同仁,为他们谋幸福是我惟一的目的;用同等的关切和献身精神关怀所有需要我帮助的人,不管他们有没有能力付酬;主要为了我的病人的最佳利益,而不是

---

①　Wolfgang Hein und Lars Kohlmorgen, "Global Health Governance: Conflicts on Global Social Rights," *Working Paper for Global and Area Studies* in German Oversees Institute, p. 26.

②　世界卫生组织出台的诸多卫生发展报告以及文件都明确承认健康权,如《2005年世界卫生组织发展报告》和《关于卫生和人权的25个问答》。以上文件可在世界卫生组织网站上找到。《烟草控制公约》也明确承认健康权。

③　《世界卫生组织章程》序言和第一条。

主要为了推行社会的、政治的或财政的政策或我自己的利益而行动。正是由于这种将病人的健康作为伦理第一原则、重视平等的医学伦理几千年来一直存在于卫生工作者心中,并指导其行为。因此,即使在不承认健康权的美国,学者也认为健康权一直存在于全世界卫生工作者心中。①

### 一、世界卫生组织在健康权中的知识结构地位

(一) 国际政治经济学中知识结构的含义及地位

知识也是一种权力。在苏珊·斯特兰奇的权力结构理论中,知识结构决定被发现的是什么知识,怎样储存以及谁用什么手段、根据什么条件、向什么人传输知识。② 因此,谁能够开拓和获得知识,并且能不让别人接触他们所尊重和寻求的某种知识,谁能够控制知识传播的渠道,谁就可以利用这种非常特殊的结构性权力。知识从其本质上说,是一种公共物品,或者更精确地说,能够成为一种公共物品。

比起其他结构所衍生的权力,知识结构所衍生的权力多半是经过同意,而不大采用强制的手段得来,权威的授予是自愿的,其基础是共同的信仰系统和一致承认知识所采取的特殊形式对个人和社会的重要性——因此也承认具有知识而又能使用或操纵那些储存和传播知识手段的人的重要性。

比起安全、生产和金融结构,知识结构所衍生的力量是最容易为人们所忽视和低估。在国际政治经济学中,尽管知识结构与其他三种结构所衍生的力量同样重要,但还远未得到充分了解。普通人根据平时所得到的体会,一直认为"知识就是力量",但究竟谁拥有这种力量就不为人所知。

知识结构力量的特殊性之一在于其衍生的力量难以计算。尽管存在种种困难,我们仍然能从中世纪基督教对世界的控制、其后科学国家的取而代之,尤其是 20 世纪知识经济的迅速崛起之中了解到知识结构所衍生的巨大力量。

(二) 世界卫生组织在健康权中的知识结构地位

1. 世界卫生组织的宗旨和职能

---

① Marcela X. Berdion, "The Right to Health Care in the United States: Local Answers to Global Responsibilities", 60 *SMU L. Rev.*, p. 1633.

② [英] 苏珊·斯特兰奇著、杨宇光等译:《国家与市场》,上海:上海世纪出版集团2006年版,第 124~125 页。

世界卫生组织作为联合国下属的国际卫生问题的指导和协调机构,国际上最大的政府间卫生组织对全球卫生负有广泛的责任。它负责对全球卫生事务提供领导,拟定卫生研究议程,制定规范和标准,阐明以证据为基础的政策方案,向各国提供技术支持以及监测和评估卫生趋势。其广泛职能的来源正是由于健康是一个具有很强的科学和医学特点的领域,世界卫生组织具有对科学尤其是医学知识的掌握。《世界卫生组织章程》的宗旨和职能规定对此有直接表述。《世界卫生组织章程》规定,其宗旨之一就在于"推广医学、心理学及有关知识之利益于各民族,对于健康之得达完满,实为至要";其第12条有关职能之规定也明确指出,世界卫生组织有权供给有关卫生之知识、咨询及协助。

2. 世界卫生组织在健康权中知识权力结构地位的表现

由于对知识权力的掌握,世界卫生组织在国际卫生工作方面享有广泛的职能,在健康权享有中也表现出独特的知识权力结构地位。

首先,世界卫生组织影响预防、治疗和控制疾病的医学方法,以及享受卫生设施、货物或服务的具体标准。世界卫生组织有权制定有法律约束力的公约或规制,从而影响健康权的享有。根据《世界卫生组织章程》,卫生大会有权通过与下列有关之规章:(一)预防疾病于国际间蔓延之环境卫生与检疫之必需条件及其他方法;(二)关于疾病、死因及公共卫生工作之名称;(三)检验方法之国际通用标准;(四)出售于各国市场之生物、药物及其他类似制品之安全、纯净及功效之标准;(五)出售于各国市场之生物、药物及其他类似制品之广告与标签。因此,无论是在预防、治疗和控制疾病的医学方法,还是享受卫生设施、货物或服务的具体标准方面,世界卫生组织都会产生重要影响。

第二,世界卫生组织对国家卫生政策的约束力。尽管在世界卫生组织历时数代的卫生工作中一直恪守尊重国家主权的原则,并被批评为"多边的薄弱"(the vulnerability of multilateralism),① 即世界卫生组织在推动制定国际健康公约方面的软弱无力,但世界卫生组织所发布的大量标准、建议和指南仍然是各缔约国国家卫生政策工作的重要参考依据。尤其是在某些特殊时期,这种影响

---

① Obijiofor Aginam, "Global Health Governance: International Law and Public Health in a Divided World", *Stanford Journal of International Law*, vol. 43, summer 2007, p. 331.

更为直接。如在 SARS 期间,世界卫生组织发布的"旅行警告"就得到广大缔约国自觉的遵守。①

## 二、世界卫生组织规定对健康权的知识结构影响

自 1946 年国际卫生组织在宣言中首次提出健康权概念并将促进人人享有最高可能的健康作为组织存在的宗旨以来,世界卫生组织先后制定了《国际卫生条例》和《烟草控制框架公约》,提出了"人人享有健康策略"、"初级保健战略"和"全民覆盖"等策略,并通过了大量决议、指南、建议和标准以促进健康权的实现,如《基本药物清单》、《健康饮用水标准》、《健康住宅标准》、《传染物质与诊断样品指南》以及与联合国粮农组织联合成立了共同的分支机构——《食品法典委员会》(CAC),系统地组织起草并颁布的国际食品法典(通常被称为 Codex)。其中,《国际卫生条例》、《基本药物清单》以及《烟草控制框架公约》分别代表了世界卫生组织在传染病控制、药品可及性以及影响健康的基本因素三个方面对健康权的突出作用。下文将主要论述《国际卫生条例》、《基本药物清单》以及《烟草控制框架公约》对健康权的具体影响。

(一)《国际卫生条例》对健康权的影响

1.《国际卫生条例》简史

人类与传染病的斗争从未停止过。正是 1830 年至 1847 年肆虐欧洲的霍乱流行促进了频繁的传染病外交和公共卫生方面的合作。19 世纪末 20 世纪大量国际疾病控制会议的召开,导致 1948 年世界卫生组织的成立,并于 1951 年产生了《国际卫生条例》(International Sanitary Regulations)。该条例于 1969 年被替换并重新命名为《国际卫生条例》(International Health Regulations)。② 目前,最新的《国际卫生条例》(2005)(以下简称《国际卫生条例》)是《国

---

① 龚向前:"试析国际法上的'软法'——以世界卫生组织'软法'为例",《社会科学家》,2006 年第 2 期,第 99 页。
② 世界卫生组织出版物:《2007 年世界卫生报告:构建安全未来:21 世纪全球公共卫生安全(概要)》,第 10 页。

际卫生条例》（1969年）的修订版，① 已于2007年6月生效。时至今日，《国际卫生条例》不仅提供了国家间合作控制传染病的框架，而且加强了对国家的问责机制，成为健康权的有机组成部分。

2. 传染病控制和健康权的关系

根据《经济、社会和文化权利公约》第12条第2款（C），健康权包括预防、治疗和控制疾病的权利。控制疾病，指各国单独或共同努力，特别是提供相关技术、使用和改善分类的流行病监控和数据收集工作、执行和加强免疫计划以及其他传染病的控制计划。21世纪传染病传播速度快，新病种出现的速度也超过过去任何时期，而且产品的全球运输也可产生严重的卫生后果，从而进一步增强了个人健康的脆弱性。最生动的案例是2006年8月，500余吨化学废物从一艘货物上卸下，用卡车在阿比让市内和周围的不同地点非法倾倒。其后果是在倾倒后的数日和数周内，几乎有9万人寻求医疗。② 因此，传染病控制不仅是国家主权的要求，也是个人健康权享有的必要条件和内在要求。

3.《国际卫生条例》对健康权的影响

（1）有助于缔约国国际义务的履行

《国际卫生条例》确认了世界卫生组织根据职权在全球疾病暴发预警和公共卫生事件应对中的作用继续具有重要意义，并建立了以世界卫生组织为中心的国家合作机制。具体合作领域除了在缔约国通过发现、评估和应对突发公共卫生事件方面向国家提供支持的战略性卫生活动以外，还包括财政资源和技术上的合作。

公开分享知识、技术和物质资源，包括使全球公共卫生安全达到最高水平所必需的病毒及其他实验室样本。如果疫苗、治疗方案、设施和诊断方法仅由富有者享有，那么这场全球公共卫生安全的战争将以失败告终。

在健康权的缔约国义务中，国际义务是一个重要方面。根据《联合国宪章》第56条、公约的一些具体规定（第12、第2、第22和第23条）以及关

---

① 《国际卫生条例》（1969）只处理四种疾病：霍乱、鼠疫、黄热病和天花（已被扑灭），注重在边界进行控制以及比较消极的通报和控制措施；最新的《国际卫生条例（2005）》将疾病扩大到包含在卫生方面可造成国际反响的任何突发事件，包括新出现和有流行趋势的疾病暴发、食源性疾病暴发、自然灾害以及化学和核放射事件（无论是意外或有意造成的）；不仅在国家边界，而且从源头控制突发卫生事件，其目的就是在有机会形成一种国际威胁前尽早发现事件并从其根源予以制止。

② 世界卫生组织出版物：《2007年世界卫生报告：构建安全未来：21世纪全球公共卫生安全（概要）》，第15页。

于初级卫生保健的《阿拉木图宣言》的精神，缔约国应承认国际合作的重要作用，履行它们的承诺，公共和单独采取行动。因此，《国际卫生条例》有助于缔约国履行其国际义务。

(2) 有助于对国家实行有效的监督

《国际卫生条例》规定了在通报事件的信息共享方面，缔约国应当遵循的程序的主要内容，强化了对缔约国的监督力度。缔约国与世界卫生组织进行沟通的三种方式包括：通报、磋商和其他报告。其中，最主要的方式是通报。条例将自动通报和由世界卫生组织公布特殊的疾病病例，改为考虑到事件发生的背景向世界卫生组织通报经评估有可能构成国际关注的突发公共卫生事件的所有事件。通报必须发生在当事国利用《国际卫生条例》附件2的决策文件进行评估后的24小时之内。决策文件载明了缔约国在其领土内评估事件时以及在决定事件是否应向世界卫生组织报告时必须遵守的4项标准。通报后必须及时报告关于事件的详细公共卫生信息，如可能应包括：病例定义、实验室检测结果、风险来源和类型、病例数和死亡数、影响疾病传播的情况和所采取的卫生措施。

值得注意的是，《国际卫生条例》有助于人民在全球层面上参与卫生方面的决策，这是健康权的一个重要方面。世界卫生组织已经通过《国际卫生条例》获得授权考虑非官方报告的信息来源。条例明确承认，信息来源通常先于官方报告，这一事实是对此前的国际公约和条例的一个重大革新，包括了在某些情况下，一些国家不愿披露在其境内发生的疾病流行事件。同时，也反映了在一个即时通讯的世界中出现的一个新的事实：对疾病暴发的隐瞒将不再是政府的一个可行选择。

(3) 有助于国家卫生基础设施建设

《国际卫生条例》促进健康权享有的另一个方面是制定时间安排、推动国家公共卫生系统的建设。《国际卫生条例》的重要创新之一在于：要求所有缔约国利用现有的国家资源发展、加强和保持监测和应对的核心公共卫生能力。为了有能力发现、评估、通报和报告事件并应对公共卫生风险和国际关注的突发事件，缔约国必须遵循《国际卫生条例》附件1第一部分申述的要求。附件1第一部分概述了当地（社区）层面、中层和全球层面的核心能力，其中包括：国家层面必要时在48小时内评估紧急事件的所有报告，并立即通过国家IHR归口单位通报世界卫生组织。

《国际卫生条例》还对国家核心能力实现的时间提出了具体要求,每个缔约国在世界卫生组织支持下"尽快"满足监测和应对核心能力的要求,但自在该国生效之日起不晚于5年。《国际卫生条例》制定了两个阶段的进程,帮助缔约国计划履行其公共卫生能力的义务。第一阶段是从2007年6月15日至2009年6月15日;第二阶段是自2009年6月15日至2012年6月15日。实施计划有困难的缔约国可要求延长2年,至2014年6月15日,以履行附件1第一部分规定的义务。如认为确有,可同意延长2年。在例外的情况下,在新实施计划的支持下,世界卫生组织总干事可同意个别缔约国继续延长履行其义务的期限,但不超过2年。

总之,全球公共卫生的后果最终将由个人承担,因此《国际卫生条例》的修订对健康权的享有具有重要意义。

(二)《基本药物清单》对健康权的影响①

获得药品构成能达到的最高标准健康权不可或缺的一部分。许多法庭的判例和人权委员会的决议都确认获得基本药品是健康权的一项基本内容。② 有些判例还确认获得基本药品的问题与生命权等其他人权密切相关。③ 世界卫生组织随时修订的基本药品清单(Essential Medicines List)被明确规定为国家保护健康权的核心义务,是世界卫生组织利用卫生知识权力直接影响药物可及性,从而推动健康权享有的另一个重要方面。

根据世界卫生组织最新定义,所谓基本药物是解决特定人群重点卫生保健需求的药物。这些药物通过循证方法来挑选,并适当考虑公共卫生相关性、质量、安全性、效力和相对成本效益。基本药物的一个基本标准是必须能够在有效运作的卫生系统内获得这些药物,而且始终要保证适当的数量和剂型。挑选基本药物是国家药物政策的基础,并有助于整个医药系统的顺利运转。④ 基本药物清单是世界卫生组织提供的一份基本药物汇编,可以根据各国需要进行改

---

① *Report of the Special Rapporteur on the Right of Everyone to the Enjoyment of the Highest Attainable Standard of Physical and Mental Health*, UN document, A/61/338, September 2006, p. 55.

② 见《经济、社会、文化权利国际公约》第十二条第二款(丙)和(丁)项。

③ 关于国家有关判例法的集中汇编,见 Hogerzeil, H. et al., "Is Access to Essential Medicines as Part of the Fulfilment of the Right to Health Enforceable through the Courts?", *The Lancet*, vol. 368, 2006, pp. 305~312。另见人权委员会第2005/23号、第2004/26号和第2003/29号决议。

④ WHO, *The selection and use of essential medicines*. Geneva: World Health Organization, 2003, Technical Report Series, vol. 920, p. 54.

编，并可作为制定国家清单的准则。其目的是为各国政府提供一个范本，以便各国政府能挑选药物解决当地公共卫生需求并制定国家清单。基本药物清单对健康权的影响具体表现在下列三个方面：

1. 基本药物清单对健康权的首要影响在于其在药品方面对国家的"软法"效力。①

尽管基本药物清单作为世界卫生组织发布的标准、建议和指南，没有严格法律意义上的约束力，但由于世界卫生组织在国际卫生领域的权威地位，基本药品清单具有广泛影响力。到目前为止，世界卫生组织 193 个会员国中 156 个正式颁布了基本药物清单。② 当中既包括美国、英国等发达国家，也包括广大的发展中国家，如莫桑比克和秘鲁。基本药品清单被作为国家药物政策的基础，是国家药物供应政策的重要范本。

2000 年，基本药物清单被纳入健康权的国家核心义务，约束力得到进一步增强。经济、社会和文化权利委员会在第 3 号一般性意见中明确表示，缔约国有一项根本义务，即保证公约提出的每一项权利，至少要达到最低的基本水平，包括基本的初级卫生保健。结合更新的文书来看，如《人口与发展国际会议的行动纲领》，③《阿拉木图宣言》在第 12 条产生的核心义务上提供了明确的指导。因此，委员会认为，这些核心义务包括根据世界卫生组织随时修订的《基本药品行动纲领》提供基本药品。

2. 基本药物清单随时修订，这有助于促进国家不断提高对健康权的保护水平，逐步实现健康权。虽然公约提出了逐步实现，并且承认由于可资利用的资源有限造成了各种困难，但这不应解释为缔约国的义务已失去一切有意义的内容，或长时期停留在原有水平。相反，逐步实现意味着缔约国有一项具体和

---

① 世界卫生组织发布标准的软法效力正在得到重视，参见：龚向前："试析国际法上的'软法'——以世界卫生组织'软法'为例"，《社会科学家》，2006 年第 2 期，第 98～100 页；洪丹："试论国际组织决议的法律效力问题——以世界卫生组织与我国迎战 SARS 危机为视角"，《前沿》，2006 年第 9 期，第 122～124 页；关于软法效力，还可参见：姜明安："软法的兴起与软法之治"，《中国法学》，2006 年第 2 期，第 25～36 页；"李扬勇："国际组织宣言和决议的法律意义——对国际环境法'软法'的探讨"，《孝感学院学报》，2006 年第 2 期，第 59～63 页。

② http://www.who.int/mediacentre/factsheets/fs325/zh/index.html, 2007 年 10 月 4 日登录。

③ 《人口与发展国际会议报告》，开罗，1994 年 9 月 5 日至 13 日（联合国出版物出售品编号，E. -95. XIII. 18），第一章，决议 1 附件，第七和第八章。

始终存在的义务。①

1977年世界卫生组织基本药物标准清单确定了208种药物用以对付当时的全球疾病负担。2007年是世界卫生组织（世界卫生组织）基本药物标准清单颁布30周年。最新的2007年版本包括340种药物，用于治疗各种全球重点疾病，包括疟疾、艾滋病毒/艾滋病、结核、生殖卫生疾病，并越来越多地用于癌症和糖尿病等慢性病的治疗。② 用于预防和治疗艾滋病毒/艾滋病的抗逆转录病毒药物也于2002年首次被纳入清单。

3. 基本药物清单有助于促进药品的可提供性、可获取性以及质量。世界卫生组织除了将药品的安全性和有效性作为药物选择标准外，还在一定程度上考虑以药物的成本经济效益，包括行业竞争、定价政策、采购总量、不同定价结构、强制许可等经济因素。③ 另外，必需药品清单作为国家药物政策的基础，一个基本标准就是必需能够在有效运作的卫生系统内提供这些药物。因此，基本药物清单是健康权可提供性、可获取性以及质量的基础。

基本药物清单对发展中国家的帮助尤其明显。发展中国家药物的可得性由于若干因素受到损害，其中，包括供应和分发系统落后、卫生设施和工作人员不足、卫生投资少和药物价格高。基本药物清单这一工具能帮助管理药物的采购和分发以及挑选有质量保证和成本效益好的产品。1975年世界卫生组织在日内瓦世界卫生大会期间提出了基本药物的概念的目的就在于，帮助贫困国家和发展中国家解决药品供应的问题，使之能够按照国家卫生需求，以有限的资金、合理的价格购买和使用质量可靠、疗效确切的基本药物。④

（三）《烟草控制框架公约》对健康权的影响

2003年《烟草控制框架公约》出台，这既是健康权保护中知识结构权力和生产结构权力直接冲突的反映，同时也彰显了知识结构权力干预生产机构权力的力量。

吸烟是对人类健康和生命威胁最大的公共卫生问题，世界卫生组织推动全

---

① 《第3号一般性意见》第9段；《第13号一般性意见》第44段。
② 《世界卫生组织基本药物标准清单》，第15版，2007年3月。
③ Alicia Ely Yami, " Not Just a Tragedy: Access to Medications as a Right under International Law", *Boston University International Law Journal*, vol. 21, Fall 2003, p.359.
④ WHO, Revised Procedure for Updating WHO's Model List of Essential Drugs, EB109/8, Geneva: World Health Organization, 2001.

球烟草控制的工作早在1969年就已开始。世界卫生大会先后就烟草问题通过了17项决议，① 这种努力最终体现在2003年《烟草控制框架公约》中。这是世界卫生组织首次动用其《章程》第19条所规定的立法权②来制定一份国际公约，对烟草和烟草制品在全球的泛滥予以限制。《烟草控制框架公约》内容共分11部分，对目标、原则、一般义务、减少烟草需求和供应有关的措施、环境保护、科学技术合作及交流、争端解决等问题都做出了明确规定。核心是减少烟草需求和供应有关的措施。该公约有助于全面、综合地促进健康权。

1. 公约在序言中反复强调了各国际人权公约中的健康权规定，包括《经济、社会、文化权利国际公约》第12条规定、《消除对妇女一切形势歧视公约》以及《儿童权利公约》中的健康权规定；同时，公约"还忆及世界卫生组织《章程》序言，它宣称享受最高而能获致之健康标准，为人人基本权利之一，不因种族、宗教、政治信仰、经济或社会情境各异，而分轩轾"③。该公约是首个将健康权的享有直接作为公约宗旨的国际文书，对健康权的反复强调表明了各成员方的政治承诺，有助于促进各成员方对健康权的认识。

2. 公约有助于健康权的三大具体构成要素，包括产妇和儿童健康权、健康环境权以及疾病控制权的享有。公约指出，"认识到科学证据明确确定了烟草消费和接触烟草烟雾会造成死亡、疾病和残废，以及接触烟草烟雾和以其他方式使用烟草制品与发生烟草相关疾病之间有一段时间间隔；还认识到卷烟和某些其他烟草制品经过进行加工，籍以引起和维持对烟草的依赖，它们所含的许多化合物和它们所产生的烟雾具有药理活性、毒性、致变突性和致癌性，并且在主要国际疾病分类中将烟草依赖单独分类为一种疾病；承认存在着明确的科学证据，表明孕妇接触烟草烟雾是儿童健康和发育的不良条件"。④

公约不仅指出了烟草烟雾给健康带来的损害，尤其是给儿童健康和发育带来的危害，还明确将"烟草依赖"单独列为一类疾病，这有助于促进人们对烟草危害的进一步认识。

---

① 那力、苏欣："烟草贸易的国际法控制——世界卫生组织与《控制烟草贸易框架公约》"，《甘肃政法学院学报》，2004年第6期，第3页。

② 《世界卫生组织章程》第19条规定，卫生大会应有采定在本组织权限内任何事宜之国际协定或公约之权。

③ 《控制烟草贸易框架公约》序言。

④ 《控制烟草贸易框架公约》序言。

3. 公约对健康权影响的深层蕴义在于，不仅是对疾病的控制，而且是对危害健康的贸易的控制。《第 14 号一般意见》认为，健康权不限于得到卫生保健的权利，还包括多方面的社会经济因素、促进人们可以健康生活的条件，包括有益健康的环境。① 影响健康的基本决定因素在很大程度上制约着健康权的享有。

烟草贸易对人类健康的危害早就得到科学论证。② 更严重的是，吸烟越来越成为穷人和穷国的问题。很多贫穷家庭抽烟花费比率相对更高，这些家庭要花费比例惊人的一部分收入在烟草上而不是在营养和其他家庭需要。③ 造成这种不平等的重要原因之一在于，烟草公司把战略目标定位在发展中国家。因此，20 世纪 80 年代以后，北美、西欧等经济发达国家的烟草消费量逐渐减少，而发展中国家的烟草消费量却迅速增加，由烟草引发的疾病及造成的经济、社会负担也已惊人的速度增长。

公约在序言中明确指出，"决心优先考虑其保护公共健康的权利"，并规定了相应措施保护健康。减少烟草需求的措施包括：通过价格税收措施、非价格措施、提供保护免于被动吸烟、管制烟草制品的成分和披露以及烟草制品的包装和标签等；减少烟草制品供应的措施包括：禁止烟草制品非法贸易、对未成年人的销售和取消烟草补贴并由政府提供其他合理经济支持。④

《烟草控制框架公约》作为最近出现的里程碑，标志着世界卫生组织实现了制定国际条约，解决疾病决定因素和对协调一致的国际行动提出建议的任务。它是一个新的协同责任和新工作程序的范例。因此，公约的最大意义在于：它表明了当贸易和健康这两种价值发生冲突时，健康权应该得到优先关注；同时，这也是知识权力战胜生产权力的经典范例。

---

① 《第 14 号一般性意见》第 4 段。
② 据世界卫生组织估计：全世界每天平均最低有 8000 人死于与吸烟有关的各种疾病，每年约有 420 万人死于吸烟，到 2030 年这个数字将增加到每年 1000 万人，其中 70% 在发展中国家。现在吸烟的青少年数目超过以往任何时候。转引自：那力、何志鹏等：《WTO 与公共健康》，北京：清华大学出版社 2005 年版，第 191 页。
③ 那力、何志鹏等：《WTO 与公共健康》，北京：清华大学出版社 2005 年版，第 191 页。
④ 《烟草贸易框架公约》第 6~11 条。

## 本章小结

1. 全球化时代下国际组织的地位逐渐上升，凸现出其造法功能，对健康权的实现产生着重要作用。本章力图跳出在国际人权机构中分析人权的传统模式，根据国际政治经济学的权力结构理论，阐释具有知识、金融、生产和安全结构权力的四类国际组织对健康权实现的结构性影响。

2. 联合国大会在健康权中具有安全结构地位。在联合国 60 多年的发展史中，联合国大会维护国际和平与安全的职能不断扩展，并在"非传统安全"进程中扮演着发动机的角色。自 2000 年开始，联合国大会开始关注卫生安全，先后通过了四个重要宣言，包括：《联合国千年宣言》（2000 年）、《关于艾滋病毒/艾滋病问题的承诺宣言》（2001 年）、《2005 年世界首脑会议成果》（2005）、《关于艾滋病毒/艾滋病问题的政治宣言》（2006 年）。联合国大会作为联合国内的维护和平和发展的主要机构以及世界上最重要的政治论坛，对健康权有着重要的影响。尤其是千年发展目标和艾滋病相关宣言对健康权表现出明显的安全结构影响

3. 世界贸易组织在健康权中具有生产结构地位。具体影响表现在两个方面：一是影响健康权实现的物质条件。世界贸易组织推动下的自由贸易可促使更多进口的卫生设施、产品和服务进入一国卫生保健服务市场，增加健康权的可提供性；同时也可能对卫生设施、商品、服务和条件的可及性和质量方面产生重要影响。另一方面，世界贸易组织对健康权享有所需要的制度保障产生影响。世界贸易组织的实质是由市场根据利润最大化的成本效益原则，进行全球资源的有效配置。这与作为人权的健康权从本质上是不一致的。WTO 涵盖众多与健康权有关的内容。其中，TRIPS 协定和 GATS 协定对健康权的影响最大。

4. 世界银行在健康权中具有金融结构地位。主要表现在：大量卫生贷款项目成为健康权实现所需要的卫生筹资的重要来源；卫生贷款项目的分配方向对健康权的资源配置分配有实质影响以及通过贷款所实现的杠杆作用。世界银行的信贷控制使其在全球健康引起史无前例的关注之际，比其他结构性权力更加迅速地提高了影响，对健康权的享有具有决定性的意义。随着发展经济学从传统的新古典主义、结构主义和激进主义发展到现代的制度分析理论，世界银

行所采取的健康政策也经历了从漠视、主张削减政府卫生开支以及大量投资健康、主张加强国家卫生系统这三个阶段的演进，并由此对健康权产生了积极或消极的影响。其中，结构贷款项目实施削减政府卫生公共开支，进行市场导向的国家卫生体制改革，给大量借款国国民健康权的享有带来破坏影响；相反，健康、营养和人口策略在对健康行业进行大量投资的同时，重视国家卫生系统的建设，重新塑造了其在全球健康治理以及健康权享有中的角色和地位。

5. 世界卫生组织在健康权中具有知识结构地位。世界卫生组织具有科学尤其是医学知识，并由此在国际卫生工作方面享有广泛的职能。世界卫生组织对健康权的知识结构影响表现在：影响预防、治疗和控制疾病的医学方法，以及享受卫生设施、货物或服务的具体标准；对国家卫生政策的约束力。尽管，在世界卫生组织历时数代的卫生工作中一直恪守尊重国家主权的原则并被批评为"多边的薄弱"，但世界卫生组织所发布的大量标准、建议和指南仍然是各缔约国国家卫生政策工作的重要参考依据。尤其是在某些特殊时期，这种影响更为直接。《国际卫生条例》、《基本药物清单》以及《烟草控制框架公约》分别代表了世界卫生组织在传染病控制、药品可及性以及影响健康的基本因素三个方面对健康权的突出作用。

# 第三章

# 健康权的区域保护

引 言

论文第二章从世界性国际组织对健康权保护的结构性影响的视角入手,对健康权世界保护进行了研究。这既是对全球化时代国际组织在健康权中的"造法"作用的回应,也是强调不要囿于国际人权法中人权与国家的传统范式来研究人权问题,着力于揭示人权保护中国家、市场与人权三者之间的能动关系。另一方面,这也是由于联合国人权机构的软弱和司法救济的缺乏所使然。

毫无疑问,司法救济是健康权国际保护中的最后一道防线,也是促使健康权从道德权利演变为法律权利的分水岭。近半个世纪以来,尤其是20世纪末21世纪初,健康权保护在区域性人权机制中得到快速发展。这也正是健康权区域保护区别于健康权世界保护之处。

区域层面健康权司法保护之所以可能,主要是因为在历史、地理、文化特点具有相似性的集合体内,各国可能比较少地坚持其自治和不可干涉性,并可能更容易进行合作。如战后形成的西欧和美洲的特别集团都允诺宪政主义和人权。以区域人权机制为中心深入健康权司法保护的研究,有助于为长期以来困扰学界的健康权可诉性问题提供实证,并推动健康权内容的发展。同时,不同区域仍然具有不同的经济条件、健康状况以及法制状况,这也为在有限资源限制下健康权如何实现提供了依据。

目前较成熟的区域人权机制包括欧洲人权机制、美洲人权机制和非洲人权机制。由于非洲人权和民主权法院成立时间刚刚8年,案例稀少,因此,本章仅以欧洲和美洲的人权保护机制为中心,对上述两洲健康权保护进行研究,通

健康权的区域保护

过实证分析,解决学界长期以来关于健康权可诉性的争议,并通过案例探析健康权的司法保护原则。

## 第一节 欧洲健康权保护

欧洲健康权保护由两类平行保护构成:《欧洲社会宪章》基础上的健康权保护和《欧洲人权条约》基础上的健康权保护。前者专门保护经济社会权利,为健康权提供直接保护;后者专门保护公民权和政治权利,通过一体化方法为健康权提供间接保护。两类保护的法律渊源和法律约束力有很大不同。

### 一、《欧洲社会宪章》的健康权保护

《欧洲社会宪章》长期以来掩盖在《欧洲人权公约》的光彩之下,没有得到足够的重视。不少学者在研究欧洲人权法律保护机制时只是附带性地介绍《欧洲社会宪章》的人权法律保护机制。① 然而,作为专门保护经济和社会权利的欧洲公约,《欧洲社会宪章》在健康权国际保护中应受到重视。

(一)《欧洲社会宪章》健康权保护的特点

所谓《欧洲社会宪章》健康权保护是指建立在《欧洲社会宪章》基础上的健康权保护,其核心是《欧洲社会宪章》和集体申诉机制。《欧洲社会宪章》② 作为欧洲专门保护经济和社会权利的区域性公约,所提供的健康权保护有两方面的特点:第一,提供直接法律渊源;第二,执行机制具有准司法性。研究《欧洲社会宪章》的健康权保护,既要承认其相对于《欧洲人权公约》健康权保护的不足,同时也要肯定其在健康权国际保护中的地位。

(二)《欧洲社会宪章》对健康权的直接规定

1.《欧洲社会宪章》对健康权的两类规定

---

① 如贺鉴:"论欧洲区域性国际人权保护制度",《贵州师范大学学报(社会科学版)》,2005年第2期,第13~17页。
② 《欧洲社会宪章》于1961年通过,其主要目的在于弥补《欧洲人权公约》的保护范围局限于公民和政治权利的不足,以"确定前欧洲理事会各成员国应实现的社会目标,指导欧洲理事会在社会领域的政策,并且作为在社会领域对《欧洲人权和基本自由公约》的不足"。参见:"欧洲理事会部长委员会就欧洲理事会的工作计划致欧洲理事会咨询议会的特别咨文",转引自:白桂梅等编:《国际法上的人权》,北京:北京大学出版社1996年版,第224~225页。

《欧洲社会宪章》对健康权的调整包括两部分：作为政治宣言的目标权利和作为法定义务的权利。前者主要指《欧洲社会宪章》第一部分（11）款规定，人人有权利用任何措施，以便能够享受所能获得的最高可能的健康标准；后者主要反映在《欧洲社会宪章》第二部分第11条的健康保护权规定，为了确保有效行使卫生保护的权利，缔约国承担直接或与公共或私人组织合作，采取以下要点为其首要宗旨的措施：（一）尽可能消除不健康的根源；（二）为了促进健康和鼓励在健康问题上的个人的责任而提供咨询和教育便利；（三）尽可能地防止流行病、地方病以及其他疾病。此外，《欧洲社会宪章》对健康权的补充规定还包括：保护安全和卫生的工作条件、社会保障权、社会和医疗救助权，也包括目标权利和法定权利，分别规定在第一部分和第二部分，包括：第一部分第（3）款、第（12）款和第（13）款以及第二部分第3条、第12条和第13条。

对于作为政治宣言的健康权，缔约国承认"将采取一切适当手段，包括国内和国际性手段"，但缔约国没有相应法律义务。对于作为法定义务的健康权，缔约国"根据第三部分的规定"，承担具体的法律义务。事实上，除了义务强度不同以外，作为政治宣言的健康权与作为法定义务的健康权之间没有太大差别。《欧洲社会宪章》第二部分不过是对第一部分所规定的政策目标的重新规定并作出的解释。①

这种双重结构不仅反映在健康权规定中，也是其他经济、社会和文化权利的规范特征。它是《欧洲社会宪章》起草时，因缔约国对宪章法律义务两种主张相持不下，最后折衷的结果。由于欧洲各国间在意识形态、传统观念、经济发展程度等各方面的差异，一些国家主张宪章只宣布一些不具有任何具体的、有法律约束力的原则和目标，不应为各国规定具体的法律义务；另一些国家则主张宪章不应成为一项政治宣言，而应是一项具有法律约束力的国际条约。欧洲理事会部长委员会最终采纳了英国的建议，使《欧洲社会宪章》成为在同一个国际条约中政治宣言和法律义务兼而有之的国际人权文件。②

2.《欧洲社会宪章》中健康权规定的特点

---

① 托马斯伯·根索尔著，潘维煌、顾世荣译：《国际人权法概论》，北京：中国社会科学出版社1995年版，第73页。

② 朱晓青：《欧洲人权法律保护制度研究》，北京：法律出版社2003年版，第126页。

除上述独特的双重结构外,相比《经济、社会和文化权利公约》,《欧洲社会宪章》中的健康权规定还表现出以下特点:

(1)关于健康权和健康保护权。《欧洲社会宪章》中对作为政治宣言的健康权采用了与《经济、社会和文化权利》第 12 条类似的表达,将健康权规定为有权"享受所能获得的最高可能的健康标准",但作为法定义务的健康权则使用了健康保护权(right to health protection)的措辞。

关于健康权和健康保护权的具体差异引起不少学者的关注。① 有学者认为,《欧洲社会宪章》采用限制性方法(restrictive approach),不对健康权提供保护,而只要求国家采取适当措施保护健康。② 有学者认为,健康权的措辞最符合国际条约的规定,因为这些规定宣示"健康权"不仅是医疗保健的权利,还包括诸如安全的饮用水、适当的卫生设备、环境卫生和职业卫生等许多健康的基本前提条件的权利。③

笔者不赞成这种认为健康保护权的范围比健康权小的观点,实际上两者的实质相同。根据《第 14 号一般性意见》,健康权不限于得到卫生保健的权利,还包括多方面的社会经济因素,促使人民可以享有健康生活的条件,包括各种健康的基本决定因素。④ 健康保护权也不仅包括卫生保健,缔约国还"尽可能消除各种不健康的根源(cause)"。⑤ 因此,健康保护权无疑包括健康的基本决定因素。有的学者就未对健康权和健康保护权进行严格区分。⑥ 还有学者专门指出,泛美卫生组织(PAHO)出版物的作者们混合使用两个术语。他们一方面倾向于采用健康保护权,认为更准确,另一方面他们习惯在标题中使用在国际人权法中更普遍的术语"健康权"。⑦ 因此,为了保持论文前后一致,除

---

① 参见:Meier B M., "Employing Heath Rights for Global Justice: The Promise of Public Health in Response to the Insalubrious Ramifications of Globalization", 39 *Cornell Int'l L. J.* 711. 2006, pp. 727~777.

② Steven d. Jamar, "The International Human Right to Health", *Southern University Law Review*, vol. 22, (fall, 1994), p. 32.

③ B. C. A. Toebes, *The Right to Health as a Human Right in International Law*, Translational Publisher, 1999, p. 16.

④ 《第 14 号一般性意见》,第 4 段。

⑤ European Social Charter, Part II, Article 11 (1).

⑥ Virginia Leary, "Health, Human Rights and International Law", *American Society of International Law Proceedings*, April 20~23, 1988, p. 7.

⑦ Virginia Al Leary, "Defining the Right to Health Care", *Health Care Reform: A Human Rights Approach*, edited by Audrey R. Chapman, Georgetown University Press/ Washington, 1994, D. C, P. 92.

了在具体指第11条时，文章本部分用健康权代指健康保护权。

（2）缺乏健康定义。《欧洲社会宪章》没有如《经济、社会和文化权利公约》和《世界卫生组织宪章》一样界定健康的含义。在区域层面，《欧洲社会宪章》也是唯一没有界定健康的区域人权公约。1988年《美洲人权公约关于经济、社会和文化权利的补充议定书》第10条（一）规定，人人有健康权利，即最大程度地享受身心健康和社会幸福；《非洲人权和民族权宪章》第16条（一）也规定，"人人有权享有能够达到的最佳的身心健康状况"。

有学者也指出了这一点。① 为了弥补此缺陷，2005年欧洲理事会曾明确指出，"第11款所称健康与《世界卫生组织宪章》规定一致，包括生理健康和心理健康。对此，所有缔约国都达成共识。此外，委员会今后会关注精神健康方面的预防政策，并考虑世界卫生组织在赫尔辛基召开的部长会议所发布的宣言。"② 因此，尽管《欧洲社会宪章》没有规定健康的含义，但这并不表示其否定世界卫生组织对健康的权威定义，反对将心理健康和社会健康纳入健康范围。

（3）关于健康促进。《欧洲社会宪章》中健康权规定的另一特点在于明确规定国家有义务为了促进健康和鼓励在健康问题上的个人的责任而提供咨询和教育便利。具体措施包括：采取预防危害健康的措施如预防抽烟、喝酒和吸毒，培养个人责任感，包括健康饮食、性教育和环境卫生。让集体知情，特别是通过培养意识的运动必须被视为公共优先事项。③ 教育必须贯穿在整个学校生活，并作为学校课程的组成部分。委员会认为，学校是除家庭以外最适合进行健康教育的场所，因为教育的一般目的就在于传授生活必需的知识和技能。

（三）集体申诉制度对健康权司法保护的推动

《欧洲社会宪章》建立了健康权的报告制度和集体申诉制度。其中，集体申诉制度有力地推动了健康权司法保护的发展。下面以集体申诉制度为重点阐释《欧洲社会宪章》下的健康权监督机制。

1. 集体申诉制度的内容和意义

1995年欧洲理事会通过《建立集体申诉制度的欧洲社会宪章附加议定

---

① Steven d. Jamar, "The International Human Right to Health", *Southern University Law Review*, vol. 22, (fall, 1994), P. 32.

② Conclusions XVII – 2 and Conclusions 2005, aforementioned Statement of Interpretation on Article 11.

③ Conclusions 2005, Moldova, p. 451.

书》，建立集体申诉制度，1998年生效。① 至2000年，议定书的只有7个批准国；到2008年，这一数字增加到14个，包括保加利亚、克罗地亚、塞浦路斯、芬兰、法国、希腊、爱尔兰、意大利、荷兰、挪威、葡萄牙、斯洛文尼亚和瑞典。②

该议定书的目的在于改善《欧洲社会宪章》监督机制的效力，以便在国家报告程序之外，其他组织可以就违法宪章的情形提起集体申诉。有权提起集体申诉的组织包括：具备一定条件的国际雇主和工会组织、有代表性的国内雇主和工会组织和有代表性的国内非政府组织。上述组织有权向欧洲社会权利委员会提出宣称宪章遭到违反的申诉，欧洲社会权利委员会审查了案件之后，作出申诉是否可以接受的决定。如果可接受，则应就缔约国是否遵守状况起草一份报告，将其提交给部长委员会，由其作出最后决定。部长委员会的任务是通过一项决议借宿程序，并在适当时对违反宪章的缔约国提出建议。特殊情况下，部长委员会还可与政府委员会协商。

尽管集体申诉的最后决议或建议只具有准司法性，是由准司法机构作出的不具有法律约束力的文件，但仍然具有积极意义，被视为在建立经济和社会权利的国际申诉机制方面迈出的最大步伐，③ 推动了经济和社会权利可诉性的发展。

2. 健康权集体申诉案件的比例分析

1998年至2008年1月期间，欧洲社会权利委员会共受理45件申诉，对38份申诉进行了处理，就10个案件作出不违反宪章的决定（7件关于集体交涉权和组织权）。其中，健康权申诉案件5件，占总体的11%，一件被视为不违反宪章，另有两件分别于2007年8月、10月提起，委员会还没有作出是否受理的决定（截止到2008年1月）。考虑到批准《建立集体申诉制度的欧洲社会宪章附加议定书》的缔约国数量有限以及受理条件严格，该数字仍然给

---

① *Additional Protocol to the European Social Charter Providing for a System of Collective Complaints*, 9 Nov. 1995, E. T. S. 158.

② 数据来源于欧洲理事会官方网站，http://www.coe.int/t/e/human_rights/esc/1_general_presentation/Overview_en.asp#TopOfPage，2008年2月10日登录。

③ 黄金荣：" 经济和社会权利可诉性问题的由来及其发展"，《多向度的法理学研究》，刘作翔主编，北京：北京大学出版社2006年版，第173页。

人深刻印象。①

笔者根据欧洲理事会官方网站提供的数据，对委员会受理集体申诉案件涉及到的主要权利类型、数量和比例进行分析，得出下表：

**欧洲社会权利委员会受理的集体申诉比例（1998年10月~2008年1月）②**

| 侵犯权利类型 | 数量（件） | 百分比（%） |
| --- | --- | --- |
| 集体交涉权 | 13 | 28.89 |
| 母亲和儿童受保护权 | 10 | 22.22 |
| 组织权 | 9 | 20.00 |
| 健康权 | 5 | 11.11 |
| 工作权 | 5 | 11.11 |
| 公正的工作条件权 | 5 | 11.11 |
| 家庭的社会、经济保护权 | 4 | 8.89 |
| 住房权 | 4 | 8.89 |

分析上表可以得出以下几点结论：

一是通过集体申诉进行保护的权利范围较广，提起案件的比例没有绝对的差距。除了集体交涉权、母亲和儿童受保护权和组织权相关申诉的比例高以外，其他权利的案件比例相差不大。二是集体交涉权、组织权和工作权等在内的就业权占很大比例，这与《欧洲社会宪章》自身特点有关系。《欧洲社会宪章》的就业条款在全部条款中占有很大比重，共11条，占总条款的1/2以上。有学者认为，这是因为就业状况能够直接体现经济和社会的发展水平，并在很大程度上反映经济和社会权利实现的程度。③ 三是除了就业权以外，健康权案件占有重要比例。

---

① Yuval Shany, "Stuck in a Moment in Time: The International Justifiability of Economic, Social and Cultural rights", Research Paper No. 9~06, August 2006, p.17.

② 数据来自欧洲理事会官方网站，"List of complaints and advancement of the procedure", http://www.coe.int/t/e/human_rights/esc/4_collective_complaints/List_of_collective_complaints/default.asp#TopOfPage, 2008年2月10日登录。该表只对截止2008年2月10日，欧洲理事会所受理的主要案件进行了数据分析；另外，集体交涉权和组织权绝大部分在同一案件中统一提起。为了统计方便，分开进行分析。

③ 朱晓青：《欧洲人权法律保护制度研究》，北京：法律出版社2003年版，第129页。

## 3. 健康权集体申诉案件的具体分析

目前的 5 个健康权集体申诉案例分别涉及法国、希腊、克罗地亚和保加利亚,既有西欧国家也有东欧国家,援引的条文包括《欧洲社会宪章》中的第 3 条安全和卫生的工作条件权、第 11 条健康保护权和第 13 条医疗救助权。

### (1) 马兰戈普洛斯人权基金会(MFHR)诉希腊案

马兰戈普洛斯人权基金会诉希腊案①是最复杂同时也是技术性最强的一个健康权集体申诉案例。该案例肯定了国家在健康权保护中的多种义务。该案中 MFHR 认为,希腊没有对褐煤采矿对矿区环境的影响予以足够考虑,也没有采取适当的措施防治和抗击公共卫生风险,构成对第 11 条健康保护权的违反。MFHR 提供了 Kozani - Ptolemaida 地区和 Megaloplis 地区的污染情况,并援引 EU 和 WHO 的环境标准,认为排量超标;而且政府没有就上述地区政府的空气质量提供信息。此外,MFHR 还就褐煤采矿对当地居民造成的健康影响进行了举证,认为采矿导致的空气污染和呼吸病,尤其是鼻炎、慢性支气管炎和慢性阻碍性肺病的高发病率有因果关系。

尽管希腊政府对褐煤开采为国家能源独立、国内供电、经济发展和工业发展带来的诸多利益进行了大量辩解,并认为褐煤采矿和健康损害之间因果关系尚缺乏确凿的科学论证,但 2008 年 1 月,欧洲社会权利委员会还是以 9∶1 通过决议,认为希腊没有设法在矿区居民的利益和一般利益(general interest)之间达成合理的平衡,因此违反了第 11 条第 1 款。委员会还认为,希腊违反了其1997 年在《京都议定书》中作出的国际承诺。

该案的重要之处在于:首先,委员会肯定了国家在健康权保护方面负有积极义务,包括提供相关健康信息和进行相关健康研究。委员会认为,希腊没有对矿区居民提供充分、准确的污染信息以及正确的教育政策,也没有系统地组织相关流行病监测以及实施相关发病率研究。其进一步的意义在于,认为国家对健康损害负有举证责任。第二,委员会认为国家负有不断改善健康的义务。希腊国家能源公司(DEH)没有积极主动地采用"最佳技术"改造工厂和采矿设备以减少污染",违背了国家在健康权中的渐进义务。第三,委员会的结论为推演如何平衡个人健康利益和国家经济利益之间的冲突提供了一些参考。

---

① *Marangopoulos Foundation for Human Rights* (*MFHR*) *v. Greece*, Complaint No. 30/2005, European Committee of Social Rights.

至少，国家负有更为积极的行为义务，包括前述不断更新技术、实现信息可及性、加强惩罚的力度以及实施相关医学研究。

(2) 人权联盟国际联合会（FIDH）诉法国案

人权联盟国际联合会（FIDH）诉法国案①是欧洲社会权利委员会受理的首个健康权集体申诉案件，涉及法国医疗救助方面的法律修订。2002年12月，法国对原《国家医疗救助法》（State Medical Assistance）和《全民医疗覆盖法》（Universal Sickness Cover）进行修改，大量没有充分财力的成年人和儿童的医疗救助权被取消。非法移民的儿童医疗救助问题尤其突出。FIDH认为，法国违反了《欧洲社会宪章》第13条社会和医疗救助权义务。

欧洲社会权利委员会援引宪章第17条和国际儿童权利公约，认为在法国，儿童和青年人的医疗救助仅限于紧急威胁；非法移民的子女仅在一定时期内享有医疗救助。

(3) CGT 诉法国案

在 CGT 诉法国案②中，CGT 认为法国2003年1月出台的第2003~47号法令对"périodes d'astreinte"的规定，违反了工人的安全和卫生的工作条件权以及健康权。法律对工作时间的规定旨在对保护工人的安全和健康。因此，每个工人都必须享受足够的休息时间以解除工作疲劳，减少健康损害的风险。长期工作得不到足够休息可能导致健康风险。委员会支持了 CGT 的主张。尽管该案并不直接涉及健康权，但它反映了人权的不可分割性。

2007年下半年，又有两个健康权集体申诉案件向欧洲社会权利委员会提起，分别涉及到国家提供健康教育的义务和向失业人员提供医疗救助的义务。在国际人权法律保护中心（INTERIGHTS）诉克罗地亚案③中，INTERIGHTS 声称克罗地亚学校没有给儿童和年轻人提供全面或充分的性教育和生殖教育，违反了《欧洲社会宪章》第11款健康权。④ 国际人权赫尔辛基中心（IHF）

---

① *The International Federation of Human Rights Leagues*（FIDH）v. *France*, Complaint No. 14/2003, European Committee of Social Rights.

② *Confédération générale du travail*（CGT）v. *France*, Complaint No. 22/2003, European Committee of Social Rights.

③ *International Centre for the Legal Protection of Human Rights*（INTERIGHTS）v. *Croatia*, No. 45/2007, European Committee of Social Rights.

④ *International Helsinki Federation for Human Rights*（IHF）v. *Bulgaria*, No. 44/2007, European Committee of Social Rights.

诉保加利亚案则涉及到保加利亚刚于 2008 年 1 月 1 日生效的一项法律，该法律取消了对无充分资源失业人员的社会和医疗救助，对若马民族（Roma）和妇女构成明显歧视。目前，欧洲社会权利委员会尚未对是否受理案件作出决定。

总之，尽管目前健康权集体申诉的案例尚不够丰富，没有发展出完善的法理，但不容否定的事实是，自 1998 年集体申诉制度建立以来，从 2002 年到 2007 年欧洲范围内不间断的实践表明，健康权的欧洲约束机制正在趋于强化。较之《经济、社会和文化权利公约》机制，《欧洲社会宪章》建立的健康权法律保护机制毫无疑问已经有了很大进步。当然，没有为权利受到侵害的个人提供直接的救济途径，影响了人们对《集体申诉议定书》的热情，① 是集体申诉机制的不足之处。值得庆幸的是，欧洲理事会也已经意识到了这一点，1998 年欧洲理事会议会大会已经正式提出建立欧洲社会权利法院和个人申诉制度的建议。② 因此，在《欧洲社会宪章》建立的健康权保护制度中实现健康权的司法保护并非没有可能。

## 二、《欧洲人权公约》的健康权保护

《欧洲人权公约》建立的人权法律保护机制作为最有效的人权国际保护机制，③ 在通过强制司法手段保障公约所规定的公民权利和政治权利方面有重要

---

① David Harris and John Darcy, *The European Social Charter*, Transnational Publishers, Inc. 2001, 2nd edition, p. 371.

② David Harris and John Darcy, *The European Social Charter*, Transnational Publishers, Inc. 2001, 2nd edition, p. 374.

③ 参见：Jacobs, F. White R, *The European Convention on Human Rights*, 2nd edition, Oxford Press, 1996；国内近年来对《欧洲人权公约》的人权法律保护机制研究较多，参见：朱晓青：《欧洲人权法律保护制度研究》，北京：法律出版社 2003 年版；赵海峰、吴晓丹著："欧洲人权法院——强势和有效的国际人权保护司法机构"，赵海峰等著：《国际司法制度初论》，北京：北京大学出版社 2006 年版，第 72~85 页；[英]克莱尔·奥维、罗宾·怀特著、孙璐、何志鹏译：《欧洲人权法——原则与判例（第三版）》，北京：北京大学出版社 2006 年版；在微观层面，具体研究欧洲人权法院对某一权利的保护尚不多见。参见：杨成铭："论欧洲人权机构对家庭生活权的保护"，《法学论坛》，2005 年第 2 期，第 129~134 页；杨成铭："论欧洲人权机构对人身自由与安全权的保护"，《河北法学》，2007 年第 2 期，第 158~162 页。

影响，同时在健康权保护中也有重要作用，从而成为学者们研究的重点。①

（一）《欧洲人权公约》健康权保护的特点

所谓《欧洲人权公约》的健康权保护是指建立在《欧洲人权公约》基础上的健康权保护，其核心包括《欧洲人权公约》和欧洲人权法院。尽管《欧洲人权公约》旨在保护公民权和政治权利，但人权的不可分割性决定了其保护的部分权利与健康权有密切联系。因此，健康权得以在《欧洲人权公约》中寻求不成文（unwritten）的法律渊源。

《欧洲人权公约》健康权保护的特点在于，它利用公民权和政治权利的人权保护机制来保护作为经济、社会和文化权利的健康权。有学者将这种方法称为"一体化方法"（integrated approach）。一体化方法得以实施的依据是，公民权和政治权利与经济、社会和文化权利本身的一体化，即不可分割。这必然导致权利保护方法的一体化。采用这种方法的目的主要在于，通过可诉的公民权利和政治权利为缺乏有效实施机制的经济和社会权利实现司法救济提供一种可行的渠道。在理论上，学者们常籍此证明经济和社会权利具有可诉性，试图使经济和社会权利得到更大范围的承认，并进而发展单独的经济和社会权利司法机制。

《欧洲人权公约》健康权法律保护属于"曲线保护"，但仍具有相当重要的地位。欧洲人权法院作为国际司法机构的典范，② 具有强制性和自动性的管辖权、优良的传统以及对判决的良好执行机制，可为健康权提供最强势有效的司法保护。

（二）《欧洲人权公约》中的健康权要素

《欧洲人权公约》包含许多与健康权有关的规定，可以分为两类。一类表现为与健康权有关的公民权利和政治权利。包括生命权（第2条），禁止酷刑（第3条），残酷、非人道和侮辱性地对待和处罚私人，获得公正诉讼的权利（第6条），家庭生活受尊重权（第8条），知情权（第10条）以及禁止歧视

---

① 如：欧洲委员会资助项目欧盟－中国人权网络："健康权工作论文"，2004年4月，http://www.med8th.com/humed/6/20060415jkq.htm，2007年6月12日登录；Henriette D. C. Roscam Abbing, "The Right to Care for Health: The Contribution of the European social Charter", *European Journal of Health Law*, vol. 12, 2005, p. 183.

② 赵海峰、吴晓丹著："欧洲人权法院——强势和有效的国际人权保护司法机构"，赵海峰等著：《国际司法制度刍论》，北京：北京大学出版社2006年版，第72页。

的权利（第14条）等。另外一类规定则以公共健康例外条款体现。包括第5条（e）、第8条（2）、第9条（2）和第10条（2）公共健康例外条款，反映了个人健康与群体健康之间密不可分的关系。

1. 与健康权有关的公民权利和政治权利

在《欧洲人权公约》中，与健康权有关的公民权利和政治权利，包括生命权、免受酷刑权、私人和家庭生活受尊重权、知情权等。

这类权利本身就具有一定的健康因素，跟健康权具有密切联系。以生命权为例，人权事务委员会已经对《公民权和政治权利公约》第6条所载的生命权所作扩大解释，认为"对'固有生命权'一词的范围加以局限，就无法恰当地了解它的含义，而保护这一权利要求国家采取积极措施，……特别是采取措施，消灭营养不良和流行病"。① 由此可以看出，人权事务委员会对生命权的概念含有健康权内容持肯定意见。在LCB诉英国案②中，欧洲人权法院也审查了有关当局是否在1966年之后已经做了所有可以预期它们做的事情来把该申诉者健康的任何风险予以最小化。免受酷刑权也包括健康权因素，该权利又被称为"身体完整权"，与个人的人身完整性、身心健康直接相关。《公民权和政治权利公约》第7条还明确规定，禁止酷刑包括禁止在任何情况下未经本人自愿同意对之进行医学或科学实验的规定。

另一方面，健康权内嵌的自由要素也使得它可以通过相关公民权利和政治权利加以保护。健康权不仅包括参加卫生保健制度的权利，也包括自由。③ 自由包括掌握自己健康和身体的权利，包括性和生育上的自由，以及不受干扰的权利，如不受酷刑、未经同意强行治疗和实验的权利。获得信息的条件还是健康权的评价标准之一。所谓获得信息的条件包括查找、接受和传播有关卫生问题的信息和意见的权利。另外，健康权强调人民在社区、国家和国际上参与所有卫生方面的决策的能力，与公民权和政治权利所强调的自由和参与相一致。

《第14号一般性意见》曾明确指出，"健康权与生命权、不受歧视的权利、平等、禁止使用酷刑、隐私权、获得信息的权利，结社、机会和行动自由等密切相关，又相互依赖。这些权利和自由都与健康权密不可分"。④ 正是基

---

① 《第6号一般性意见》，第6段。
② *LCB v. United Kingdom*（App. 23413/94），Judgment of 9 June 1998；(1998) 27 EHRR 212.
③ 《第14号一般性意见》，第8段。
④ 《第14号一般性意见》，第3段。

于健康权和公民权与政治权利的不可分割性,随着经济的发展、时代的变迁以及人们对健康的普遍关注,利用传统公民权和政治权利实现健康权保护也表现出巨大的潜力。

2. 公共健康例外条款

《欧洲人权公约》中的健康权因素还表现为公共健康例外条款。公约第5条第2款规定,为防治传染病蔓延而对人们的合法监禁,或者对头脑不健全之人、酗酒者、吸毒成瘾者或游民的合法监禁,可以实施对自由和安全权的限制。第8条、第9条和第10条也分别规定了私生活和家庭生活受尊重权,思想、良知和宗教信仰自由以及表达自由权的公共健康例外条款。

这类公共健康条款也构成对健康权的一体化保护。虽然健康权是个人人权,但其实质就是国家义务的强化,即要求国家采取某些措施保护全体公民的健康。例如,健康权可要求实行接种计划以防治患某些疾病,或实施体检计划以防止某种癌症。在公共卫生危机频发的21世纪,实践已经证明个人健康与公共健康具有不可分割的关系。没有国家强势的公共健康措施,如针对传染病尤其是突发性传染病采取的隔离、强制检查等措施,脆弱的个人健康根本无法得到保证。

存在的问题是,国家采取此类健康措施可能与个人的公民权利和政治权利发生一定冲突,① 尤其是与身体完整权和隐私权之间可能发生某种冲突。如经济、社会和文化权利委员会的报告实践表明,有些欧洲国家曾采取强制性措施以减少艾滋病的蔓延。如联邦德国对艾滋病病毒携带者采取过境限制措施,②白俄罗斯甚至追究刑事责任。③

当然,试图证明《欧洲人权公约》中的公共健康例外条款反映了健康权实质需要持谨慎态度。健康权是一项个人人权,并等同于国家规制健康的国家主权。虽然国家对健康权有保护的义务,但它不能采取侵犯他人合法权利的措施,如侵犯某些传染病患者的身体完整权和隐私权。保护公众健康和个人利益之间必须寻求平衡。实际上,健康权也存在根据国家安全或公共秩序保留的限

---

① Lesley Stone, Lance Gable, and Tara Gingerich, "When the Right to Health and the Right to Religion Conflict: a Human Rights Analysis", *Michigan State Journal of International Law*, vol. 12, 2004, pp. 247 ~ 291.

② UN doc, E/C. 12/1987/SR19, para. 52.

③ UN doc, E/C. 12/1988/SR12, para. 8.

制。人权委员会在分析这种限制时指出,其目的必须具有合理性,并严格"限制在促进民主社会的整体福利所必需"的基础上。①

作为一项人权,健康权主要设法向个人提供许多健康服务和自由的权利,而不是为国家提供采取为公共卫生所必需的某些措施的工具。但是,当健康的基本决定因素在健康权的享有中作用日益突出,当传染病以惊人的速度向全世界范围传播从而危及到每个人的健康时,有理由认为《欧洲人权公约》中的公共健康例外是对公民权利和政治权利的合理遏制以及对健康权的间接保护,而且这种措施的合法性可以通过司法途径加以裁定,这也与健康权加强个人问责的本意相一致。

总之,上述生命权、知情权和家庭生活受尊重权等公民权利和政治权利以及公共健康例外条款,为《欧洲人权公约》健康权保护机制提供了法律渊源。

(三) 欧洲人权法院对健康权的一体化保护

早在1979年,欧洲人权法院就明确宣称,"经济和社会权利与《欧洲人权公约》之间没有分水岭(water tight),《欧洲人权公约》中的公民权利和政治权利包含了社会和经济因素"。② 在其后数代的司法实践中,欧洲人权法院通过一体化方法,直接或间接地逐渐渗透到对健康权的司法保护之中。③ 具体案例的法律渊源包括:生命权④、禁止酷刑⑤、私人和家庭生活受尊重权⑥等。上述案例主要涉及到健康权中的健康环境和医疗保健两个要素,医疗保健权案

---

① See Manfred Nowak, *U. N. Covenant on Civil and Political Rights*: *CCPR Commentary* 378 ~ 79 (1993); U. N. ESCOR, 22d Sess., Agenda Item 3, at 9, U. N. Doc. E/CN. 4/2000/4 (2000), 转引自: Corinne A. Carey, "No Second Chance: People with Criminal Records Denied Access to Public Housing", *University of Toledo Law Review*, vol. 36, Spring 2005, FN. 189.

② Henriette D. C. Roscam Abbing, "The Right to Care for Health: The Contribution of the European social Charter", *European Journal of Health Law*, vol. 12, 2005, p. 184.

③ 间接渗透是指欧洲人权法院判例中对个人健康以及国家在保护公众健康方面采取措施的关注,如 *X and Y v. Netherlands*, Judgment of 26 March 1985, Series A, No. 91; (1985) 8, EHRR 235, para, 22.; 直接渗透则是指欧洲人权法院案例中明确出现"健康权",如: *Moreno Gomez v. Spain* (Application no. 4143/02), Judgment of 16 November 2004.

④ *LCB v. United Kingdom* (App. 23413/94), Judgment of 9 June 1998; ECHR.

⑤ *Nevmerzhitsky v. Ukraine* (App. No. 54825/00), 43 EHRR. Rep. 32 (2005).

⑥ *Lopez Ostra v. Spain*, 20 EHRR. Rep. 277 (1995); *Guerra and others v. Italy* (App. 14967/89), Judgment of 19, February 1998; (1998) 26 EHRR 357; *Moreno Gomez v. Spain* (Application no. 4143/02), Judgment of 16 November 2004; *Giacomelli v. Italy* (Application no. 59909/00), Judgment of 2 November 2006.

例多与外国人,尤其是非法移民和犯人的医疗保健权有关。① 核心在于国家是否负有积极义务以及什么是适当义务。

根据笔者目前收集到的资料,大多数案例都涉及到第8条私人和家庭生活受尊重权。为什么第8条成为《欧洲人权公约》健康权保护机制的主要法律渊源,第8条下的判例提供了哪些类型的健康权保护,产生了哪些原则,存在什么问题等都需要深入分析。在此,笔者以公约第8条为例展开分析,阐述欧洲人权法院对健康权的保护。

1. 公约第8条的开放性

由于公约第8条具有高度开放性,《欧洲人权公约》健康权保护制度下的大量案例都涉及到公约第8条。第8条作为《欧洲人权公约》中最具开放性的条款之一,② 其开放性具体体现在:第一,对私人生活和家庭生活等概念的不断拓展;第二,对公民权和政治权利中国家积极义务的延伸解释。

在欧洲人权法院的判例解释中,私人生活、家庭以及家庭生活的范围一直在不断延伸。③ 欧洲人权法院不仅认为私人生活包含健康,而且还逐渐拓宽了健康的范围。如在1985年在针对荷兰提起的一个案件中,欧洲人权法院认为,"私人生活的概念涵盖了有关人士的身体和道德完整性"。④ 1976年,在人权委员会关于私人生活的界定中,Cohen - Jonathan 提出,"一个人可以把与人身健康、哲学、宗教或道德信仰、家庭和感情生活、友谊以及——受制于一些保留条件——职业和物质生活有关的任何事务看作是私人生活的组成部分"。⑤ 在1997年 Niemetz 案中,欧洲人权法院作出结论:精神健康也必须被看作是

---

① 参见: Aapr Hendriks, "The Right to Health in National and International Jurisprudence", *European Journal of Health Law*, vol. 5, pp. 398~399.

② D. Feldman, "The Developing Scope of Article 8 of the European Convention on Human Rights", [1997], *EHRLR*, p. 265.

③ 参见: [英] 克莱尔·奥维、罗宾·怀特著、孙璐、何志鹏译:《欧洲人权法——原则与判例(第三版)》,北京: 北京大学出版社2006年版,第302~308页;杨成铭:"论欧洲人权机构对家庭生活权的保护",《法学论坛》,2005年第2期,第129~134页。

④ *X and Y v. Netherlands*, Judgment of 26 March 1985, Series A, No. 91; (1985) 8, ECHR, 235, para. 22.

⑤ Cohen - Jonathan, "Respect for Private and Family Life in R. Macdonald, F. Matscher, and H. Petzold, *The European System of the Protection of Human Rights*, Dortrecht, 1993, 405, p. 407.

与道德认同这个方面相连的,私人生活的一个关键组成部分。① 在2006年迪克森诉英国案②中,欧洲人权法院的案例中还首次出现生殖健康这个目前还极富争议的概念。

此外,公约第8条的开放型还表现在,对传统人权观点中只有国家消极义务的公民权和政治权利扩展解释出国家的积极义务。公约第8条不同于公约第2条至第7条的行文之处即在于,它提到私人和家庭生活、住宅以及通讯受到尊重的权利。相对而言,"尊重"概念是一个不精确的概念,欧洲人权委员会和欧洲人权法院正趋于采用判例解释,从"尊重"中不断演化出国家保护的积极要素。公约第8条之下的积极义务可能产生于两类情形之中。第一类情形是国家对权利的尊重,即不干预;第二种情形则是国家产生一种职责,以保护个人免受其他人的干涉。这类情形包括:调整造成污染的活动;或者针对人身暴力的有效禁令。③ 健康权不同与第一代人权的地方正是在于,它要求国家提供积极义务,具体包括尊重、保护和实现三种具体义务。

因此,公约第8条对健康概念的包容以及对国家积极义务的主张使其成为健康权在《欧洲人权公约》人权保护机制中最适当的法律渊源。

2. 公约第8条下国家保护的积极义务和平衡原则

《欧洲人权公约》健康权保护机制下的主要案例类型涉及到工业污染,包括废水、废气以及噪音对私人和家庭生活受尊重权的侵害。在这类案例中,欧洲人权法院确立了两项原则:国家的积极义务原则和平衡原则。

1994年Lopez Ostra诉西班牙④是首个重要判例。在该案中,申诉者诉称距离她家住宅仅12米处有一家液体和固体废物处理工厂,该工厂释放出油烟、烦人气味和污染物,严重损害其健康,违反了公约第8条所保障的对其住宅的尊重权。欧洲人权法院认为公约第8条具有适用性,肯定了国家保护健康环境、尊重私人享受家庭生活权利的积极义务,并确立了个人利益与社会利益之间的平衡原则,认为在互相竞争的个人利益与作为整体的社会利益之间需要达

---

① *Niemetz v. Germany*, Judgment of 16 December 1992, Series A, No. 251B;(1993)16 ECRR, 1997, para. 33.

② *Dickson v. The United Kingdom*(Application no. 44362/04)Judgment, European Court of Human Rights, 18 April 2006. 目前尚未作出判决。

③ [英]克莱尔·奥维、罗宾·怀特著,孙璐、何志鹏译:《欧洲人权法——原则与判例(第三版)》,北京:北京大学出版社2006年版,第300~302页。

④ *Lopez Ostra v. Spain*, Judgment of 9 November 1994, ECRR.

成一种公正的平衡。

积极义务原则和平衡原则在之后 Guerra 等人诉意大利案①中被援引。Guerra 案的基本案情是，Guerra 等人住在距离一家高风险农业化学品工厂附件约 1 公里处。该工厂根据生产周期不断排放大量易燃气体和其他含坤三氧化物等有毒物质，曾导致 150 多人因坤中毒被送进医院治疗。欧洲人权法院判定"严重的环境污染可能影响个体的福利，并以对其私人和家庭生活造成不利影响的方式阻止其享受家庭生活"。另外，本案法官表示该案已根据公约第 8 条作出判决，没有必要对是否违反公约第 2 条生命权作出审查。这表明，在《欧洲人权公约》健康权法律机制中，健康权案件更适宜根据公约第 8 条提起。

在 2004 年的 Moreno 诉西班牙案②和 2006 年 Giacomelli 诉意大利案③中，欧洲人权法院也援引了 Lopez 案所确立的国家积极义务原则和比例原则。前者是关于夜总会通宵营业造成的噪音污染给申诉人享受私人生活带来的干扰；后者关于废水厂带来的污染。值得注意的是，在 Moreno 诉西班牙案中，申请人还首次明确提出了健康权（right to health）概念和世界卫生组织的相关指南。

3. 公约第 8 条下国家积极义务的合理性

目前，公约第 8 条健康权判例存在的问题是对国家积极义务合理性的界定。毫无疑问，上述案例已确定政府应履行积极义务，但是如何判断政府措施的合理性，欧洲人权法院表现出模糊的态度。

国家的积极义务是否包括披露与健康有关的信息是健康权司法保护中的主要分歧。在 Guerra 等人诉意大利案④中，法院指出，"对本案来说，所需确认的只是判定国家当局是否采取了必要措施以有效保护公约第 8 条私人和家庭生活受尊重权的实现"，"必要的信息有助于申述人评估风险，并作出是否搬家的决定"⑤，从而判定意大利违反公约第 8 条。然而，在同一案件中，对国家是否根据第 10 条知情权负有积极义务，欧洲人权委员会和欧洲人权法院却表现出不同意见。欧洲人权委员会大部分委员认为，根据现行欧盟法，知情是保

---

① *Guerra and others v. Italy*（App. 14967/89），Judgment of 19 February 1998，ECRR.
② *Moreno Gomez v. Spain*（Application no. 4143/02），Judgment of 16 November 2004，ECRR.
③ *Giacomelli v. Italy*（Application no. 59909/00），Judgment of 2 November 2006，ECRR.
④ *Guerra and others v. Italy*（App. 14967/89），Judgment of 19 February 1998，ECRR.
⑤ *Guerra and others v. Italy*（App. 14967/89），Judgment of 19 February 1998；ECRR，para. 60.

护群众健康和福利的重要手段，国家有义务收集、比较和公布信息从而帮助公民直接获取信息或引起公众注意。之后，欧洲人权法院却推翻了委员会的决定，认为第10条知情权不产生积极义务，但20名法官中有8名仍赞同委员会的意见。因此，政府的积极义务是否包括披露相关健康信息仍不确定。

在2004年的Moreno诉西班牙案[①]中，欧洲人权法院也强调政府应采取"合理的"、"适当的"措施来保护公约第8条下的权利，并指出西班牙政府相关立法与执法的脱节，"没有得到有效执行的规则对于保护权利没有作用"[②]。然而，欧洲人权法院并没有就何谓"合理的"、"适当的"措施作出解释。但政府的辩辞却是提供了一定参考。政府采用了"全面"、"严厉"和"充分"的词汇以证明其履行了积极义务。其全面、严厉的措施包括制定惩罚措施、取缔执照和起诉违法者。

在2006年Giacomelli诉意大利案[③]中，法院强调了国家的自主权，认为"在决定采取何种措施遵守《欧洲人权公约》方面，国家享有一定空间"[④]。同时，法院也指出，在决定国家的自由裁量空间时，必须审查是否给予申请人实体利益以及程序保障充分考虑。[⑤]

尽管在国家积极义务的合理性方面，欧洲人权法院目前尚未发展出确定的原则，尤其是在披露信息方面态度模糊。但总体上讲，国家积极义务正趋于强化。审视国家积极义务的合理性，既要考虑其是否具有全面性，还要考虑其实践性；既要从保护公民健康的实体利益出发，也要包括公民参与决策的程序权利。

总之，《欧洲人权公约》健康权保护机制在对成员国的约束力方面明显强于《欧洲社会宪章》健康权保护机制。在该体制下，健康概念正不断发展，国家积极义务的范围也正在趋于明确。但是，《欧洲人权公约》没有明确规定健康权，势必导致健康权保护有效性的削弱。

---

① *Moreno Gomez v. Spain* (Application no. 4143/02), Judgment of 16 November 2004, ECRR.
② *Moreno Gomez v. Spain* (Application no. 4143/02), Judgment of 16 November 2004, ECRR, para. 61.
③ *Giacomelli v. Italy* (Application no. 59909/00), Judgment of 2 November 2006, ECRR.
④ *Giacomelli v. Italy* (Application no. 59909/00), Judgment of 2 November 2006, ECRR, para. 78.
⑤ *Giacomelli v. Italy* (Application no. 59909/00), Judgment of 2 November 2006, ECRR, para. 84.

## 第二节 美洲健康权保护

在美洲,处在幼稚期(infancy)健康权保护呈现出逐案(cased-based)基础上的渐进趋势以及类型化特征。① 自20世纪80年代首个案例之后,健康权案件逐渐增多,可划分为土著人健康权案件、囚犯健康权案和药品可及性案三种类型。

美洲健康权保护和欧洲健康权保护相比有很大不同。欧洲健康权保护由两个平行保护构成,彼此间没有交叉,而且《欧洲人权公约》基础上的健康权保护司法性更强,作用更为突出。美洲健康权保护则由两个重叠的保护机制构成;② 法律渊源有重叠、司法机构也有重叠;而且人权委员会比人权法院的地位重要。美洲人权委员会同时担负着监督和实施两种人权机制的职能,被视为美洲人权法律保护制度的"引擎"。因此,本节将首先阐述美洲健康权保护的法律渊源,然后阐释以美洲人权委员会为中心的健康权保护,最后对美洲人权委员会的健康权保护案例进行具体分析。

### 一、美洲健康权保护的法律渊源

美洲诸多基本人权文件都包含健康权相关内容:如《美洲人权利和义务宣言》(1948年)、《美洲国家组织宪章》(1948年)、《美洲国家间防止和惩治酷刑公约》(1985)、《美洲人权公约补充议定书》圣·萨尔瓦多议定书(1988年)、《美洲国家间禁止、惩罚和消除对妇女暴力公约》(1994年)。其中,《美洲人权利和义务宣言》、《美洲人权公约》以及圣·萨尔瓦多议定书是美洲健康权保护机制的三个最重要的法律渊源。

---

① Tara J. Melish, *Social Rights Jurisprudence: Emerging Trends in Comparative and International Law*, New York: Cambridge University Press, 2007, M. Langford, ed. (forthcoming), http://ssrn.com/abstract=1000275,2007年12月18日登录。

② 第一类是建立在《美洲国家组织宪章》和《美洲人权利和义务宣言》基础上的人权保护制度;第二类是建立在《美洲人权公约》基础上的人权保护制度。参见:徐显明主编:《国际人权法教程》,北京:法律出版社2004年版,第148~159页;更详细的内容可参见:谷盛开:"美洲人权国际保护机制理论与实践研究",武汉大学博士论文,2003年9月;E. Buergenthal & R. Norris, *Human Rights: The Inter-American System*, vol. 5, pp. 1982~1994。

(一)《美洲人权利和义务宣言》

美洲对健康权的保护最早可以追溯到1948年缔结的《美洲人权利和义务宣言》。《美洲人权利和义务宣言》与《世界人权宣言》在性质、地位和内容上十分近似,目的都是为了宣示自由民主的传统和尊重人权,但经过历史的演变,二者法律约束力不同。

从内容上看,《美洲人权利和义务宣言》保护的权利范围广泛,除了公民权和政治权利,还包括广泛的经济、社会和文化权利,比如健康权。《美洲人权利和义务宣言》第11条规定,人人享有在公共和社区财力许可的范围内,通过衣食、住房和医疗保健等卫生及社会措施保持健康的权利。与《经济、社会和文化权利公约》、《欧洲社会宪章》不同,该规定没有子条款作进一步解释,看似简单,但它包括了影响健康的基本决定因素。半个世纪后,联合国经济、社会和文化权利理事会才在《第14号一般性意见》中对影响健康的基本要素是健康权的组成部分作了同样解释。

与《世界人权宣言》第25条健康权规定不同,《美洲人权利和义务宣言》第11条健康权规定有法律约束力。尽管从性质上看,二者都是没有法律约束力的人权文件,但《美洲人权利和义务宣言》通过美洲人权委员会和美洲人权法院的主动解释,取得了法律约束力。修订的《美洲人权委员会规约》明确将其置于与《美洲人权公约》同样的法律地位。美洲人权法院在第10号咨询意见中也指出:通过权威性的解释方法,美洲国家组织的成员国显示它们同意《美洲人权利和义务宣言》包含和进一步明确了《美洲国际组织宪章》提及的"基本人权"。① 因此,《美洲人权利和义务宣言》第11条健康权具有法律约束力,可以适用于美洲人权委员会和美洲人权法院。

(二)《美洲人权公约》

1969年通过的《美洲人权公约》对健康权的法律调整具有重要意义。尽管它以《欧洲人权公约》和《公民权利和政治权利公约》为样板,主要保护公民权利和政治权利,但它对经济、社会和文化权利也有一般性规定,从而为美洲健康权保护提供了法律渊源。

---

① 参见:*Interpretation of the American Declaration of the Rights and Duties of Man Within the Framework of Article 64 of the American Convention on Human Rights*, Advisory Opinion OC – 10/89, July 14, 1989, Inter – Am. Ct. H. R. (Ser. A) No. 10 (1989), para. 47; Roach and Pinkerton cases, Res. 3/87, Case 9647 (U.S.), Inter – Am. Comm. H. R., para. 48, OEA/Ser. L/V/II. 71 Doc. 9 rev. 1 (1987).

《美洲人权公约》中的经济、社会和文化权利规定包括序言部分和第 26 条经济、社会和文化权利规定。在序言中,《美洲人权公约》重申,根据《世界人权宣言》,只有在创造了使人可以享有其经济、社会和文化权利以及享有其公民和政治权利的条件下,才能实现自由人为享受免于恐惧和匮乏的自由的理想,并考虑到第三届美洲国家间的特别会议(1967 年于布宜诺斯艾利斯)已通过将经济、社会和教育权利方面更广泛的准则订入美洲国家组织宪章中的决定。第 26 条规定,国家"逐步发展"的一般义务,即各缔约国承允在国内并通过国际合作采取措施,特别是那些具有经济和技术性质的措施,从而通过立法或其他适当的方法逐步取得美洲国家组织宪章所载的经布宜诺斯艾丽斯议定书修正的经济、社会、教育、科学和文化标准方面所包含的各种权利的完全实现。①

尽管《美洲人权公约》在序言中特别强调经济、社会和文化权利,认为和公民权利和政治权利一样,两代人权都是实现人的自由、免于恐惧和匮乏的前提,并且从公约结构上看,序言中经济、社会和文化权利还置于公民权利和政治权利之前,然而从公约主体部分看,两类权利的具体规定截然不同。经济、社会和文化权利在《美洲人权公约》被单独列为一章,但该章仅有一条规定,即第 26 条规定。与之相反,公民权利和政治权利多达 20 余条,比《欧洲人权公约》中所保护的权利范围更为广泛。

在序言中强调但在具体规定中又弱化的这种矛盾性是《美洲人权公约》借鉴《欧洲人权公约》和考虑本土现实妥协的反映。一方面,《美洲人权公约》将只保护公民权和政治权利的《欧洲人权公约》作为样板;② 另一方面,《美洲人权公约》的制定者认为,美洲和欧洲有着不同的社会经济结构,非民主国家和大规模贫困广泛存在的政治和经济现实不能忽视,坚持从美洲实际情况出发起草公约、设计机制。③ 冲突的最终产物是经济、社会和文化权利被纳入《美洲人权公约》,但没有加以详细规定。④

---

① 《美洲人权公约》(1969),第 26 条。
② 朱晓青:《欧洲人权法律保护机制研究》,北京:法律出版社 2003 年版,第 43 页。
③ Jo M. Pasqualucci, *The Practice and Procedure of the Inter - American court of Human Rights*, Cambridge University Press, 2003, pp. 4 ~ 5.
④ 详细的起草历史可参见:Melish, "Rethinking the 'Less as More' Thesis", Supranational Litigation of Economic, Social and Cultural Rights in the Americas', *New York University Journal of International Law and Politics*, vol. 39, pp. 225 ~ 230.

尽管如此，公约第 26 条规定仍然为经济、社会和文化权利的司法保护提供了法律渊源。从笔者收集到的美洲人权法院和美洲人权委员会受理的健康权相关案例看，《美洲人权公约》第 26 条被广泛援引，① 显示出其重要性。

(三)《圣·萨尔瓦多议定书》

《圣·萨尔瓦多议定书》，即 1988 年在美洲国家萨尔瓦多首都通过的《美洲人权公约关于经济、社会和文化权利的补充议定书》是目前为止对健康权规定最为全面和明确的美洲公约，同时也是世界上对健康权规定最为具体的国际文件。

《圣·萨尔瓦多议定书》借鉴了《世界卫生组织宪章》、《经济、社会和文化权利公约》、《欧洲社会宪章》中相关规定。在术语采用上，圣·萨尔瓦多议定书简单明了地采用了"健康权"(the right to health)，并将其解释为最大程度地享受身心健康和社会幸福的权利。根据《圣·萨尔瓦多议定书》，国家保护健康权的义务包括：1. 初级保健，即社会的所有个人和家庭可获得基本保健；2. 将健康服务的利益推广到所有受国家管辖的个人；3. 对主要传染病进行普遍免疫；4. 防治及治疗地方性疾病；5. 对全民进行防治保健问题的教育；6. 满足风险最高群众的健康需要，这些人因为贫穷而成为最脆弱者。

《圣·萨尔瓦多议定书》健康权规定的特点在于：第一，将健康视为公共利益(public good)，从而使健康权的个人价值和国家价值融为一体。事实上，人权的正当化正是因为其国家价值得到承认。国际法学者路易斯·亨金早就肯定国家价值在人权正当化中不可忽视的作用。他指出，"为了有助于使对国家整体单一性的激进深入正当化，《联合国宪章》将人权与和平及安全挂钩，最终有效地使人权成为国家的价值得以正当化"②。第二，明确规定了初级保健。1978 年，世界卫生组织和联合国儿童基金会联合发表《阿拉木图宣言》，制定了"人人享有健康"战略和"初级保健"战略，二者被视为健康权核心内容

---

① Ana Victoria Villalobos et al. v. Costa Rica, Case 12.361, Inter – Am. C. H. R., Report No. 25/04, OEA/Ser. L/V/II. 122, doc. 5 rev. 1 para. 52, 70 (2005) (right to health under article 26); Odir Miranda, supra note 88, para. 47 (right to health under article 26).

② [美] 路易斯·亨金：《国际法：政治与价值》，北京：中国政法大学出版社 2005 年版，第 100 页。

的灵感来源。① 经济、社会和文化权利委员会在《第3号一般性意见》中也明确表示，缔约国有一项基本义务，即保证公约提出的一项权利，至少要达到最低的基本水平，包括基本的初级卫生保健。第三，强调风险最高的群众的健康权，认为贫穷是产生最脆弱人群的根本原因。《圣·萨尔瓦多议定书》将健康权脆弱人群的范围从妇女和儿童扩展到贫穷产生的一切最脆弱人群。第四，单独规定健康环境权，人人应有生活在免遭污染的环境中以及得益于城市基础服务设施，尤其是安全供水和污水处理设施的权利。《圣·萨尔瓦多议定书》中健康权规定的不足之处在于范围较窄，没有包括影响健康的基本决定因素。

总之，从法律文本角度出发，《圣·萨尔瓦多议定书》是目前关于健康权最先进的立法。其不足之处在于适用范围小。目前只有14个国家批准该议定书，包括阿根廷、波利维亚、巴西、哥伦比亚、墨西哥、秘鲁、乌拉圭等国，但美国和加拿大都没有签署。② 相比之下，《美洲人权公约》的签约国共25个，③ 尽管也不包括美国和加拿大，但其管辖范围无疑比议定书大。

## 二、以美洲人权委员会为中心的健康权保护

自1948年《美洲人权利和义务宣言》产生以来的60年里，在美洲国家组织的框架内，美洲人权保护制度与欧洲人权保护制度以非常相似的方式发展着，④ 但不同于欧洲人权法院在欧洲健康权机制居于核心地位，美洲人权委员会而非美洲人权法院在美洲健康权机制居于中心地位。它不仅同时担负着监督和实施两种美洲人权机制的职能，而且既是大部分案件的首个回应者（first responder），也是终裁者。通过不断的司法解释，美洲人权委员会为健康权保护提供着重要救济。

### （一）美洲人权委员会的历史演进

美洲人权委员会最初是美洲国家组织的自治性实体，经1960年《美洲国

---

① J D B, "Law as Development: Reshaping the global Legal Structures of Public Health", 77 *Temp. L. Rev.* 247, p. 146.

② http://www.oas.org/juridico/english/Sigs/a~52.html, 2007年12月17日登录。

③ http://www.oas.org/juridico/english/Sigs/b~32.html, 2007年12月17日登录。

④ Wilt, Harmen van der; Krsticevic, Viviana, "The OAS System for the Protection of Human Rights" in Hanski, Raija; Suksi, Markku (eds.), *An Introduction to the International Protection of Human Rights – A Textbook*, 2nd, revised edition, Institute for Human Rights, Abo Akademi University, 1999, selection form pp. 371.

家组织宪章》修订成为美洲国家组织的主要机构之一,并在美洲国家组织内不断拓展其职能。美洲人权委员会成立于1959年,是由美洲国家组织外交部长协商会议通过的一项决议而产生的。在《美洲国家间人权委员会规约》制定以后,委员会开始工作。该规约第9条仅赋予委员会有限的权力,除了促进人权领域的教育和研究,委员会可以就西半球的人权状况作出一般性建议。

美洲人权委员会逐渐开始把特定国家的一般人权状况评估作为其主要职能。美洲人权委员会开始在国别报告中证明其违反人权状况,并将报告提交给美洲国家组织大会。由于这种方式必须建立在实地调查的基础之上,美洲人权委员会开始强调国家现场访问和书面来文调查这两项职能。前者在《美洲人权委员会规约》第11条可以找到法律基础;后者基于自愿承担的限制,美洲人权委员会不能就个人指控作出结论,但可以考虑将其作为评估某国人权状况的资料来源。在从事这些活动时,《美洲人权利和义务宣言》是美洲人权委员会的基本规范性文件。

1965年在巴西里约热内卢召开的第二次美洲特别会议上,美洲人权委员会获得接受和处理个人申诉的权力。从那时起,美洲人权委员会有权审议提交给它的来文,但被限制在基本人权方面。委员会还可以向任何美洲国家政府要求进一步的资料,并以促进遵守人权为目的向国家提出建议。美洲人权委员会还被要求向美洲会议提交年度报告,详细列举需要进一步采取措施的地区以实现《美洲人权利和义务宣言》中所载明的权利。

《美洲人权公约》缔结后,美洲人权委员会的地位进一步改变。根据1969年《美洲人权公约》,美洲人权委员会兼具对两种条约体系的监督和实施功能。由于《美洲人权公约》目前仅有25个缔约国,[1] 而美洲国家组织有35个成员国,[2] 因此,相比美洲人权法院,美洲人权委员会的管辖范围要大得多,被视为美洲人权机制的引擎。近年来,美洲人权委员会表现出对经济、社会文化权利的高度关注,将其视为区域人权机制当前面临的最重要挑战之一。[3]

---

[1] http://www.oas.org/juridico/english/Sigs/b-32.html,2007年12月22日登录。
[2] 古巴自1962年一直被拒绝参加该组织的活动,但仍接受美洲人权委员会的监督。
[3] Address of the President of the Inter-American commission on Human Rights, Dr. Clare K. Roberts, before the Permanent Council of the Organization of American States, Wash., D. C., April 15, 2005 (together with the law).

## （二）美洲人权委员会的具体职能

在保留根据《美洲国家组织宪章》（第41条、第42条和第43条）所拥有的广泛权力的同时，美洲人权委员会还具有《美洲人权公约》各条款规定的各种责任。因此，美洲人权委员会既可以听取个人申诉者对当事国的控告（第44条），还可以处理国家之间的争端。当然，前提是双方都承认美洲人权委员会在这方面的权力（第45条）。①

美洲人权委员会具有咨询和促进两类职能。其中，促进职能包括在美洲各国人民中发展人权意识；当委员会认为提出建议可取时，向成员国政府提出建议，以便在各国的国内法律和宪法条款规定的范围之内采取有利于人权的进步措施和其他促进遵守这些权利的适当措施；准备进行它认为在履行其职责时是可取的研究或报告；要求美洲国家组织各成员国政府向委员会提供在人权问题上采取措施的情况等；通过美洲国家组织秘书处，回答各成员国有关人权事务的询问，并且在委员会力所能及的范围内向这些国家提供它们所需的咨询服务。

根据议定书，美洲人权委员会只有报告职能而没有申诉职能，但通过《美洲人权公约》第26条，美洲人权委员会可以接受对议定书中的健康权提出的申诉，Miranda 案②就是重要判例之一。

## 三、美洲人权委员会健康权保护案例分析

进入21世纪以来，在全球健康危机的影响下，许多美洲区域性运动开始关注健康。在此历史背景下，美洲人权委员会对健康权表示出高度关注，在健康权的个人申诉中也表现出积极的司法能动主义。③所援引的法律渊源从《美洲人权利和义务宣言》拓展到《美洲人权公约》，不仅包括健康权还包括生命权和身体完整权。截至2007年底，美洲人权委员会受理的健康权案件大致可

---

① ［英］伊恩·布朗利著、曾令良、余敏友等译：《国际公法原理》，北京：法律出版社2003年，第632~633页。

② *Jorge Odir Miranda Cortez etal v. El Salvador*, Case 12.249, Report No. 29/01, Inter - Am. C. H. R., OEA/Ser./L/V/II. 111, doc. 20 rev. at 284 (2001), paras. 34~36.

③ Tara J. Melish, *The Inter - American commission on Human Rights: Defending social Rights Through Case - based Petitions*, p. 24, http://ssrn.com/abstract=1000275, 2007年12月18日登录。

分为三类：土著人健康权案件、囚犯健康权案和药品可及性案。

(一) 土著人健康权保护案例

土著人的健康权保护是现代意义上的美洲人权法所关注的最古老问题，具有特殊意义。一方面，土著居民的群体特性在于其与先前社群之间所存在的"历史连续性"，① 这种历史连续正在受到当代全球经济发展的破坏。由于自然和人文条件的变化，曾被认为在经济、政治或军事上价值不大的一些荒地或内地丛林现在成为极重要的地区。国家授权的各种开发活动在土著民居住地区造成巨大压力，影响到土著民的生产生活和生态环境以及社会、宗教和文化制度的整合和维护。② 另一方面，土著人是美洲人口的重要构成也使得美洲土著人健康权保护具有特殊意义。据粗略估算，现在约有400个规模不等、共约3000多万的土著民群体生活在美洲，占整个美洲大陆人口的10%左右。③ 正是基于上述两方面的原因，土著人健康权保护在美洲具有重要意义。

1985年雅纳马米诉巴西案（Yanomami v Brazil）案④确立了政府在土著人健康权保护中的积极义务原则，被视为具有里程碑意义。根据该案，政府负有保护土著人免受公司行为在内的"私人"领域经济活动伤害的义务。在该案中，数量约1万的雅诺马米印地安人生活在巴西北部和委内瑞拉南部两国边界地区的亚马逊雨林中，以采集、捕鱼、狩猎或游牧的方式生存，只与一些政府官员、传教士、采集动植物标本者等个人有零星交往，与外界接触十分有限。1973年，为了开发亚马逊河的自然资源，巴西政府批准在雅诺马米人居住区域附近修建BR-210高速公路。两年后，卫星监测发现雅诺马米人居住地带富含矿藏，之后大量外来人口涌入进行采矿。上述事件给雅诺马米人社区带来巨大变化和灾难性影响。"由于当地的雅诺马米人对所谓的白人的病（如疟疾、麻疹、腮腺炎、肺结核等）没有自然免疫力，外来人口涌入造成的不加控制的接触使建筑工人将疾病传染给建筑公路附近的雅诺马米居民，仅第1年内死亡人数就达到雅诺马米印地安人当地人口总数的22%。"⑤

---

① 周勇：《少数人权利的法理》，北京：社会科学文献出版社2002年版，第9页。
② 周勇：《少数人权利的法理》，北京：社会科学文献出版社2002年版，第331页。
③ UN General Assembly, A/59/422, October 8th, 2004.
④ Yanomami v Brazil, Case 7615, 5 March 1985, Res. No. 12/85, IACH, Annual report, 1985.
⑤ Yanomami v Brazil, Case 7615, 5 March 1985, Res. No. 12/85, IACH, Annual report, 1985, para. 10 and 11.

1980年，印地安法律救助中心、美国人类学协会、生存国际等数个非政府组织代表联合向美洲人权委员会提起申诉，指控巴西政府违反了《美洲人权利和义务宣言》所规定的保护印地安人生命、个人安全、健康福利等多项义务。正是巴西政府的疏忽导致了大量土著人的死亡。巴西政府批准在土著人居住地区进行基础设施建设的同时，没有根据土著人自身免疫力欠缺的先天特征，为其提供必要的预防和治疗服务，使得原本可以预见的疾病进入雅诺马米人居住地区，从而带来严重后果。

美洲人权委员会认为，根据《美洲人权利和义务宣言》中的健康权规定，巴西政府批准跨国公司进行开发，但没采取及时有效的措施来保护当地土著人远离可以预见的健康危害，对危害土著人的健康负有国际责任。由此，雅纳马米案确立了政府对土著人健康权的积极保护原则：政府负有义务保护土著人免受公司行为在内的"私人"领域经济活动的伤害。

自上个世纪80年代以来，在经济全球化背景下，由于跨国公司对土著人领地的不断侵蚀，土著人健康权案不断出现，成为美洲健康权保护的一类突出案例。这些案例都涉及到经济发展项目，特别是采矿项目。雅纳马米诉巴西案所确立的政府负有积极义务的原则在20世纪90年代的Haorani案①以及最近的萨如雅库（Sarayaku）案②中得到援引。在萨如雅库案中，萨如雅库开卡协会和经济、社会权利中心两个非政府组织向美洲人权委员会提出了类似的指控，不同之处仅是美洲人权委员会援引的法律依据是《美洲人权公约》第26条经济、社会和文化权利的一般条款。③

土著人健康权案例反映了保护脆弱人群的健康权的重要性，其更大的历史意义在于，它表明国家在发展经济的同时也应在保护健康中履行积极义务。

（二）囚犯健康权保护案例

美洲人权委员会的第二类健康权案例是囚犯的健康权保护，包括囚犯医疗保健权和享有卫生的拘禁条件的权利。美洲人权委员会认为，国家不为囚犯提

---

① Inter–American Commission on Human Rights, *Report on the situation of Human rights in Ecuador* (OAS, Washington, D. C., 1997), Chapters 8 and 9.

② *The Kichwa Peoples of the Sarayaku community and its members v. Ecuador*, Case 167/03, Report No. 62/04, Inter–Am. C. H. R., OEA/Ser. L/V/II. 122 Doc. 5 rev. 1 at 308 (2004).

③ *The Kichwa Peoples of the Sarayaku community and its members v. Ecuador*, Case 167/03, Report No. 62/04, Inter–Am. C. H. R., OEA/Ser. L/V/II. 122 Doc. 5 rev. 1 at 308 (2004).

供合理的医疗保健和卫生设施违反《美洲人权利和义务宣言》第11条健康权以及《美洲人权公约》第4条和第5条的生命权和人道待遇权(二者都包括健康权因素)。①

国际人权法学者研究表明,不对外开放设施内的"特别权力关系"的处所往往是发生对各种人权大规模侵犯的地方。② 随着国际行刑人道化的发展,给予并不断推进囚犯医疗卫生保障制度已成为各国刑罚执行的普遍共识。③《美洲人权公约》第5条第2、4和5款规定填补了传统人权目录往往缺乏在被拘禁条件下获得最低标准保障人道待遇的"空缺",④ 从而在国际和区域层面极大地促进了有关被羁押者的待遇和条件的权利的发展。⑤囚犯的健康权保护成为美洲人权委员会关注的重点之一。

在 Juan Hernandez 诉危地马拉案⑥中,美洲人权委员会认为,危地马拉某监狱囚禁的囚犯死于霍乱这种既常见又易于防止和治疗的疾病,⑦ 危地马拉政府侵犯了《美洲人权公约》规定的生命和身体完整权。在囚犯无法向亲人、朋友求助,也无法向律师和医生求助监狱的情况下,危地马拉监狱对囚犯有完全控制,却没有"基于应有的审慎要求,保护囚犯的生命和健康"。⑧ 危地马拉监狱既没有为囚犯提供足量的治疗霍乱所需的再水化合物,一种低成本的口服疫苗,也没有在患者病情已非常严重显然应入院治疗的情况下,将其送往医院接受治疗。因此,国家作为囚犯生命和健康的保证人(guarantor),"违反了

---

① Case No. 6091 (Cuba), Res. No. 3/82, Inter – Am. Comm. H. R., OEA/Ser. L/V/II. 57, doc. 6 rev. 1 (1982) (failure to protect health and wellbeing in custody).

② Manfred Nowak, *UN Covenant on Civil and Political Rights*, CCPR Commentary, N. P. Engel Publisher, Kehl/ Strausberg /Arlington, 1993, pp. 158 ~ 192.

③ 冯一文:"中国囚犯人权保障研究",吉林大学博士论文,2006年8月,第49页。

④ Manfred Nowak, *UN Covenant on Civil and Political Rights*, CCPR Commentary, N. P. Engel Publisher, Kehl/ Strausberg /Arlington, 1993, pp. 158 ~ 192.

⑤ 徐显明主编:《国际人权法教程》,北京:法律出版社2004年版,第236页。

⑥ *Juan Hernández v. Guatemala*, Case 11.297, Report No. 28/96, Inter – Am. Comm. H. R., OEA/Ser. L/V/II. 95, doc. 7 rev. (1997).

⑦ 世界卫生组织认为,霍乱是一种很容易治疗的疾病,及时服用口服补液盐补充损失的液体几乎就能治愈。对于特别严重的病例,可能需要静脉输液以拯救患者的生命。http://www.who.int/topics/cholera/treatment/zh/,2007年12月20日登录。

⑧ *Juan Hernández v. Guatemala*, Case 11.297, Report No. 28/96, Inter – Am. Comm. H. R., OEA/Ser. L/V/II. 95, doc. 7 rev. (1997), at 406, para. 17.

保护囚犯健康的义务"。①

其后，美洲人权委员会将国家保证囚犯健康权的积极义务原则拓展到保护囚犯的精神健康。在 Victor Rosario Congo 诉厄瓜多尔案②中，厄瓜多尔的某监狱囚犯患有精神疾病，被禁闭 40 多天后最终死于脱水和营养不良。据文件记载，该囚犯头部有创伤，患有时间定向障碍（temporal disorientation）和空间定向障碍（spatial disorientation）两种精神疾病，但从未在监狱得到治疗，也没有被送到其他医疗机构。该囚犯健康状况极差，但监狱并未给予其应有的护理。美洲人权委员会认为，对于存在智力、精神或心理障碍的囚犯，美洲国家组织成员国应承担更多义务以保证其健康和身体完整。③ 具体而言，国家不仅有义务治疗该囚犯的身体创伤，还有义务为其进行心理咨询治疗其忧郁症。

美洲人权委员会保护囚犯的重要标准是《联合国囚犯待遇最低限度标准规则》。在 Congo 案中，美洲人权委员会援引《联合国囚犯待遇最低限度标准规则》和欧洲人权机制中的判例，指出可适用的国际标准要求"每个禁闭中心至少应有一名具有一定心理知识的内科医生"，"该心理医生必须对犯人的心理和精神健康负责，必须每天对这些健康有问题的囚犯以及其他引起注意的囚犯进行巡视"。④ 由于厄瓜多尔没有提供证据证明它已采取措施确保该囚犯的心理和精神健康，美洲人权委员会认为厄瓜多尔违反了公约第 4 条和第 5 条。特别重要的是，美洲人权委员会还建议，厄瓜多尔政府应为监狱里有精神和心理疾病的囚犯提供药物和心理治疗。在 2005 年 Damiao Ximenes Lopes 诉巴西案⑤中，美洲人权委员会也作出了类似裁决。该案现被送到美洲人权法院

---

① *Juan Hernández v. Guatemala*, Case 11.297, Report No. 28/96, Inter – Am. Comm. H. R., OEA/Ser. L/V/II. 95, doc. 7 rev. (1997), at 406, para. 16.

② *Victor Rosario Congo v. Ecuador*, Report No. 63/99, Case 11.427, Inter – Am. Comm. H. R., OEA/Ser. L/V/II. 102, doc. 6 rev. (1999).

③ *Victor Rosario Congo v. Ecuador*, Report No. 63/99, Case 11.427, Inter – Am. Comm. H. R., OEA/Ser. L/V/II. 102, doc. 6 rev. (1999), para. 67.

④ *Victor Rosario Congo v. Ecuador*, Report No. 63/99, Case 11.427, Inter – Am. Comm. H. R., OEA/Ser. L/V/II. 102, doc. 6 rev. (1999), para. 80, 66, 77~80, 82.

⑤ *Dami?o Ximenes Lopes v. Brazil*, Case 12.237, Report No. 38/02, Inter – Am. C. H. R., OEA/Ser. L/V/II. 117, doc. 1 rev. 1 (2003) (admissible as to Convention arts. 4, 5, 11 and 25). For the Court's 2006 final judgment on the case, see *Ximenes Lopes v. Brazil*, Judgment of July 4, 2006, Inter – Am. Ct. H. R. (Ser. C) No. 149.

进行最终裁决。

囚犯健康权还包括有权享有卫生的拘禁条件。在 2002 年 Grendada 监狱的 Paul Lallion 案[①]和 Benedict Jacob 案[②]中,美洲人权委员会认为不人道的拘禁条件违反了《美洲人权公约》第 5 条保护的权利,并援引《联合国囚犯待遇最低限度标准规则》评价监狱措施是否侵犯囚徒享有的卫生拘禁条件权。近年来,美洲人权委员会还受理了多起类似案例,都涉及到囚犯居住条件严重拥挤、缺乏卫生设施、食物匮乏、缺乏医疗保健设施;美洲人权委员会认为,根据《美洲人权公约》第 4 条和第 5 条,囚犯健康权具有可诉性。[③]

总而言之,美洲人权委员会在囚犯健康权保护中所确立的原则是,国家必须向囚犯提供最起码的条件满足他们的基本医疗需要,这涉及到囚犯的人道待遇,与资源有限无关。

(三) 药品可及性案例

美洲人权委员会受理的第三类健康权案例涉及到药品可及性。[④] 自人类进入 21 世纪以来,药品可及性作为健康权的重要构成已引起国际社会的广泛关注。[⑤] 2006 年,世界卫生组织专门就中低收入国家药品可及性的可诉性进行了实证调查。在对 12 个中低收入国家的 79 个与药品可及性相关的案例进行调查

---

[①] *Paul Lallion v. Grenada*, Case 11.765, Report No. 55/02, Inter – Am. C. H. R., OEA/Ser. L/V/II. 117, doc. 1 rev. 1 (2003).

[②] *Benedict Jacob v. Grenada*, Case 12.158, Report No. 56/02, Inter – Am. C. H. R., OEA/Ser. L/V/II. 117, doc. 1 rev. 1 (2003).

[③] See, e.g., *Mendoza Prison Inmates v. Argentina*, Report No. 51/05, Petition 1231/04, Inter – Am. Comm. H. R., Annual Report 2005, paras. 5 and 46; *Adolescents in the Custody of the Febem v. Brazil*, Case 12.328, Report No. 39/02, Inter – Am. C. H. R., OEA/Ser. L/V/II. 117, doc. 1 rev. 1 (2003).

[④] 国内对药品可及性的研究目前已开始从 TRIPS 视域向人权视角转向。参见:冯洁涵:"全球公共健康危机、知识产权国际保护与 WTO 多哈宣言",《法学评论》,2003 年 12 期,第 10~18 页;李双元、李欢:"公共健康危机所引起的药品可及性问题研究",《中国法学》,2004 年第 6 期,第 82~89 页;徐蓉、邵蓉:"《药品管理法》与人权保护",《南京医科大学学报(社会科学版)》,2004 年第 1 期,第 28~31 页;曲三强:"论药品专利许可与公共健康权",《学术探索》,2006 年第 1 期,第 56~63 页;季卫华、马敏骏:"TRIPS 下药品专利权与公共健康权的冲突与协调",《法制与社会》,2007 年第 1 期,第 208~209 页。

[⑤] 委员会《第 3 号一般性意见》明确表示,缔约国有一项根本任务,即保证公约提出的一项权利至少要达到最低的基本水平,包括《阿拉木图宣言》中提出的基本的初级卫生保健。当中包括基本药物规定。经济、社会和文化权利委员会《第 14 号一般性意见》第 43 段也明确提出国家保护健康权的核心义务包括,保证根据世界卫生组织随时修订的《必需药品行动纲领》,提供必需药品。

后,调查组发现90%的案例来自中美和拉丁美洲。①

美洲药品可及性案例尤为突出。美洲药品可及性保护案例数量比亚洲和非洲多,主要是因为美洲社会医疗保障制度更为健全以及美洲司法体制更为健全,消费者的期待更高。大多数美洲人权委员会受理的药品可及性案件都涉及到艾滋病毒携带者的治疗问题,此外还有土著人的药品可及性问题。② 由于这类案件的复杂性,尽管美洲人权委员会在大量此类案件中采取了预防措施,但它只发布了两个正式的可受理决定:Odir Miranda 诉萨尔瓦多案③和 Luis Rolanda Cuscul Pivaral 诉危地马拉案④。前者根据公约第26条提出健康权,后者根据第4条生命权。该案件中有关问题是国家是否违反了公约中的法律义务,是否导致对申诉人的实质伤害以及不提供抗艾滋病药物和测试是否不合理。由于美洲人权委员会发布的药品可及性案例内容简单,笔者将在南非健康权保护中对艾滋病患者的药品可及性问题进行更详细的阐释。

总之,美洲健康权保护由以美洲人权委员会为中心的两个重叠机制实现。在全球健康危机下,美洲人权委员会表现出通过司法保护促进健康权等经济社会权利实现的倾向。尚处在幼稚期的美洲健康权保护已呈现出逐案基础上的渐进趋势以及类型化特征。

## 本章小结

1. 欧洲健康权保护包括两类平行保护,即《欧洲社会宪章》建立的健康

---

① Hans V Hogerziel, Melanie Samson: "Is Access to Essential Medicines as Part of the Fulfillment of the Right to Health Enforceable through the Courts?" *The Lancet*, vol. 368, 2006, p. 305.

② 如在 Yakye Axa and Sawhoyamaxa 案中,美洲人权委员会认为,巴拉圭没有向两个极其脆弱和贫穷的土著人社区提供必要食物和药品,违反人权。*Yakye Axa Indigenous Community of the Enxet - Lengua People v. Paraguay*, Case 12.313, Report No. 2/02, Inter – Am. C. H. R., OEA/Ser. L/V/II. 117, doc. 1 rev. 1 (2003).

③ *Jorge Odir Miranda Cortez etal v. El Salvador*, Case 12.249, Report No. 29/01, Inter – Am. C. H. R.,

OEA/Ser. /L/V/II. 111, doc. 20 rev. at 284 (2001), paras. 45~46,认为根据公约第26条,没有合理地提供抗逆转录病毒药物侵犯健康权。

④ Cuscul Pivaral (n. 65 above), paras. 42~44. The implication was that the litigation – appropriate duties under articles 1 and 2 would be applied to these Chapter II norms as the basis for determining state responsibility.

权保护机制和《欧洲人权公约》建立的健康权保护机制。《欧洲社会宪章》是专门保护经济社会权利的区域性欧洲条约，对健康权提供直接法律保护。自1998年以来，集体申诉机制的建立推动了健康权可诉性的发展。截止2008年1月，欧洲社会权利委员会共受理了5项健康权申诉案件。这些案件为明确健康权的权利规范、推动健康权的司法保护提供了依据。尽管目前健康权集体申诉的案例尚不够丰富，没有发展出完善的法理，但集体申诉制度建立以来，从2002年到2007年欧洲范围内不间断的司法实践表明，《欧洲社会宪章》建立的健康权保护机制正在趋于强化。

2. 《欧洲人权公约》建立的健康权保护机制提供健康权的一体化保护方法，即通过公民权利和政治权利的法律保护途径对健康权进行间接保护。作为主要规定公民和政治权利的区域性公约，《欧洲人权公约》并没有直接规定健康权，但人权的不可分割性决定《欧洲人权公约》中包含两类健康权要素：以生命权、免受酷刑权、私人和家庭生活受尊重权、知情权等权利规定为表现形式的健康权要素和以公共健康例外条款表现的健康权要素。实践中，欧洲人权法院直接或间接地渗透到健康权司法保护之中。大量案例涉及到《欧洲人权公约》第8条。分析第8条下的有关案例可以发现，欧洲人权法院认为国家对保护健康环境，从而维护个人的私人和家庭生活权负有积极义务，并且国家积极义务正趋于强化。表现在对国家积极义务合理性的审查上既要考虑其是否具有全面性，还要考虑其实践性；既要从保护公民健康的实体利益出发，也要包括公民参与决策的程序权利。《欧洲人权公约》健康权保护机制在对成员国的约束力方面明显强于《欧洲社会宪章》健康权保护机制，但是《欧洲人权公约》没有明确规定健康权，这必然导致健康权保护有效性的削弱。

3. 美洲健康权保护是由以美洲人权委员会为中心的两个重叠的健康权保护实现，包括《美洲国家宪章》建立的健康权保护机制和《美洲人权公约》建立的健康权保护机制。由于美洲人权委员会同时担负着监督和实施两种人权机制的职能，被视为美洲人权法律保护制度的"引擎"。

美洲健康权保护尽管仍然处在幼稚期，但呈现出逐案基础上的渐进趋势以及类型化特征。自20世纪70年代第1个案例之后，健康权案件逐渐增多，包括土著人健康权保护、囚犯健康权保护和药品可及性三类案件。

在土著人健康权案中，美洲人权委员会确立了政府在土著人健康权保护中的积极义务原则，即负有保护人们免受公司行为在内的"私人"领域经济活动的伤害的义务；在囚犯健康权案中，美洲人权委员会认为国家对囚犯的身体和精神健康都负有积极义务，应为监狱里有精神和心理疾病的囚犯提供药物和心理治疗，并保证人道的卫生监禁条件；在药品可及性案中，国家是否违反人权公约中的法律义务，是否导致对申诉人的实质伤害以及不提供抗艾滋病药物和测试是否不合理是关键，是受理案中相关的问题。

# 第四章

# 健康权的国家保护

## 引 言

纵观健康权在世界、区域以及国家三个层面的保护,尽管世界性国际组织对健康权保护有结构性影响,区域人权机构提供区域司法保护,但毫无疑问,健康权的国家保护才是最基本同时也是最主要的途径。正如联合国经济、社会和文化权利委员会作出的评论,"要求用尽国内救济措施强调国内救济在人权国际保护中的首要地位。尽管存在和发展处理个人申诉的国际程序是重要的,但这些程序只能是有效国家程序的补充"。① 此外,健康权的实现对有限资源的依赖及对国家积极义务的主张,也注定国内保护在健康权保护中具有根本地位。

健康权国家保护包括立法保护、司法保护各个层面。学界多将宪法保护作为人权的主要考察方法,这主要是由于宪法在一国的最高地位以及宪法审查的作用。如美国、加拿大、南非等国家都有宪法最高地位和司法审查相结合的制度。在宪法最高地位与司法审查相结合的制度下,法院具有对健康权进行司法救济的权力。

据学者统计,目前世界上 60 多个国家的宪法对健康权作出了规定。尽管一些宪法条款将健康权作为指导性原则而不是基本权利,但总体趋势是健康权保护中的司法作用增强。南非、哥斯达尼加、委内瑞拉、哥伦比亚、阿根廷宪

---

① 《第 9 号一般性意见》,联合国文件 UN doc. E/1999/22,1999 年,第 4 段。

法法院都有相关案例，认为国家负有提供艾滋病和其他疾病治疗的义务。① 其中，南非宪法判例具有世界性影响。

健康权国家保护还包括具体卫生制度所提供的保护。正如论文在第一章健康权保护的基本范畴中界定健康权的概念时指出，健康权是要求综合的、全面的卫生制度的权利。在健康权国家保护中，卫生制度具有比抽象的宪法保护更详细、更具体的作用。纵观世界各国的卫生制度，学界有诸多种划分，包括：1996 年 Javier Elola 提出的全民保健服务模式、社会保障模式和私营体系模式；1998 年 Hans Maarse 提出的贝弗里奇模式、俾斯麦模式和混合模式等。② 笔者认为，加拿大和美国国内卫生制度最具代表性。加拿大实行全民医疗保健制度，按需分配健康服务；而美国则将健康视为商品，由市场根据支付能力进行分配。

目前的研究有对世界各国宪法中健康权条约规定的系统分析以及健康权判例的零星介绍，前者在于证明健康权在世界范围内的存在，后者旨在证明健康权的可诉性。笔者认为，健康权国家保护的研究应该采取个案研究的方法，对最具代表性国家的健康权保护状况进行分析。选择个案国家应考虑以下标准：对健康权有关国际公约的承认情况、国家经济状况、宪法规定、典型判例的有无以及卫生制度的代表性，同时还要考虑对比性，即对不承认健康权的国家进行对比研究。根据上述标准，笔者从世界各国选出南非、加拿大和美国三个具有代表性的国家进行系统分析和研究健康权国家保护状况。

## 第一节　南非健康权保护

南非在健康权国际保护中扮演着非常重要的角色。南非对健康权的法律调整脱胎于国际人权条约，同时其司法实践又具有里程碑的意义。有学者指出，"艾滋病活动家们在法庭中取得的胜利不仅是姆贝基（Mbeki）政府的挫败，

---

① Yamin A E, "Not Just A Tragedy: Access To Medications As A Right Under International Law", *Boston University International Law Journal*, vol. 21, 2003, p. 325.

② 赖伟良："澳门的医疗模式浅析"，http://www.macaudata.com/macauweb/book268/html/0067001.htm，2007 年 3 月 25 日登录。

而且是政府行为'司法审查'的开端"。① 美国著名卫生法学者安南斯甚至认为,"南非的社会活动家成功地使健康作为一种人权重返国际舞台,而不是经济学家们惯用的全球经济范式和政治家们着眼于国家安全问题或慈善事业出发的健康问题"②。

## 一、南非健康权保护的历史背景

### (一) 种族隔离时代的健康不平等

在 20 世纪的绝大部分时期,收入、地理位置尤其是种族是南非人健康状况的主要决定因素。在 1994 年非洲人国民大会(ANC)获胜前,南非卫生保健制度一直为人诟病。南非医学研究委员会曾指出,南非卫生保健制度是"种族隔离政策下的官僚产物,浪费、低效、对三分之二以上人口的健康视若无睹"。③ 长期的种族隔离政策给南非卫生保健制度留下许多阴影。

1. 医疗服务领域的种族隔离规定。1994 年前,健康服务的可及性和质量不是取决于需要,而是种族。医疗保健不平等是维护白人至上的种族政策。在顶峰时期,医疗保健的大部分公共开支为白人享有,人均费用为黑人的四倍。④ 1951 年实行的"家园政策"甚至将居多数的黑人驱逐到仅占南非 13% 的边陲地带,⑤ 这进一步导致健康服务地理上的不可及性。

2. 公共卫生领域的部门分离。根据 1919 年制定的《南非公共卫生法》,南非包括公共卫生部、省卫生部门和当地部门。三者之间矛盾极为突出,尤其是在公共卫生部和省卫生部门之间。省卫生部门关注城市医院建设,以治疗为中心,忽视初级保健和社区保健。1977 年《南非卫生法》出台,试图促进部门间的协调,但实践中作用甚微。

---

① Case Records of the Massachusetts General Hospital (Case 9~2003), N Engl J Med 2003; 348: 1150~8.
② Annas G J. American Bioethics, *Crossing Human Rights and Health Law Boundaries*, Oxford University Press, 2005, p. 59.
③ Medical Research Council Changing Health in Sough Africa, *Towards New Perspectives in Resarch* (1991).
④ HCJ van Rensburg, "Sough African Health Care in Change" (1991) 22 *South African Jouranl of Sociology* 1, p. 5. 种族隔离政策将人分为四类:白人、有色人种、印度人与黑人。
⑤ HCJ Van Rensburg et al, Health Care in South Africa: Structure and Dynamics (1992), p. 65~68.

3. 治疗导向的健康保健。一方面，西药在上个世纪的不断扩张提高了群体健康水平，包括根除了许多传染病；另一方面，西药也导致了对医院昂贵护理的严重依赖，牺牲了社区基础上以预防为中心、具有经济可及性的护理。据统计，1992 年财政年，南非 81% 的公共卫生开支用于以医院为基础的治疗性护理，其中 44% 的经费用于大型医院和学习型医院。①

(二) 种族平等时代的卫生变革

自 1994 年南非非洲人国民大会（简称 ANC）在南非首次不分种族的选举大会中获胜以来，南非政府在卫生领域进行了全面改革。

1994 年，ANC 国家卫生计划在全面规范卫生改革方面起到了重要作用。在《南非医疗体制改革白皮书》中，南非政府实施了多种策略以实现卫生体制改革，除了建立单一国家部门代替原来的 14 个卫生部门指导和协调卫生政策以外，最重要的是制定了初级卫生保健策略和地区卫生体制计划。上述两项策略的制定意味着南非政府对医疗保健结构中不合理性的反思。南非政府号召重新分配公共卫生资源，将重点从以高科技、城市化导向下的大医院建设转向乡村医院和社区医院。② 目前这两项策略尚未取得法定地位。为弥补这一不足，南非国家卫生部已拟定计划，将制定《国家卫生法》，赋予初级卫生保健和地区卫生体制正式法律地位。③

2002 年，南非卫生部制定了《病人权利宪章》，以改进医疗服务质量，帮助患者树立医疗服务中的权利意识。根据该宪章，病人享有获取医疗服务的权利和义务，包括医疗保健权、选择医疗服务以及投诉的权利。宪章还建立了相应投诉机制。

在立法层面，最早的立法措施是 1994 年总统令规定 6 岁以下儿童和孕妇有权享有免费医疗。该法令认为，儿童和孕妇不仅易于患病，而且是经济社会权利享有的脆弱人群。之后，南非还颁布了《怀孕终止选择法》（The Choice on Termination of Pregnancy Act），以激进的方式改革了原来的流产法，为流产，尤其是早期流产提供了较容易的途径。该法规定，流产医疗服务的提供建立在

---

① Health Systems Trust & World Bank Health Expenditure in South Africa (1995); Sough African Institute of Race Relations South Africa Survey 1995/96 (1995), p. 208.

② Charles Ngwena and Rebecca Cook, "Rights Concerning Health", Socio - Economic Rights in South Africa, Danie Brand and Christof Heyns eds, Pretoria Universtiy Law Press, 2005, p. 144.

③ In 2002, the Minister of Health tabled the National Health Bill 2001.

需要的基础上，与种族和阶级没有关系，从而取消了种族隔离时代种族和阶级不同对流产资格产生的限制。① 自愿流产的孕妇，无论种族或阶级，有权享有安全合法的流产服务，无须再进行危险的非法堕胎。

为了保证药品的地理可及性和经济可及性，1997年南非政府先后颁布《药房修正案》和《药品及相关物质控制修正案》。出于让药房覆盖城市和农村，促进健康权享有中的地理可及性的目的，南非政府对《药房法》所有权人的资格进行了修改。修订前的《药房法》对药房所有权人的资格有严格限制，只有药剂师才可依法享有药房所有权；修订后的《药房修正案》对药品处方权人资格仍然有严格规定，只有药剂师有资格开药，但是将药房所有权人的范围扩展到非药剂师。这就大幅放宽了开设药房的资格，降低了在农村设立药房的门槛，从而提高了药品地理上的可及性。《药品及相关物质控制修正案》则是在南非药品昂贵的背景下出台，旨在通过多种方式提供低成本的药物。其中，有些方法目前在国际上还存在较大争议，如平行进口、强制许可、通过价格委员会进行价格控制、禁止回扣等。该法令受到制药业的强烈抵制，并引发了制药行业协会诉南非总统案。② 后来，在强大的舆论压力下，制药行业撤回该案，同意跟政府协商解决。

种族平等时代，南非在卫生领域的最大变革是拟定《国家卫生法案》（the National Health Bill），目前已交南非国会讨论。该提案按照南非新宪法的第27条健康权规定，对医疗服务的可及性、国家资源的使用作出了规定。其具体内容还包括：建立国家卫生体制、医疗服务的地方化；卫生服务的结构和组织、质量以及根据人权原则提供卫生服务等。除了规定消费者权利以外，该提案还规定了消费者相应的义务，如不抽烟、不喝酒以及尊重医务工作者的尊严。

总体而言，南非自种族隔离时代进入到种族平等时代以来，卫生体制公平性有了很大提高。其根本原因在于，1994年南非新宪法拒绝种族隔离的传统，基于平等原则，禁止种族、性别等方面的歧视，并规定了社会经济保障，为南非健康权的保护提供了良好的历史背景。

---

① 原有法律对流产资格有严格规定。据统计，每年来自城市中等收入的白人妇女占流产人数的66%，与此同时白人仅占总人口的16%，引自：South African Institute of Race Relations South Africa Survey 1996/1997（1997），p. 492.

② Pharmaceutical Manufacturers Association of SA & Another：IN re Ex Parte President of the Republic of South Africa & Others 1999, 4 SA 788（T）.

## 二、南非健康权保护的法律渊源

南非健康权保护的法律渊源主要是 1996 年出台的南非新宪法。和传统宪法主要保护公民权利和自由权利不同，深受国际人权条约影响的南非宪法被视为"变革性宪法"，对经济、社会和文化权利进行了统一规定。① 南非健康权主要包括健康环境权、医疗保健权、紧急医疗权和儿童基本卫生保健权，具体规定在《南非宪法》第 24 条关于环境权，第 27 条关于医疗保健、食物、水和社会保障权和第 28 条有关儿童权利的这三个条款上。② 在带有国际人权条约规定的历史烙印同时，南非健康权保护的法律制度也表现出鲜明的"南非"地方色彩：即现实的底线保护和强硬的司法干预。

（一）公约的历史烙印

南非健康权保护法律制度受到国际法的极大影响，最大的影响还是来自《经济、社会和文化权利国际公约》。③ 从文本角度看，南非《宪法》关于健康权的规定借鉴了《经济、社会和文化权利国际公约》中对经济和社会权利的最典型的规范方式。"有限资源"和"逐步实现"这两个核心要素在南非宪法第 27 条中有充分体现。南非宪法第 39 条还明确规定，权利法案的解释必须考虑国际条约的规定。④ 事实上，社会经济运动不参照国际法是不行的。⑤ 尽管《经济、社会和文化权利公约》缺乏对健康权的有效实施机制，但国际法坚持对健康权的承认，而且用国际舆论力量来加以支持，仍然具有积极意义。

（二）现实的底线保护

尽管脱胎于国际人权条约，但南非宪法中的健康权规定仍然表现出浓厚的"南非"色彩，表现之一就在于它追求一种底线保护，范围窄、标准低，和公约的"理想式"规定有着明显的不同。首先，南非宪法中健康权的范围较窄。

---

① 南非于 1994 年签署了《经济、社会、文化权利国际公约》，但是延至今日没有批准。
② Constitution of the Republic of South Africa (1996), Article. 24, 27, 28.
③ ［美］凯斯·R·孙斯坦著、金朝武、刘会春译：《设计民主：论宪法的作用》，北京：法律出版社 2006 年版，第 260 页。
④ Constitution of the Republic of South Africa (1996), Article. 39.
⑤ ［美］凯斯·R·孙斯坦著、金朝武、刘会春译：《设计民主：论宪法的作用》，北京：法律出版社 2006 年版，第 266 页。

南非宪法没有对健康的生理、心理维度进行阐释；范围也局限在医疗保健服务上，尤其突出生殖医疗保健方面。其不足之处在于，健康权并不限于得到医疗保健服务的权利。公约的起草过程和第12条第2款明确的措词认为，健康权包括多方面的社会经济因素，促进使人民可以享有健康生活的条件，包括各种健康的基本决定因素，如食物和营养、适当的卫生条件等。① 离开了对各种健康的基本决定因素的保护，健康权的实践价值必然大打折扣。

另外，不同于《经济、社会和文化公约》追求一种"能达到的最高"的健康标准，南非宪法将健康权保护降低到了"社会保障"标准。关于健康权的最重要条款第27条第1款规定在社会保障的一般性条款当中，这使得健康权在某种程度上沦为了一种"最低的保障"。健康权不仅要为个人提供最底限的保障，还要为更高的健康提供可能。在格鲁特布姆案中，法院就将国家实现住房权的责任划分为针对"买得起房的人"的"放宽制度、提供市场"的责任和针对穷人的"社会援助责任"。② 健康权的标准同样包括针对富人的更高健康需求和穷人的基本医疗保障。国家通过不同的方式来实现不同人群的多元化健康需求。全球蓬勃兴起的医疗服务市场准入制度就是建立在满足外国人以及本国高端人权的更高医疗需求基础之上。③ 因此，将健康权的标准降低为保障标准，无疑缩小了健康权的范围。

值得称许的是，在健康权保护的底线上，南非宪法明确规定了健康权中需要立即实现的内容，包括获得紧急医疗权和儿童的基本医疗保健服务权。相对《公约》规定而言，这是一种不小的进步。尽管理论和实务界对儿童的基本医疗保健服务权尚存在争议，"如果处处要为小孩的权利让道，那么精心构建的逐渐实现社会经济权利的宪法蓝图也就没多大价值"④，但它表明了在有限资源条件下确立优先权的标准。将儿童和需要紧急医疗的人群作为重点考虑，这与经济、社会和文化权利委员会确立的特别是脆弱群体和边缘群体的可及性标准是一致的。⑤

---

① 《第14号一般性意见》，第6款。
② Government of the Republic of South Africa v. Grootboom, (2000) ICHRL 72.
③ 孙晓云："中国医疗服务市场准入制度的困境与出路"，《金融与经济》，2007年第7期，第28页。
④ 转引自：[美]凯斯·R·孙斯坦著、金朝武、刘会春译：《设计民主：论宪法的作用》，北京：法律出版社2006年版，第233页。
⑤ 《第14号一般性意见》，第12款（ii）。

## （三）强硬的司法干预

强硬的司法干预是南非健康权保护的法律制度上的突出特征。南非宪法第 34 条和第 38 条都规定了司法救济的权利。① 这种条款确认包括健康权在内的《权利法案》规定的所有权利都可以寻求司法救济。事实上，南非新宪法的特点就在于不仅确认了包括健康权在内的经济、社会和文化权利，还明确规定了司法救济的保护方法。当然，这和南非宪法的制定背景有着密切的联系。1996 年新宪法制定之前，传统的受英国影响的议会至上和司法保守主义态度已开始沦为反动的和维持现状的力量，而《权利法案》、司法审查以及司法能动主义同南非改革联系在一起。②

## 三、南非健康权保护的判例分析

南非宪法法院"卫生部诉治疗行动计划组织"案是健康权保护史上的经典案例，③ 引起全世界学者的共同关注。④ 通过采用合理性原则，南非宪法法院成功保护了个人的健康权，并确立了法院的管理地位，从而给予那些反对通过司法途径保护健康权的人们有力的反击。

（一）优先权配置原则

1997 年苏布尔莫尼诉卫生部部长案（Soobramoney v. Minister of Health）⑤

---

① Constitution of the Republic of South Africa (1996), Article. 34, 38.

② 约翰·杜加德："向种族公正迈进新南非"，转引自：[美] 路易斯·亨金：《宪政与权利》，北京：生活、读书、新知三联书店 1996 年版，第 463~493 页。

③ 第 24 条 a 款规定，每个人都有权获得有利于健康或福利的环境权利；第 27 条规定：1. 任何人都有权获得：（1）医疗保健服务，包括生殖医疗保健；（2）充分的食物和水；（3）社会保障，包括适当的社会帮助，如果他们不能养活他们自身及其抚养人的话；2. 国家必须在其可利用的资源范围内采取合理的立法和其他措施以逐渐达到上述每一项权利的实现；3. 任何人都不得被拒绝紧急的医疗；第 28 条有关儿童权利的条款中，第 1 款第 3 项规定：每个儿童都有权获得……基本的营养、住处、基本的医疗保健服务和社会服务。见 Constitution of the Republic of South Africa (1996), Article. 24 (a), 27, 28.

④ 各国学者都对该案例寄予了高度的关注。见 Annas G J, *American Bioethics*: *Crossing Human rights and Health Law Boundaries*, Oxford University Press, 2005, p.59；Cass R. Sunstein, "Social and Economic Rights: Lessons From South Africa", in *Constitutional Forum* (2001) 11: 4；黄金荣："经济和社会权利可诉性问题的由来及其发展"，刘作翔：《多向度的法理学研究》，北京：北京大学出版社 2006 年版，第 153~195 页；胡敏洁："论社会权的可裁判性"，《法律科学》，2006 年第 5 期，第 25~32 页。

⑤ *Soobramoney v Minister of Health*, Kwazulu - Natal 1998 (1) SA765 (CC) (S. Afr.).

是主张昂贵医疗设施及服务的医疗保健权的典型案例。该案确立了医疗保健权的优先权配置原则,即判决中所称的整体路径(a holistic approach)①。所谓的优先权配置原则,是指国家在有限资源内实现个人的健康权时,从整体考虑整个社会人群的多种健康需求,从而进行优先权合理配置的方法。

在该案中,上诉人苏布尔莫尼是一位41岁的失业人员,患有晚期慢性肾衰,需要通过定期的肾透析以维持生命。由于德班爱德灵顿公立医院肾透析的仪器数量有限、需要接受治疗的患者人数众多,医院制定了相关规定,对接受治疗的患者资格进行了限制。苏布尔莫尼患有糖尿病以及严重心脏病和心血管病,没有达到规定中的资格要求,不能在医院享受肾透析治疗服务。苏布尔莫尼无法承受私立医院高昂的肾透析费用,遂根据宪法27条第3款向高等法院提起诉讼,称卫生部违反宪法,侵犯其紧急医疗权和生命权,要求医院对其进行肾透析治疗。高等法院判苏布尔莫尼败诉后,苏布尔莫尼上诉到宪法法院。南非宪法法院的法官认为苏布尔莫尼不具备紧急医疗权的相关要求,②因此根据宪法第27条第1款和第2款对医疗保健的其他规定,对苏布尔莫尼的请求作出了判决。

在判断医院行为是否违反第27条第2款,"国家必须在其可利用的资源范围内采取合理的立法和其他措施以逐渐达到上述每一项权利的实现"的义务时,法官采取了所谓的整体路径③,认为国家解决所有健康问题必须在有限资源的范围之内,因此一定时期内需要采用整体路径来实现社会中多数人群的需要而非少数人群的特别需求,即在整体框架内建立实现优先权的合理配置。

该案确立的整体路径包括微观和宏观两个方面的整体考虑。在微观层面,具体医疗行为的成本效益需要进行整体考虑。案中,加斯科森法官(Chaskalson)就治疗人数和治疗效果两方面对国家限制肾透析治疗的合理性进行了审视。从治疗人群数目看,根据医院规定对治疗患者资格进行限制,能够使更多患者从肾透析治疗中受益。慢性肾衰患者每周需接受治疗的次数更多,周期更长。④ 从治疗效果看,慢性肾衰病人接受透析只能取得维持生命的效果,而非

---

① 该案是南非新宪法颁布后,南非宪法法院受理的首个健康权案例,同时也是首个社会经济权利案例。
② 后文会专门论述南非健康权司法判例中确立的紧急医疗权的原则。
③ *Soobramoney v Minister of Health*, Kwazulu - Natal 1998 (1) SA765 (CC) (S. Afr.), para. 31.
④ 接受一次肾透析需要4个小时,慢性肾衰病人每周需至少2次治疗。

慢性肾衰患者则可能获得完全治愈的直接效果。① 因此，加斯科森法官认为，从整体加以考虑，医院的限制性规定有利于更多人获益，不违反宪法。

宏观层面的整体考虑侧重于国家医疗资源的配置合理性。萨茨法官（Sachs）援引加拿大布朗诉不列颠哥伦比亚省卫生部案（Brown v British Columbia (Minister of Health)）案②，从宏观的角度指出，国家不提供或限制公立医院提供昂贵医疗药品和设施的合理性在于，当前生物医学技术的获益对象主要是老年人，这不可避免会提高针对老年人的投资比例而降低对年轻人进行预防保健的投资比例。

分析该案可以得出优先权配置的如下原则：一是预防权优于治疗权；二是直接治疗权优于生命维持权；三是多数人的需求优于少数人的需求。其实质是采用功利原则，通过成本效益分析的经济方法，进行有限医疗资源中的优先权合理配置。早在 1995 年，英国法官对期待得到治疗的患者寄予深切同情的同时，就曾一针见血地指出保护患者权利的功利原则：医生必须解决收支平衡的问题，"如何实现有限资源的最优配置以实现最大多数患者的最大利益，这种判断尽管无比困难且让人苦恼万分，但却必须作出"③。因此，法官在进行健康权的司法保护时，必须依据最大多数患者的最大利益原则，从成本和效益的角度对国家医疗政策的合理性进行审视。

本案进一步的意义在于，尽管法院承认健康权的相对性以及有限资源的限制，但并没有关上健康权司法保护的大门。相反，法官们都倾向国家在健康权保护中负有积极义务，关键在于对义务合理性的确定。尽管法官们承认不具有能力对国家资源配置作出判断，但是对健康权进行司法保护增强了国家卫生决策的透明度。国家必须阐释相关卫生政策，解释政策制定的原因和背景，对政策是否符合宪法规定进行重新评估。国家在法庭上进行答辩的过程其实就是对公众答辩的过程。因此，本案还确立了一定的透明度标准。④

（二）合理政策请求权

与苏布尔莫尼案主张昂贵的医疗服务不同，2002 年治疗行动运动组织诉

---

① *Soobramoney v Minister of Health*, Kwazulu - Natal 1998 (1) SA765 (CC) (S. Afr.), para. 25.
② See *Brown v British Columbia* (Minister of Health) (1990) 48 CRR 137 at 157B8.
③ [1995] 2 All ER 129 (CA) at 137dBf.
④ Puneet K. Sandhu, "A Legal Right to Health Care: What Can the United States Learn from Foreign Models of Health Rights Jursiprudence?", *California Law Review*, August 2007, p. 167.

卫生部案（Treatment Action Campaign and Others v. Minister of Health）是要求政府采取措施预防、控制传染病的健康权案例。它将格鲁特布姆案①中确立的合理政策请求权原则成功地应用到健康权司法保护中，成为南非宪法法院中首个胜诉的健康权案例，引起各国学者的广泛研究。②

该案基本案情是：治疗行动运动组织③联合某医生和某儿童权利组织向南非比勒陀利亚（Pretoria）高级法院起诉南非卫生部，认为南非政府（该案判决中将卫生部等上诉人称为政府）拒绝在全国推广抗艾滋病药物奈韦拉平④（Nevirapine）的政策违反了医疗保健权、儿童的基本健康服务权等多项宪法规定。治疗行动运动组织的诉求包括两项：一、南非政府是否有权限制奈韦拉平这种药物的可及性；二、南非政府是否有义务制定具体时间安排并实施全面、有效和渐进的防止母婴传染的国家政策。高级法院判决政府败诉后，政府上诉到宪法法院。2002年5月初，宪法法院审理了此案，最终判定政府违宪。

该案的重要之处在于赋予个人健康权保护中的"合理政策请求权"⑤，从而实现了个人与国家、司法权与立法权之间的有效平衡。所谓合理政策请求权包括两层含义：

1. 健康权是对卫生制度的主张

个人不仅享有直接获得预防保健设施或服务的权利，还享有要求制定卫生政策的权利。个人有权要求国家在可利用的资源范围内，制定和实施全面、有效和渐进的政策。法官根据宪法第27条进行了具体诠释，承认受资源稀缺性

---

① Governmnet of the Republic of South Africa and Others v. Grootboom, 2001 (1) SA 46 (CC).
② 各国学者都对该案例寄予了高度的关注。如 Puneet K. Sandhu, "A Legal Right to Health Care: What Can the United States Learn from Foreign Models of Health Rights Jursiprudence?", *California Law Review*, August 2007, p. 160; Annas G J, *American Bioethics: Crossing Human rights and Health Law Boundaries*, Oxford University Press, 2005, p. 59; Cass R. Sunstein, "Social and Economic rights? Lessons From South Africa", in *Consittutional Forum* (2001) 11: 4; 国内有：黄金荣："经济和社会权利可诉性问题的由来及其发展"，刘作翔：《多向度的法理学研究》，北京：北京大学出版社2006年版，第159页；胡敏洁："论社会权的可裁判性"，《法律科学》，2006年第5期，第25页~32页。
③ 治疗行动运动组织是南非防治艾滋病工作的一个重要的非政府组织。
④ 奈韦拉平（Nevirapine）是在欠发达国家中一般主要推广的最实际和廉价的一种防治母婴传染的预防艾滋病药物，每剂药仅4美元，分娩时母婴仅用一剂即可。引自：皮特·兰普蒂、麦利文·维格利等著、郭维明、佘卫红等译：《迎接全球艾滋病的挑战》，北京：中国人口出版社2003年版，第30页。
⑤ Sibonile Khoza, "Reducing mother - to - child transimission of HIV: The Nevirapine case", *ESR Review*, 2002, vol. 3, No. 2.

限制，并非所有人都能直接享有医疗服务和设施，但认为国家应该不断作出努力，促进个人对医疗服务设施享有的可能。"健康权并不意味着每个人都能获得这样的治疗，国家的义务是尽力扩展每个人获得尽可能合理对待的机会。"

将个人健康权解释成一种卫生政策合理权的意义在于，它改变了传统观点中将个人权利和国家义务割裂的状态，① 从而构建了个人健康权与国家义务的统一。通过将获取卫生医疗设施或服务的具体权利演变为主张合理卫生政策的抽象权利，法院可以更为有效地干预公共卫生政策，从而实现司法权和立法权之间的平衡。

这种将个人健康权转化为卫生政策请求权的路径，在 2006 年联合国健康权特别报告员保罗向联合国人权委员会递交的年度报告中有进一步发展。保罗提出，"在从根本上说这就是健康权的含义：一个有效的、综合的根据需要作出反应的卫生制度，其中包括为所有人提供卫生保健和健康的基本决定因素"②，"健康权可被视为有权享受有效和综合卫生制度的服务"③。保罗还进而构建了健康权和卫生政策之间的良性互动，认为"有效的卫生制度是以健康权为基础的，它如同法院制度或政治制度一样，是核心社会体制"④。这种将健康权内化在一国卫生制度中的积极意义还在于，它有利于抵制国际上关于健康权是否是一种人权的无谓争论，通过将国际健康权内化到各国卫生制度当中从而实现健康权的国际保护。

总之，相对直接为个人提供具体的卫生设施和服务，这种救济的特点在于它的间接性和实效性。不仅构建了个人健康权利与国家义务之间的统一，而且为法院介入卫生政策提供了桥梁，为法院通过合理性原则审查国家卫生政策是否合宪提供了基础。

2. 审查国家行为是否违反健康权义务的标准：合理性标准

在治疗行动运动组织案中，政府为限制奈韦拉平试用的政府行为提供了多种原因加以辩护，包括药物安全性、有效性、资金和行政能力等诸多理由。本

---

① *Governmnet of the Republic of South Africa and Others v. Grootboom*, 2001（1）SA 46（CC），para. 28.

② 《人人有权享有最佳身心健康问题特别报告员保罗·亨特的报告》，联合国经济及社会理事会 E/CN. 4/2006/48, 2006 年 3 月 3 日, 第 10 段。

③ 《人人有权享有最佳身心健康问题特别报告员保罗·亨特的报告》，联合国经济及社会理事会 E/CN. 4/2006/48, 2006 年 3 月 3 日, 第 4 段。

④ 参见 E/CN. 4/2004/49/Add. 1 第 27 段；E/CN. 4/2005/51, 第 59~61 段。

书选取最重要的两个标准对政府政策是否具有合理性进行阐述。

（1）审查政府行为合理性的最重要方法是成本效益的经济分析。成本考虑是政府不作为的通常原因。南非卫生部部长那萨鲁巴（Ntsaluba）在辩护词中承认，"对奈韦拉平的限制使用主要是基于操作和经济可行性考虑"。① 在该案中，普遍提供奈伟拉平的成品包括药物成本和其他成本。法官认为，奈韦拉平药物的成本并非案件的关键因素。② 这是因为在防治母婴传染的预防艾滋病药物中，奈韦拉平是最廉价的一种，每剂仅4美元，分娩时母婴仅用一剂药即可，③ 而且制造公司勃林格殷格翰公司（Boehringer – Ingelheim）承诺5年内向南非免费提供药物。政府的成本考虑是出于对建立咨询和检查机构、提供配方奶、维生素和抗生素以及监测的一揽子成本的考虑，④ 但对于上述成本的具体数额，政府没有提出相应数据。

从效益角度分析，奈韦拉平具有显著效果。该药物的有效性和安全性先后得到南非药物控制委员会和世界卫生组织的权威认定。世界卫生组织研究表明，单剂量服用奈韦拉平阻断艾滋病母婴传播的有效率高达50%。即使没有相关一揽子计划和配套支持，奈韦拉平也能挽救相当数目婴儿的生命。⑤ 基于上述成本与效益的考量，法官认为"如果这些程序进行可以获得明显效果的话，则没有必要在成本面前为难"。

此外，南非政府抗击艾滋病的最优先地位（top priority）已经得到政府的官方承认，⑥ 因此，不存在前述苏布尔莫尼案中的优先权争议。

（2）审查政府行为合理性的另一个重要标准是时间。治疗行动运动组织的一个重要诉讼请求就是政府是否有义务制定具体时间安排以实施全面、有效和渐进的防止母婴传染的国家政策。该案法官认为，"尽管南非政府提出的实

---

① *Governmnet of the Republic of South Africa and Others v. Grootboom*, 2001（1）SA 46（CC），para. 53.

② *Governmnet of the Republic of South Africa and Others v. Grootboom*, 2001（1）SA 46（CC），para. 48.

③ 引自：皮特·兰普蒂、麦利文·维格利等著、郭维明、佘卫红等译：《迎接全球艾滋病的挑战》，北京：中国人口出版社2003年版，第30页。

④ *Governmnet of the Republic of South Africa and Others v. Grootboom*, 2001（1）SA 46（CC），para. 49.

⑤ *Governmnet of the Republic of South Africa and Others v. Grootboom*, 2001（1）SA 46（CC），para. 57.

⑥ HIV/AIDS & STD strategic plan for South Africa 2000 – 2005 and an earlier report to which it refers.

行限制政策的理由,包括药物安全性、有效性、资金、行政能力等问题都客观存在,但这些理由都不意味着在设计出最佳方案、获得必要资金以及建立必需基础设施之前,无期限地推迟实施全国性政策这种做法就是合理的;也无法证明,在研究完成之前推迟全面政策的实施就是合理的"。①

将时间作为审视国家卫生政策合理性的标准具有重大意义。"逐步实现"和"有限资源"一直是制约健康权实现的要素。"逐步实现"的模糊性为国家的不作为提供了一定藉口,时间标准有助于促进国家积极履行保护健康权的义务,使健康权的实现从乌托邦的宣示性口号进入到现实阶段。在 Grootboom 案中,法官就曾指出,"逐步实现为立法机构提供了一定的灵活性,但也迫使其不断改进以促进社会权更好的实现"。②

尽管合理性标准并非全新创造,法院在保护传统公民和政治权利的过程中早就已经运用,③ 在行政法领域,合理性原则也是一个广泛使用的基本原则,但通过合理性原则解决健康权司法保护问题仍具有重要意义。

(三) 紧急医疗权原则

紧急医疗权的确立是南非宪法不同于《经济、社会和文化权利公约》中健康权规定之处。尽管,1997 年苏布尔莫尼诉卫生部部长案(Soobramoney v. Minister of Health)④ 是上诉人请求保护其紧急医疗权但请求被驳回的案例,但该案例确立了紧急医疗权的相关原则。

1. 紧急医疗权的价值依据

萨茨法官认为,紧急医疗权的确立产生在人类共同的团结理念基础上。当看到自己的同胞由于突然、不可预见的打击而支离破碎、血肉模糊却遭到医院的无情拒绝时,人类会自然感到极度地震惊。紧急医疗权的目的就是为全体社会成员提供一种必要的保证和信心,当不可预见的灾难发生时会有相关部门出面进行处理。这种保证的必要性在于不可预见的灾难可能随时、随地降临到任

---

① *Governmnet of the Republic of South Africa and Others v. Grootboom*, 2001 (1) SA 46 (CC), para. 58.
② Grootboom, 2000 (11) BCLR 1169 (CC) at para. 38 (S. Afr.), para. 45.
③ 黄金荣:"司法保障经济和社会权利的可能性与限度——南非宪法法院格鲁特布姆案评析",《环球法律评论》,2006 年第 1 期,第 67 页~68 页。
④ *Soobramoney v Minister of Health*, Kwazulu – Natal 1998 (1) SA765 (CC) (S. Afr.).

何人身上。①

2. 紧急医疗权的实质要件

广义的紧急医疗包括对慢性病患者进行的旨在延长生命的长期治疗，但该案法官认为宪法第 27 条第 3 款确立的紧急医疗权并非广义的紧急医疗。宪法保护的紧急医疗权的构成要件包括：（1）导致生命威胁的原因限于意外灾难如车祸、洪水，不包括慢性病；（2）治疗方法应该具有紧急性和一次性，而不是定期的；（3）医院应该有相应容纳能力。加斯科森法官（Chaskalson）法官类比印度有关紧急医疗权案例，认为苏布尔莫尼不具有紧急医疗权。在印度案中，原告从火车上意外坠落导致严重脑损伤和脑溢血，数家公立医院具有相关医疗设施和容纳能力但拒绝抢救原告，迫使原告最后到一家私立医院接受治疗。② 加斯科森法官认为，苏布尔莫尼和印度案中的原告情形不具有可比性。尽管苏布尔莫尼不接受肾透析生命就无法维持，但不具备紧急医疗权的构成要件，其生命受到的威胁并非出自意外原因，生命维持也不具有一次性，需要接受定期治疗，因此不属于宪法规定的紧急医疗的情形。

3. 紧急医疗权的设立目的

宪法保护紧急医疗权的目的是在紧急情况下，不会因为医院出于管理需要的种种形式上的官僚要求（bureaucratic requirements）而耽误急需的治疗。③ 因此，其设立的初衷是减免不必要的时间延误。

苏布尔莫尼案中法官对紧急医疗概念和法理的权威性阐释，使该案的意义超出了案件本身，成为紧急医疗权的一个重要判例。

总之，从宏观的经济社会权利的保护史上看，南非法院首次采用了一种或许能成功保护社会经济权利而又不至于使法院沦为不可接受的管理角色的司法原则，④ 从而给予那些反对通过司法途径保护经济社会权利的人们有力的反击。

---

① *Soobramoney v Minister of Health*, Kwazulu - Natal 1998（1）SA765（CC）（S. Afr.），para. 51.
② 转引自 *Soobramoney v Minister of Health*, Kwazulu - Natal 1998（1）SA765（CC）（S. Afr.），para. 18.
③ *Soobramoney v Minister of Health*, Kwazulu - Natal 1998（1）SA765（CC）（S. Afr.），para. 20.
④ ［美］凯斯·R·孙斯坦著、金朝武、刘会春译：《设计民主：论宪法的作用》，北京：法律出版社 2006 年版，第 257 页。

## 第二节 加拿大健康权保护

加拿大签署了《经济、社会和文化权利》等国际人权条约并建立了全民卫生保健制度，是世界上对健康权保护的最好的国家之一。然而，尽管加拿大公民普遍认为他们享有健康权，加拿大宪法并未确立健康权。因此，健康权在加拿大法律中处于一种不确定的法律地位，并进而导致司法保护中的二元现象。由于缺乏宪法保护，自 21 世纪以来，新自由主义对加拿大人享有健康权的威胁日益突出。学界由此出现要求健康权入宪的呼声。本节从健康权在加拿大的不确定地位、健康权在加拿大的立法保护以及健康权在加拿大的司法保护三方面进行研究。

### 一、健康权在加拿大的不确定地位

尽管健康权在加拿大社会具有牢固的社会地位，但并未取得相应的法律地位，从而导致了健康权在加拿大地位的不确定性。

（一）社会地位

早在 20 世纪初，加拿大政府就承诺向公民提供医疗保健。到 60 年代，健康权意识已经在加拿大文化和法律中根深蒂固。① 加拿大人普遍认为，他们享有健康权。健康权既是个人基本价值的体现，也是公民权的组成成分。

历时数代的全民卫生体系孕育了加拿大人的健康权意识。在 2000 年的调查中，多数加拿大人认同，"普遍公费医疗是加拿大人身份的构成，同时也反映了加拿大人的核心价值"。② 2002 年，加拿大学者 Shafer 指出，"良好的健康不仅是幸福生活的组成成分之一。健康对我们生活的各个方面都发挥重要影

---

① Antonia Maioni, "The Commission on the Future of Health Care in Canada", Discussion Paper No. 34, Roles and "Responsibilities in Health Care Policy (2002)" p. 3~4, 24~28, available p. http://www.hc-sc.gc.ca, 2006 年 12 月 1 日登录。

② Conference Board of Canada, *Canadians' Values and Attitudes on Canada's Health Care System: A Synthesis of Survey Results*, Ottawa: Conference Board of Canada, 2000, p. 11.

响,因此,健康具有高度优先性。健康大概是我们价值观体系中最为重要的部分"。①同年,加拿大医疗保健未来委员会发布报告《构建价值:加拿大医疗保健的未来》,指出"加拿大人认为享有必要的医疗保健是一种公民权"。②

加拿大法院也对加拿大社会中医疗保健的固有价值表示认同。如不列颠哥伦比亚最高法院曾明确指出,"健康是我们社会的基本价值"。③ 加拿大最高法院也曾间接指出医疗保健的重要性,"简单地说,政府早就认识到,一个文明社会没有理由不向其社会成员提供医疗保健"。④ 可见,作为道德权利的健康权在加拿大社会形成了广泛共识。

(二)法律地位

21世纪以来,越来越多的加拿大人开始从法律权利的角度审视健康权。如加拿大学者Nuala Kenny指出,"在21世纪的加拿大,个人日益将享有医疗保健的利益和个人的权利和自由联系起来"。⑤许多加拿大人开始采取权利语言,声称他们享有健康权。⑥

尽管加拿大人高度看重健康权,但从法律角度出发,健康权并没有在加拿大法律中取得优先地位。这主要是因为健康权在加拿大宪法中的缺位。《加拿大权利和自由宪章》规定了包括迁徙权、生命、自由和人身安全、平等权在内的公民权利和政治权利,⑦ 但没有规定经济社会和文化权利。⑧ 20世纪80年代兴起的宪法改革曾试图将健康权等福利权纳入宪章,但最后还是决定通过

---

① Arthur Shafer, *Waiting for Romanow: Canada's Health Care Values Under Fire*, Ottawa: Canadian Centre for Policy Alternatives, 2002, p. 10.
② Nola M. Ries, "The Uncertain State of the Law Regarding Health Care and Section 15 of the Charter", 11 *Health L. J.* 217, 2003, p. 217.
③ R. v. Lewis (1996), 139 D. L. R. (4th) 480, p. 522 (B. C. S. C.).
④ *Stoffman v. Vancouver General Hospital*, [1990] 3 S. C. R. 483, p. 544.
⑤ Nuala Kenny, *Whp. Good is Health Care?* Ottawa: Canadian Healthcare Association Press, 2002, p. 170.
⑥ Barbara von Tigerstrom, "Human Rights and Health Care Reform: A Canadian Perspective" in Timothy A. Caulfield & Barbara von Tigerstrom, eds., *Health Care Reform & the Law in Canada: Meeting the Challenge*, Edmonton: University of Alberta Press, 2002, p. 157.
⑦ The Canadian Charter of Rights and Freedoms, Canada Act Schedule B 1982 (U. K.) 1982 c. 11
⑧ 加拿大宪法的成文部分不是一部单一的文件。它是由众多文件、议会法案和议会命令构成的集合体。《加拿大权利和自由宪章》包括在1982年宪法法案中。

现行机制实现社会正义。①

《加拿大卫生法》是加拿大卫生方面最重要的法律,但该法没有明确规定健康权。在加拿大各省中,仅有魁北克省明确规定了健康权。在《加拿大卫生法》中,政府对医疗保健作出了全面承诺,并建立了按需提供医疗保健的重要原则。尽管《加拿大卫生法》实际上只是联邦政府和省政府之间就医疗保健达成的协议,省政府提供一定标准的医疗保健以换取联邦政府的财政支持,②但它仍然"具有政治家不能动摇的地位"。③

尽管如此,缺乏宪法保护的健康权在法律上仍处于不确定状态。政府提供医疗保健的法律义务只是一种普通的法律义务。这种法律义务会随时代变化,因法律的变化而产生变化。当健康权与具有宪法地位的公民权利和政治权利发生冲突时,公民权利和政治权利会取得优先地位。因此,缺乏宪法地位可能对健康权带来影响。

## 二、健康权在加拿大的立法保护

在加拿大,健康权的立法保护主要是通过诸多卫生法构建的全民卫生体制实现。具体包括:《加拿大卫生法》(1985)、《医疗服务支付法》(1988)、《医疗服务和保险法》(1989)、《健康保险法》(1990)、《医疗服务可及性法》(1990)、《医疗护理保护法》(1996)、《医疗护理保险法》(1999)等法律。其中,《加拿大卫生法》构建了联邦和省共同出资、各省自行设计的全民卫生体系,最为重要。《加拿大权利和自由宪章》第7条以及第15条对健康权保护也有重要作用。本节从加拿大卫生制度的历史演进和卫生制度的主要内容两个方面进行阐释。

---

① See: M. Jackman, "The Protection of Welfare Rights Under the Charter" (1988) 20 *Ottawa L. Rev.* 257; I. Johnstone, "Section 7 of the Charter and Constitutionally Protected Welfare" (1988) 46 *U. T. Fac. L. Rev.* 1; R. Howse, "Another Rights Revolution? The Charter and the Reform of Social Regulation in Canada" in P. Grady, R. Howse & J. Maxwell, eds., *Redefining Social Security* (Kingston: School of Policy Studies, Queen's University, 1995) 102 p. 108~110; M. Jackman, "Poor Rights: Using the Charter to Support Social Welfare Claims" (1993) 19 *Queen's L. J.* 65 p. 67~79.

② 《加拿大卫生法》第4条明确规定,该法的目的是为各省卫生服务立法建立标准和条件,各省必需达到标准,才能获取财政资金。

③ *Chaoulli v. Quebec*, [2005] 1 S. C. R. 791, Deschamps, J. p. para. 16.

## (一)卫生制度的历史演进

纵观加拿大全民卫生体系的演进史,国家在遏制市场力量、保护国民健康上发挥着重要作用,同时联邦政府与省政府以及医疗从业人员之间也存在博弈。历经整整 40 年,加拿大全民卫生体系经历了从联邦政府发起、地方政府突破之后再由联邦政府建立的漫长过程。

建立全民卫生体系的提案最早是由加拿大联邦政府提出。早在 1945 年二战结束之后举行的的复兴会议上,联邦政府就提出"绿色提案",试图建立公营医疗体制取代当时的市场体制。① 由于涉及到征税权的重新分配以及省政府和联邦政府之间的权力分配问题,"绿色提案"没有得到采纳,但它发出了政府意图在卫生领域承担积极义务的信号。

首先在全民卫生体系的建立上取得突破的是加拿大地方政府。1947 年,萨斯喀彻温省率先建立了用于医院医疗服务的公共保险计划,并成为当时加拿大全民医疗保障体系的里程碑。② 随后,英属哥伦比亚省、阿尔伯塔省及纽芬兰地区纷纷效仿。

为了鼓励全国所有省实行医院医疗服务的公共保险计划,1956 年联邦政府制定了《医院保险和诊断服务法》,规定对实行公共医院医疗服务体系的地区实行平均分摊医院的医疗和诊断服务费用的财政资助政策,按照 50% 的比例,由联邦和地区政府共同承担医院的医疗费用。这一有力举措促使尚未建立公共卫生保健体系的各省加快了建立卫生保健体系的步伐,至 1961 年全国所有省份都建立了公共卫生保健体系。③

1961 年萨斯喀彻温省制定了《医疗保健保险》,再次推动全民卫生体系的建立。该法禁止医生从病人处收取与政府相比更高的费用,引起了该省医务人员的不满并举行了长达 23 天的罢工。这场罢工还得到加拿大医学会的支持,加拿大医学会回到了从前政府强制保险只适用于特定低收入人群的立场,提议成立专门的皇家委员会调研此事。皇家委员会通过历时 3 年的调研,认为公共卫生保健制度的基础是医疗的需要而不是公民医疗费用的支付能力,并建议在

---

① Dominion – Provincial Conference on Reconstruction: Dominion – Provincial Submissions and Plenary Conference Discussions, Ottawa, August 1945, p. 33~36.

② M. G. Taylor, *Health Insurance and Canadian Public Policy*, 2d ed., Montreal: McGill – Queen's University Press, 1987, p. 102.

③ Sujit Choudhry, "The Enforcement of The Canada Health Act", 41 *McGill L. J.* 461, pp. 465~468.

全国实行综合、普遍的医疗保险。① 该建议得到联邦政府采纳。两年后，联邦政府制定了《医疗保健法》。

70年代末，两类直接医疗费用包括额外收费和使用费迅速上涨，威胁到医疗保健的获取。1979年，加拿大任命Emmett Hall为特别调查委员会主席，对当时加拿大医疗保健状况进行调查。一年后，Emmett Hall 在报告中指出，直接医疗费用破坏了医疗保健的合理享有。尽管省政府对自治权受到侵蚀表示不满，医疗工作者也认为自由受到直接侵犯，联邦政府还是采取强势态度，并于1985年制定了《加拿大卫生法》，对各省管理医疗保健的行为进行了进一步规定。

（二）卫生制度的主要内容

《加拿大卫生法》构建了全民医疗体系，是加拿大卫生领域最为重要的法律。其立法目的是"为了保护、促进、恢复加拿大居民的身心健康及为之提供无经济上或者其他阻碍的合理的卫生服务途径。"第7部分的五项标准，即公共管理、综合性、普遍性、便利性和可及性的规定最引人瞩目。必须达到这五项标准，省政府才能获得联邦政府的财政支持。

第一，公共管理标准。该标准是针对卫生保健的组织机构及其管理的规定。根据该规定，省级卫生保健保险计划必须由省政府当局任命或指定的管理机构在非盈利性基础之上管理与运作；管理机构的管理与运作直接对省政府负责；管理机构的财务往来账目必须接受省内依法享有审计权的部门审计。该准则在实践中的争议是能否指定私营机构从事卫生保健的管理与运作。不少学者认为，允许私营机构的加入违反《加拿大卫生法》或者至少与其精神相背，因为私营机构的加入会削弱了政府对卫生保健的调控力度。

第二，综合性标准。该标准着眼于卫生保健服务的内容，规定各省必须提供医院、医生及牙科医生的卫生保健服务，但不包括延伸的卫生保健服务。所谓医院、医生及牙科医生的卫生保健服务是指根据医学必需的门诊及住院服务，包括普通水准的以及医学特定要求的住宿和伙食服务；护理服务；实验、放射及和其他诊断及必要的解释服务；手术室、病案室及麻醉设施服务；放射性治疗设施服务；物理疗法设施服务及其他由医院员工提供的服务等。延伸的卫生保健服务是指与疗养有关的保健服务、成人的家庭保健服务以及流动性的

---

① Sujit Choudhry, "The Enforcement of The Canada Health Act", 41 *McGill L. J.* 461, pp. 466~467.

保健服务。由此可见，政府所提供的卫生保健服务的内容基本能满足个人的健康需求。

第三，普遍性标准。该标准明确了卫生保健服务的对象，要求各省的服务对象包括所有的居民，对新移民和原居住地是加拿大的归国人员设定了不超过三个月的等待期限。普遍性标准真正体现了加拿大是全民享有卫生保健服务的国家，这正是加拿大人常引以为豪的。

第四，便利性标准。该标准主要解决本国居民的自由流动的问题。该法规定，各省必须支付该省居民临时性离开本省在外省或者国外所花费的医疗费用。同时也规定，非急性病在接受服务之前应当征得本省管理机构的同意。由于加拿大是个自由迁徙的国家，居民的流动性很大，该准则较好地体现了便民原则。

第五，可及性标准。该标准为加拿大居民的卫生保健提供路径和经费保障。根据可及性标准，各省不能直接或间接地阻碍或排除被保险人接受医疗服务的渠道；各省应立法健全费用支付制度，及时向卫生保健服务提供者支付费用。此外，为了更好地体现卫生保健服务的通畅性，该法还设立了禁止使用者付费（User Charge）和额外账单（Extra-Billing）的制度。禁止使用者付费表明患者在接受政府提供的卫生保健服务过程中，不需要支付任何费用；禁止额外账单规定卫生保健服务提供者只能由政府支付费用，其不得向其他任何机构收取费用。

总之，通过《加拿大卫生法》等卫生制度，加拿大建立了全民卫生保健制度，为加拿大居民健康权的享有提供了立法保护。

### 三、健康权在加拿大的司法保护

尽管通过《加拿大卫生法》，加拿大构建了公益性的卫生制度，即政府在保护健康中起主导作用，医疗保健按需供应，与个人支付能力无关，但由于健康权在《加拿大权利和自由宪章》（以下简称宪法）中没有取得宪法地位，导致最高法院在健康权保护中表现出二元态度：一方面，最高法院对宪法第15条平等权的解释和适用可以为健康权提供一体化保护；另一方面，在某些情形最高法院的司法介入也会对政府的集体承诺产生限制。

### (一) 对健康权的一体化保护

当政府没有根据平等原则提供医疗保健服务时,最高法院可以通过《加拿大权利和自由宪章》第15条(1)对健康权进行保护。①

在 Eldrige v. British Columbia 案②中,加拿大最高法院最先确立了宪章第15条适用于健康权保护的立场。该案的基本案情是,年为45岁的已婚妇女 Eldridge 和 Warren 夫妇都是先天性聋哑患者。由于无法和医生进行正常沟通,Eldridge 和 Warren 夫妇在就医问题上存在很多交流障碍。显然,就医中的交流障碍可能导致误诊以及治疗失效,尤其是在手术过程中对身心健康的影响更加明显。③ 三人曾自费聘请手语人员陪同就医,但由于经济条件的限制,无法承担这种长期的费用。因此,Eldridge 和 Warren 夫妇认为不列颠哥伦比亚省侵犯了他们的平等权。最高法院认为,不列颠哥伦比亚省拒绝为聋哑患者提供手语翻译实质上是将弱势群体排除在正常医疗服务的对象范围之外,侵犯了聋哑患者在就医方面的平等保护权。

该案存在的问题并不涉及政府所提供医疗服务的范围,而在于不列颠哥伦比亚省拒绝提供口语翻译意味着聋哑人没有平等地享受到政府提供的公共福利。最高法院认为,不提供手语翻译对聋哑人有潜在性的不利影响,这种影响比初看起来更为深远。由于有效的沟通是获取医疗服务的基本条件,因此,拒绝为聋哑人支付手语翻译的费用实质上是歧视的体现。最高法院明确指出,"歧视会导致残疾人无法平等地享有政府提供的公共服务"。④ 因此,法院认为侵犯宪法第15条第1款。

实际上,成本效益原则仍然是法官们潜意识中的一个重要判断标准。法院认为提供手语翻译的费用不过为每年 150,000 加圆,仅占省医疗财政开支的 0.0025%。该数额显然不能为政府的不作为提供正当理由。⑤ 因此,法院裁决

---

① 第15条(1)规定,每一个人在法律面前和法律之下一律平等,并且享有平等的法律保护和平等的权益,不受歧视,特别是不受基于种族、民族出身或者肤色、宗教、性别、年龄或者身心缺陷的歧视。如果政府侵犯了公民的平等权,没有基于平等原则提供医疗保健,那么法院可以要求政府采取积极行动,提供医疗服务。
② *Eldrige v. British Columbia* (Attorney General), 1997 CanLII 327 (S. C. C)
③ Warren 女士早产生下一对双胞胎,其丈夫称,由于没有翻译,手术过程中只能打手势,非常危险。
④ *Eldrige v. British Columbia* (Attorney General), 1997 CanLII 327 (S. C. C), para. 78.
⑤ *Eldrige v. British Columbia* (Attorney General), 1997 CanLII 327 (S. C. C), para. 87.

政府提供手语翻译服务。

Eldridge 案在加拿大人权保护中具有里程碑的意义。① 该案确立了政府应采取积极行动，确保残疾人平等地享有政府所提供的公共服务的原则。自最高法院1997年作出判决到2007年底这10年间，该案所确立的原则先后被188个案例援引。② 但是 Eldridge 裁决并不意味着，凡是政府不提供医疗服务就侵犯了宪法第15条所保护的平等权。

在 Auton v. British Columbia 案③中，法院确立了相反的原则。Auton 等4名患有孤独症（autism）的儿童及其父母诉省政府拒绝资助一项为3岁到6岁儿童提供特殊治疗的项目违反宪章保护的平等权。该案涉及的问题是对于超出《加拿大卫生法》以及医院核心服务以外的特别医疗服务，省政府是否有义务提供。④ 对此，加拿大最高法院奉行司法节制主义，指出"每个人都为上诉人的不幸寄予深切同情，但国家公共卫生体制应提供何种医疗服务这不属于法官的职责范围，是议会和立法机构的事情"。⑤ 法院认为，法官的职权在于对政府行为是否构成歧视并违反宪法第15条作出裁决。

Auton 案中，尽管申述人最终败诉，但他们取得了道德上的胜利，并最终影响了政府卫生政策。最高法院明确指出，政府在促进孤独病患者的治疗上的行动缓慢。⑥ 这实际上同南非治疗行动组织案中，南非宪法法院通过时间标准审查政府行为的合理性如出一辙。早在该案判决之前，政府就已经对 Auton 案作出了积极的回应，实施了"孤独病治疗行动方案"以及"孤独病治疗行动实施方案"两个方案。⑦ 可见，尽管法院在面对卫生政策立法时奉行司法节制

---

① Eldridge v. British Columbia (Attorney General), 1997 CanLII 327 (S. C. C), para. 89.
② http：//www.canlii.org/eliisa/noteUpSearch.do? origin = /en/ca/scc/doc/1997/1997canlii327/1997canlii327.html&translatedOrigin = /fr/ca/csc/doc/1997/1997canlii327/1997canlii327.html&language = en&searchTitle = 1997%20CanLII%20327%20 (S. C. C.), 2008年1月31日登录。
③ Auton (Guardian ad litem of) v. British Columbia (Attorney General), 2004 SCC 78 (CanLII).
④ Auton (Guardian ad litem of) v. British Columbia (Attorney General), 2004 SCC 78 (CanLII), para. 1.
⑤ Auton (Guardian ad litem of) v. British Columbia (Attorney General), 2004 SCC 78 (CanLII), para. 2.
⑥ Auton (Guardian ad litem of) v. British Columbia (Attorney General), 2004 SCC 78 (CanLII), para. 58.
⑦ Auton (Guardian ad litem of) v. British Columbia (Attorney General), 2004 SCC 78 (CanLII), para. 59.

主义，对政府提供何种医疗服务保持节制态度，但是法院仍然对政府的最终行为仍具有潜在影响。

上述两个案例从不同的角度揭示了健康权通过宪法得到保护的途径。尽管加拿大宪法没有健康权，加拿大人仍可以通过公民和政治权利来推动医疗体制的完善。即使健康权不是宪法权利，其社会地位仍不可忽视。如同加拿大学者Ries 所言，健康权保护的权利路径不仅可作为防止政府侵犯的"保护盾"，而且可成为迫使政府不断改进卫生制度的"长矛"。①

（二）对集体健康承诺的限制

尽管健康权可以通过受宪法保护的公民权利和政治权利得到一体化保护，二者之间也可能产生冲突。据统计，从 1985 年到 2002 年期间，共有约 33 件对政府健康政策构成影响的案件被提交到最高法院，1/3 案件获胜。② 尽管案件总数和成功率不高，但《加拿大卫生法》中所规定的各省义务仍有很大影响。其中，Waldman v. British Columbia 案③和 Chaoulli v. Quebec 案④尤为典型。下面以这两个案件为代表，阐述最高法院对集体健康承诺产生的限制。

1999 年 Waldman v. British Columbia 案中，法院确立了受宪法保护的个人迁徙权优于集体健康承诺的原则。该案涉及到不列颠哥伦比亚省制定的《医生执业管理规定》。为了控制医疗费用、促进乡村地区医疗服务的可及性，不列颠哥伦比亚政府对医生执业设置了经济障碍。⑤ 根据该规定，外省医生到不列颠哥伦比亚省城市内执业，需接受一定经济限制，而现有执业者或正在不列颠哥伦比亚省接受医生执业训练的人员则不受该限制。⑥

尽管该规定有助于提高健康权的地理可及性和经济可及性，但不列颠哥

---

① N. M. Ries, "Legal Rights, Constitutional Controversies, and Access to Health Care: Lessons from Canada", 25 *Med. & L.* 45, (2006), p. 51.
② Donna Greschner, "The Commission on the Future of Health Care in Canada", *Discussion Paper No. 20*, "How Will the Charter of Rights and Freedoms and Evolving Jurisprudence Affect Health Care Costs? (2002)" at 1~2, 5, available at http://www.hc-sc.gc.ca/english/pdf/romanow/pdfs/20_ Greschner_E.pdf, 2007 年 10 月 5 日登录。
③ Waldman, [1999] D. L. R. (4th).
④ *Chaoulli v. Quebec (Attorney General)*, 2005 SCC 35 (CanLII).
⑤ Waldman, [1999] D. L. R. (4th) 321.
⑥ Waldman, [1999] D. L. R. (4th) 328~29.

比亚法院认为，该规定违反了宪法第6条迁徙权规定。① 法院认为，迁徙权旨在保护加拿大公民在加拿大内根据个人能力受到对待而不受政府政策目标的限制。该案不涉及《医生执业管理规定》的合理性，而是政府的集体健康承诺与受宪法保护的个人迁徙权何者优先。由于集体健康承诺没有宪法依据，法院废除了不列颠哥伦比亚省制定的措施，命令该省采取其他政策实现目标，但不能侵犯医生的迁徙权。实际上，这已是第3个省所颁布的促进乡村居民医疗可及性规定被裁决违反宪法的判例。②

2005年Chaoulli v. Quebec案的社会影响更大。该案不仅反映了受宪法保护的政治权利和公民权利对集体健康承诺的限制，而且由于最高法院在该案中废除了对私人医疗保险的限制，可能导致对加拿大全民医疗体制的全面影响。该案上诉人是73岁的蒙特利尔商人George Zeliotis和他的医生Chaoulli。Zeliotis需要做髋关节替换手术，在等候了一年之后，Zeliotis和Chaoulli一起向法院提起诉讼。他们认为，魁省的法律禁止私营诊所，但是在公立医院里候诊时间如此漫长，人们要忍受那么多痛苦才能得到治疗，这已经违背了受宪法保护的个人生命、自由和安全权。上诉者认为个人有权到私人医院看病。最高法院的7位法官作出裁决，以4对3判决原告胜诉。4位法官认为，个人获取髋关节手术的利益与维持单一医疗体制的集体利益相比，前者具有优先性。

该案的主要争议在于，魁北克省外科手术的等待时间问题究竟是政府的职权还是法院的管辖范围。对此，多数派承认医疗体制以及等待时间是政治问题，目前存在激烈的争论，但认为在政府明显失败的情况下，法官有义务进行干预。③

Deschamps法官非常谨慎地指出，"制定社会政策是立法机构的权限，但如立法机构制定的社会政策侵犯了宪法保护的公民权利，那么法院就不能袖手旁观"。④ 长期以来，政府在解决就医等待问题上表现出消极的不作为态度。漫长的就医时间对公民的生命权构成威胁，因此，原告有权利通过司法途径来

---

① 根据《加拿大权利和自由宪章》第6条，每个加拿大公民和取得加拿大永久居民身份的人有权在任何省谋生。
② Aharon Barak, "Foreword: A Judge on Judging: The Role of a Supreme Court in a Democracy", 116 Harv. L. Rev. 16, 25~26, 32 (2002), p.326. Mia v. Med. Servs. Comm'n of B. C., [1985] 17 D. L. R. (4th) 385; Wilson v. Med. Servs. Comm'n of B. C., [1989] 53 D. L. R. (4th) 171.
③ Chaoulli v. Quebec (Attorney General), 2005 SCC 35 (CanLII), paras. 183~85.
④ Chaoulli v. Quebec (Attorney General), 2005 SCC 35 (CanLII), paras. 89.

保护自身的权利。省政府拒绝私人医疗保险体制不具有合法性。

McLachlin 法官认为，原告并没有要求政府增加医疗保健开支，也没有要求缩短等待时间，他们只是认为全民医疗体制下过长的等待时间威胁到他们的健康和安全，因此，要求允许他们将保险用于私人医疗服务的获取。

该案的重要性在于它对加拿大全民医疗体制以及健康权的影响。最高法院废除了对私人医疗保险的限制。一方面，这可能会导致双轨制的建立，并因此对集体健康承诺产生威胁；另一方面，当国家卫生资源不能满足公众需求之时，是否应该允许市场力量的进入。笔者认为，市场资金的进入究竟是削弱还是增强健康权不能一概而论，应该按照卫生服务的可及性、经济可及性和地理可及性等标准进行考察。尽管上述问题仍然存在争议，值得关注的是，加拿大学界由此出现的要求健康权入宪的呼声。学者认为，由于缺乏宪法保护，自21世纪以来，新自由主义对加拿大人享有健康权的威胁日益突出，只有在宪法中明确规定健康权，才能抵制新自由主义带来的威胁，保障加拿大人民健康权的充分享有。① 有必要提出，该案也反映了个人健康权与集体健康承诺之间的冲突。Deschamps 法官曾指出，"限制享有医疗保健侵犯个人神圣不可侵犯的权利，但这种限制并不构成对经济权利的侵犯"。② 同时她又声称，政府在医疗保健中负有积极义务。③

总之，加拿大健康权保护的研究证明了健康权入宪的必要性。尽管加拿大制定了全面、综合的卫生制度，在市场力量侵蚀下，缺乏宪法保护的健康权仍然会受到削弱。

## 第三节　美国健康权保护

美国是唯一没有批准《经济、社会和文化权利公约》的西方发达国家，④但国际经济、社会和文化权利运动对美国仍有广泛影响，关于是否应该确立健

---

① Tamara Friesen, "The Right to Health Care", *Health Law Journal*, vol. 9, 2001, pp. 205~222; Martha Jackman, "Constitutional Jurisdiction over Health in Canada", *Health Law Journal*, vol. 8, 2000, pp. 95~110.

② Chaoulli (S. C. C.), supra note 1 at 817.

③ Chaoulli (S. C. C.), supra note 1 at 841.

④ 美国拒绝签署是《经济、社会和文化权利公约》的最大障碍，这也正是本书选择美国作为健康权国家保护对比研究的原因。

康权的是非争论从 20 世纪一直持续到 21 世纪。① 自南非健康权判例之后，越来越多的美国学者认为美国应确立健康权。② 民间要求确立健康权的呼声也日益增强。③ 美国历史上是否有健康权？20 世纪健康权在国际范围得到广泛承认，美国为什么对此持否定态度？进入 21 世纪后，美国国内情况有何变化？美国国内健康权保护现状如何？本节针对上问题进行系统分析研究。

### 一、制宪前后美国对健康权的态度转向

（一）制宪前

美国学者认为，在美国历史上曾有过一个短暂的时期承认健康权。④ 签署美国宪法之前，保护健康和提供医疗保健曾被视为当地和州政府的责任。如弗吉尼亚州 1777 年曾修改法律，规定州政府应为无钱治疗天花的所有人承担费用。⑤

立宪前的省政府普遍将健康视为一种权利，主要是受英国法律的影响。根据英国法律，政府有保护公共健康的义务。英国法包括个人健康的维护权，公共健康是英国法律的必要成分，也是传统成分。早期的美国卫生法继承了英国

---

① 有必要指出，美国国内多用医疗保健权（right to health care）一词，也常使用健康权。本节除特别指出，不做具体区分。

② 参见：Puneet K. Sandhu, "A Legal Right to Health Care: What Can the United States Learn from Foreign Models of Health Rights Jurisprudence", *California Law Review*, August, 2007, p. 1151; Marcela X. Berdion, "The Right to Health Care in the United States: Local Answers to Global Responsibilities", *SMU Law Review*, fall, 2007, p. 1633; Eleanor D. Kinney, "The International Human Right To Health: What Does This Mean For Our Nation and World?" *Indiana Law Review*. 2001, vol. 34., p. 1459.

③ 参见：Jim Brunner, "Ballot in Seattle to Contain Statement on Health", The Seattle Times, Sept. 7, 2005, at B2; Press Release, CQ Transcriptions, "Seattle Votes for a Right to Health Care" (Dec. 7, 2005), available at 2005 *WLNR* 19730701; Jon Cohen, "3 Million Uninsured: A Crisis; It is Time for New York to Step up to the Growing Challenge of Health Care Reform", *Newsday*, May 12, 2005, at A47; Becca Stevens & Charles Strobel, "Join Our Fast for the Sake of Poor and Ill Tennesseans", *The Tennessean*, Mar. 1, 2006, at 13A; Kirsten Stewart, "Activists Say Give Health Care to All", *The Salt Lake Tribune*, July 10, 2006.

④ Jason B. Saunders, "International Health Care: Will The United States Ever Adopt Health Care For All? A Comparison Between Proposed United States Approaches To Health Care And The Single - Source Financing Systems of Denmark and Netherlands", 18 *Suffolk Transnat'l L. Rev.* 711, Summer, 1995, p. 2.

⑤ See Wendy E. Parmet, "Health Care and the Constitution: Public Health and the Role of the State in the Framing Era", 20 *Hastings Const. L. Q.* 267, p. 301.

法律的风格，承认健康是一种权利。①

社会契约理论也在一定程度上影响了美国对健康权的态度。早期美国史上，社会契约理论曾一度盛行。根据社会契约理论，政府为公民提供保护，以换取公民的服从。与自由放任主义不同，社会契约理论在公民权利和政府义务之间假定了一种互惠关系。制宪者们认为，根据社会契约理论，政府有义务保护公众健康，包括穷人的健康。②

正是由于州层面已经存在这种互惠性质的义务，而且根据州自治的要求、联邦主义以及当时的地方政策，宪法起草者没有在宪法中对医疗保健作出规定；但美利坚合众国的缔造者们认为，州政府有义务保护公共健康，保护公共健康是公共义务，而非私人义务。③

（二）制宪后

宪法批准之后，走上工业化道路的美国政府角色明显改变。社会契约理论向资本主义和自由市场经济低头。自由放任主义的出现进一步促成了管制的废除。如18世纪受到严格管理的药品，从19世纪中期开始普遍被放松了规制。医疗保健不再被视为政府义务，而逐渐演变为特权或商品。④

当消极权利，保护个人自由和权利不受侵犯在美国哲学中大行其道，积极权利如社会福利权的重要性也就因此式微。Park 曾经指出，"美国宪法权利被限制在消极权利，仅对防止政府权利滥用提供保护，而不对政府施加积极义务，保护个人的基本需要"。⑤ 在洛克纳时代（1905~20世纪30年代），最高法院以自由资本主义、契约自由以及财产自由为名，奉行司法能动主义，宣布

---

① See Wendy E. Parmet, "Health Care and the Constitution: Public Health and the Role of the State in the Framing Era", 20 *Hastings Const. L. Q.* 267, pp. 284~85.

② See Wendy E. Parmet, "Health Care and the Constitution: Public Health and the Role of the State in the Framing Era", 20 *Hastings Const. L. Q.* 267, pp. 326.

③ See Wendy E. Parmet, "Health Care and the Constitution: Public Health and the Role of the State in the Framing Era", 20 *Hastings Const. L. Q.* 267, pp. 320~321.

④ Jason B. Saunders, "International health Care: Will The United States Ever Adopt Health Care For All? A Comparison Between Proposed United States Approaches To Health Care And The Single - Source Financing Systems of Denmark and Netherlands", 18 *Suffolk Transnat'l L. Rev.* 711, Summer, 1995, p. 2.

⑤ See Ann I. Park, "Comment, Human Rights and Basic Needs: Using International Human Rights Norms to Inform Constitutional Interpretation", 34 *UCLA L. Rev.* 1195, (1987), p. 1205.

联邦和州政府的社会福利立法违宪。①

社会契约理论从此不再适用于医疗保健。尽管从罗斯福总统开始,包括杜鲁门、尼克松和卡特在内的历届总统力图建立全民医疗体系,但最终都被国内强大的利益集团挫败。医疗保健的经济利益驱动,使得平等主义者重建卫生市场遭到最强势的阻力。②

## 二、20世纪美国健康权保护的是非之争

20世纪60年代以来,伴随着人口老龄化和医疗费用的激增,美国政界和科学界就是否应该确立健康权,开始了一场为期数代的争论。③ 这场辩论除有否定和肯定双方以外,政府态度矛盾,反映了健康权问题的复杂性,涉及政治、经济以及国内国际等多重因素。

### (一) 否定派的争论

在这场论辩中,否定派包括部分哲学家、经济学家和卫生专家。他们偏好于从意识形态和经济角度审视健康权问题,反对增加国家的义务,认为健康应由个人负责。如 Thomas J. Bole 认为医疗保健权一词带有浓厚的"社会主义"导向。他认为,医疗保健权可能会导致对个人资源的强制性的重新分配以及对财产权的限制,一些人的财产会被用于促进他人医疗保健。④ Janet O'Keeffe 质疑在医疗卫生改革中使用权利语言的有效性,指出尽管权利语言十分盛行,但权利问题很少在筹资决策的政治层面被提及。⑤ 长期从事穷人医疗服务工作

---

① *Jackson v. City of Joliet*, 715 F. 2d 1200, 1203 (7th Cir. 1983); *Bowers v. DeVito*, 686, F. 2d 616, 618 (7th Cir. 1982).

② Rand E. Rosenblatt, "The Courts, Health Care Reform, and the Reconstruction of American Social Legislation", 18 *J. Health Pol. Pol'y & L.* 439, (1993), p. 441.

③ 1983年,美国总统成立了"关于医学和生物医学中的伦理问题以及行为研究的总统委员会",对健康权的确立问题进行了研究。1992年,美国最大的科学团体"美国科学促进会"专门组织了是否应该确立医疗保健权的咨询会。美国科学促进会的官方杂志《科学》(*Science*)是全球发行量最大的科学杂志,也是全球最权威的科学刊物之一,影响因子高达30多分。美国科学促进会组织了这场医疗保健权的研讨会,从一个侧面反映了该问题的重要性。

④ Thomas J. Bole, III, "The Rhetoric of Rights and Justice in Health Care" in Thomas J. Bole, III and William B. Bondeson, eds., *Rights to Health Care*, Boston: Kluwer, 1991, pp. 1~22.

⑤ American Association for the Advancement of Science (AAAS), Consultation on the Right to Health Care, Summary and Assessment, Session III, Washington D. C., Dec. 4, 1992.

的 H. Jack Geiger 也认为医疗保健权在美国没有实践价值，这种争论只会导致注意力的分散。①

否定派的另一理由根源于传统的美国传统价值观。传统美国价值观珍视个人自由，反对国家干预。在传统价值观基础上建立的美国权利观认为，消极的权利才是真正的人权。路易斯亨金对这种权利观进行概括，指出"美国的权利理论支持的是那些源于个人自由和自治并为它们进行维护的权利，而不是那种向社会所提出的、要为个人做些其自身无法去做之事的要求"。②

否定派反对加大国家义务，认为个人应该对健康负责。在 1983 年总统委员会发布《享有医疗保健的保证》报告中可以清楚看到，尽管报告认为，社会对保证医疗保健的平等负有义务，应确保所有公民在无需过分负担情况下都能享受充分的医疗保健，但仍明确指出"这种义务最好采用道德义务的形式"，并表示"决定不采用确立医疗保健权的方式来实现这种平等性"。③ 即使是以"救死扶伤"为天职的卫生专家涉及医疗服务中的根本原则问题时，也爱沿用传统的"平等"、"正义"之词而不是"权利"。④

（二）肯定派的观点

肯定派主要包括宗教团体和非政府组织。1981 年，美国天主教主教在其公开发布的牧师信中指出，无论个人的经济、社会和法律地位如何，都有获得充分医疗保健的基本权利。⑤ 颇为知名的全国性组织灰豹党（SF Gray Panthers）一直将"医疗保健是一种权利"作为其关注医疗卫生服务改革的口号。⑥

政治人物积极主张健康权的也大有人在。哈里斯·沃福德（Harris Wof-

---

① AAAS, Consultation on The Right to Health Care, Assessment and Summary, Session I, Washington, D. C. , September 18, 1992.

② Lousi Henkin, "Economic – Social Rights as 'Rights': A United States Perspective", *Human Rights Law Journal*, vol. 2, 1981, p. 228.

③ *President's Commission for the Study of Ethical Problems in Medicine and Biomedical and Behavioral Research*, Securing Access to Health Care, Washington, D. C. : Government Printing Office, 1983, vol. 1, p. 4.

④ Leary V A, *Defining the Right to Health Care*, Georgetown University, 1994, p. 89.

⑤ U. S. Catholic Conference, " Health and Health Care", 1981, cited in Jose Lozano, M. C. , " Health Care in the United States and Social Teachings of the Catholic Church," Physicians for a National Health Program newsletter, October 1991, pp. 2 – 3.

⑥ 该组织旨在维护老年人权利，详情可参见其网站：http://graypantherssf. igc. org/，2007 年 10 月 28 日登录。

ford)是首个积极呼吁健康权的政治人物。曾任肯尼迪总统民权政策特别顾问的哈里斯·沃福德一直是民权运动的倡导者。1991年,他在参加美国参议员竞选时将民权的焦点转向健康权,大力倡导健康权的确立。他抨击了当时的美国医疗保健制度,表达了民众对医疗服务体制改革的强烈呼吁。媒体评论员认为,哈里斯之所以能成为30年来宾夕法尼亚州首位当选为美国参议员的民主党人,成功关键就是宣扬所有美国人都有权享受医疗保健。在竞选词中,他指出,"如果罪犯有权请律师,人们为什么没有看医生的权利?"① 这段话被广为引用。之后许多政治人物都意识到健康权的确立代表着广大民众的切身需要,强调"医疗保健是一种权利而非特权"②。

(三)政府矛盾态度

探析美国政府对健康权的立场会发现其前后不一致的矛盾态度。在国际上,1941年,正是美国总统富兰克林罗斯福的四大自由言说促进了对经济、社会和文化权利的承认。他所提倡的"免于匮乏的自由"为国际条约中承认社会、经济和文化权利铺平了道路。美国还曾专门就《经济、社会和文化权利公约》第12条提出修正案,认为健康不仅是没有疾病,而且是一种身体、精神和社会完好状态。③ 然而美国却是唯一没有签署《经济、社会和文化权利公约》的西方发达国家。在美国国内,早在1952年,美国"全民健康总统委员会"的官方报告中就明确提出,"享有实现和维持健康的设施是一项基本人权";而1983年相关总统委员会的报告《保护全民健康》却表达了完全不同的立场。④

美国政府的矛盾态度后蕴含着深刻的政治因素。Brody作为《保护全民健康》前期主要起草成员,揭示了报告背后的政治根源。1980年,里根取代卡特成为第40届总统后,起草委员会成员发生重大更换,里根派取代卡特派并推翻了先前肯定健康权的观点。Brody认为,委员会对"医疗保健权"和"提供医疗保健的义务"加以明确区别并表示截然相反态度的做法不合逻辑,而

---

① See, inter alia, The Economist, November 16, 1991, 27.
② Congressman John J. LaFalce, " A Special Report, The Issue: Health Care in America," September 1991.
③ Carlo V. DiFlorio, "Assessing Universal Access to Health Care: An Analysis of Legal Principle and Economic Feasibility", 11 Dick. J. Int'l L. 139, 139 (1992), pp. 143~144.
④ President's Commission for the Study of Ethical Problems in Medicine and Biomedical and Behavioral Research, Securing Access to Health Care, (Washington, D. C.: Government Printing Office, 1983), vol. 1, p. 4.

"这种逻辑错误可能是出于当时历史背景下的政治策略考虑，因为里根政府并不赞成国际人权法中的经济和社会权利"。① 里根政府正处于冷战时期，在任期间强调发展军事，忽视政府在福利中的作用。在国际问题上，提出战略防御计划，对苏联采取强硬政策；对内主张缩减政府规模和权力，减少税收，削减社会福利。里根上任导致委员会对健康权态度的全面转向，表明国际政治形势对健康权国家保护有着重大影响。

通过上述分析可以看出，美国对健康权的争论中既受到传统权利观的影响，也有国内经济要素的考量，而最深刻的影响源于国际形势下国家价值的衡量。受冷战影响，美国国家价值的重点在于安全而非福利，因此，健康权作为个人福利的重要构成被掩盖在国际安全的阴影之下。

### 三、美国健康权保护的现实状况

#### （一）全球层面：不承认健康权

尽管诸多国际人权条约都包含健康权规定，但美国只签署而没有批准 ICESCR 以及有关妇女和儿童的两个公约。② 不仅如此，即使美国批准了条约，仍有许多保留，而且国际法不能在美国自动实施。下表列出健康权的国际条约列表及美国的签署和批准情况。

**美国签署和批准包括健康权的主要国际人权文件表**

| 文件 | 签署 | 批准 |
| --- | --- | --- |
| 联合国 | | |
| 世界人权宣言（非条约） | 是 | 否 |
| 世界卫生组织宪章 | 是 | 是 |
| 公民和政治权利公约 | 是 | 是（92/6/8） |
| 经济、社会和文化权利公约 | 是（77/10/5） | 否 |
| 消除一切形式种族歧视公约 | 是 | 是（94/10/21） |

---

① Baruch A. Brody, " Policy Debate and the Right to Health Care" in Thomas J. Bole, III and William B. Bondeson, eds. , *Rights to Health Care*, Boston: Kluwer, 1991, p. 117.

② Kinney E D, "The International Human Right To Health: What Does This Mean For Our Nation and World?" *Indiana Law Review*. 2001, vol. 34, p. 1463.

美国批准国际人权条约情况如此复杂的主要原因在于国际人权条约不同于其他类型的国际法，强调对签署国国内政策的干涉。尽管二战后美国在国际人权运动中发挥着积极的作用，但由于南部参议员担心种族歧视问题会引起国际人权法界的详细审查，参议院批准步骤逐渐放慢。

政治意识形态斗争对于美国不同总统时期对国际人权的态度也有着重要影响。从前述美国健康权司法保护的是非之争中可以看出，1983年"关于医学和生物医学中的伦理问题以及行为研究的总统委员会"发布的报告《保护全民健康》直接因为总统的换届导致立场的改变。①

### （二）联邦层面：有限的健康权

通说认为，美国联邦宪法有一般福利规定，②但没有福利权。③美国最高法院也不承认健康权是一种宪法权利。④如 Maher v. Roe 案中，法院就认为宪法没有赋予国家支付任何穷人医疗费用的义务。⑤但是，从美国宪法中可以推演出一种有限制的健康权的存在。这种限制表现在享有健康权的人群范围和健康权的内容两个方面。

从享有健康权的人群看，特定群体包括老年人、残疾人、穷人、犯人或患有晚期肾病的人可能因为其法律地位或健康状况，享有一定健康权。⑥根据宪法第8修正案，犯人享有不受残酷的以及不同平常的惩罚的权利；如果被囚禁的人没有得到一定的医疗保健，则被认为侵权。⑦因此，犯人可以获得有限的健康权。1965年，在国内民权运动勃兴、克林顿总统的"向贫穷宣战"口号和约翰逊总统的"伟大社会"纲领导引下，《医疗照顾》（Medicare）和《医疗援助》（Medicaid）两个法案赋予更广泛人群以健康权。如根据联邦法令《医疗照顾》规定，65岁以上没有社会保险的老年人、永久性残疾人和晚期肾病患者有权参加医疗保险，得到医疗照顾资金。⑧另一个联邦计划《医疗援

---

① Baruch A. Brody, " Policy Debate and the Right to Health Care" in Thomas J. Bole, III and William B. Bondeson, eds. , Rights to Health Care, Boston: Kluwer, 1991, p. 117.

② See U. S. CONST. art. 1, § 8, cl. 1.

③ 胡敏洁、宋华琳："美国宪法上的福利权论争"，《政治与法律》，2004年第4期，第32页。

④ Barry R. Furrow, Health Law, § 10 ~ 1 (2d ed. 2000).

⑤ *Maher v. Roe*, 432 U. S. at 469 (1977).

⑥ Leslie P. Francis, "Legal Rights to Health Care at the End of Life", *JAMA*. 1999; 282: 2079.

⑦ *Estelle v gamble*, 429 US 97 (1976).

⑧ USC § §1395rr (1994).

助》，向低于联邦收入贫困线以下 1/3 的家庭、长期需要政府救济的穷人以及贫困的孕妇和儿童等提供医疗补助。此外，《紧急医疗和积极劳工法案》（EMTALA）还对因紧急状态需要医疗救助的人提供帮助，以防止病人倾销现象（patient dumping）。①

从健康权的内容看，可以推断出美国联邦宪法包括作为自由的健康权。2000 年，联合国人权事务委员会《第 14 号一般性意见》对健康权进行了扩展性解释，指出"健康权既包括自由，也包括权利。自由包括掌握自己健康和身体的权利，包括性和生育上的自由以及不受干扰的权利，如不受酷刑、未经同意强行治疗和实验的权利"。②

（三）州层面：积极健康权规定

美国部分州的宪法明确承认健康权。如成立时间最晚的阿拉斯加州和夏威夷州都有相关条款，规定立法机构或州政府必须促进和保护公共卫生。③ 有"平权之州"之称的怀俄明州也包括类似规定立法机构积极义务的条款：健康和道德对个人的福利以及州的和平和永久是必需的，立法机构有义务保护和促进这些关键利益。④ 同样，南卡罗来纳州宪法认为健康是公共问题，"本州人民的健康和自然资源的保护是公共问题"⑤。蒙大拿州宪法的规定最为突出。该州宪法措辞最为坚决，明确规定健康权是一种积极义务、不可分割的权利：所有人生来平等，具有相应的不可分离的权利。这些权利包括干净和健康的环境权，通过一切合法的方式追求生活必需品权，享受和保护生命和自由权、财产权和寻求安全、健康以及幸福的权利。享受这些权利的同时，所有人必需意识到相应的责任。⑥

此外，美国州和联邦政府都有促进公共健康的措施以及为弱势群体提供医疗覆盖的措施。尤其是州通过警察权（police power），联邦政府通过宪法来促进总体福利以及资助了公共项目和立法措施来保护和促进公共卫生。⑦

---

① Emergency Medical Treatment and Active Labor Act. 42 USC § §1395dd（supp1999）.
② General Comments：No. 14, UN Committee on Economic, social and Cultural Rights E/C. 12/2000/4, 11/08/2000, para. 8.
③ See ALASKA CONST. art. Ⅶ, § 5; HAW. CONST. art. Ⅸ, § 1.
④ WYO. CONST. art. 7, § 20.
⑤ See S. C. CONST. art. Ⅻ, § 1.
⑥ MONT. CONST. art. Ⅱ, § 3（emphasis added）.
⑦ See Lawrence O. Gostin, *Public Health Law*：*Power*, *Duty*, *Restraint*, 25～59（2000）.

### 四、21世纪美国健康权保护的发展趋势

健康权在美国宪法和权利法案中的"真空"曾导致法学研究者和律师在 20 世纪论辩中的缺位,① 受国际经济、社会和文化权利运动以及美国国内当前的社会基础影响,近年来美国法律界对健康权的漠视态度有所转变,传统个人自由观也在发生改变。

(一) 健康不平等现实

健康不平等现象在美国非常突出。据统计,2004 年,4600 万美国人(老年人除外),包括 900 万儿童没有享受医疗覆盖。② 少数民族的未保险率相当高:17% 亚裔美国人、21% 非洲籍美国人和 32% 西班牙人没有医疗保险,而没有医疗保险的白人只占 11.3%。大量人群缺乏医疗保险给社会带来严重损失。③ 据统计,每年死亡率和早产率上升给未保险人群带来 650 亿至 1300 亿美元的损失。④

近年来美国没有医疗保险的人数呈上升趋势。据路透社 2007 年 9 月 20 日报道,美国人口普查局称,2006 年全美没有医疗保险的人数为 4700 万。而美国家庭组织称,实际上,在 65 岁以下的美国人中,有近 9000 万人在 2006 年到 2007 年之间(或其中某些时间段)没有医疗保险,占总数的 34.7%,其中 19 岁至 29 岁的年轻人有 1000 多万无医保。在得克萨斯州没有医疗保险的比例高达 23.8%,亚利桑那州为 20.6%,佛罗里达州为 19.7%,佐治亚州为 19%。2006 年,美国普通家庭的医疗保险费比 2005 年上涨了 7.7%,达 11480 美元,在享受医疗保险的人口中,由公司提供保险的只占 59.7%,比上一年

---

① 许多法律学者广泛关注医疗服务问题,但并不关注医疗保健权这一概念。哈佛法律学院教授查理斯·弗莱德是少数写过医疗保健权的法学教授之一。转引自:Leary V A, Defining the Right to Health Care, Georgetown University, 1994, p. 89. 这一局面在之后并没有改变。

② Carmen DeNavas - Walt et al. , U. S. Census Bureau Current Population Reports, Income, Poverty, and Health Insurance Coverage in the United States: 2004, 16 (2005), available at http: //www. census. gov/prod/2005pubs/p60 ~ 229. pdf; Kaiser Commission on Medicaid and the Uninsured: Key Facts, November 2005, http: //www. kff. org/uninsured/upload/The - Uninsured - and - Their - Access - to - Health - Care - Fact - Sheet - 6. pdf.

③ DeNavas - Walt et al. , supra note, at 16 ~ 17.

④ Committee on the Consequences of Uninsurance, Institute of Medicine. Hidden Costs, Value Lost: Uninsurance in America 110 ~ 11 (2003), available at http: //books. nap. edu/catalog/ 10719. html.

降低了 0.3 个百分点。同时,家庭收入达不到贫困标准而没钱看病的人口,从 1998 年的 4.2% 上升到 2006 年的 5.8%。①

2002 年,美国著名医学社会学家威廉·C·科克汉姆从社会学视角揭示了传统个人自由观在实现健康保护上的失效。他认为,健康问题已经超出个人的控制,社会对医疗保健承担责任的做法反映了社会对其成员的基本态度。医疗保健应作为全体人类的一种基本社会权利,不论他们的生活状况和经济地位如何。② 科克汉姆的观点给予那些崇尚个人自由、只承认公民和政治权利的人们以有力的还击。

(二) 各州的改革期待

在强大的国际和国内压力下,对扩大医疗保健覆盖率的倡议引发了 21 世纪广大美国民众对健康权的再次关注。据 2005 年民意调查显示,66% 的西雅图选民认为"每个居住在美国的人都应该享有健康权","国会应该立即立法对健康权进行保护";③ 同年在纽约州,某评论员倡议对州宪法进行修改,以"保护每个居民的基本医疗权利";④ 2006 年 3 月,田纳西州忠诚社团(faith community)成员进行了为期三天的禁食行动,倡导保护穷人的健康权;⑤ 2006 年夏天,犹他州的保护穷人倡导者开始分发请愿书,请求修改州宪法,"为所有公民提供必要的医疗保健"。⑥ 最引人注目的是,2006 年 7 月马塞诸塞州召开了宪法大会审查一项动议宪法修正案,该案要求为所有居民设立健康权。⑦

尽管,目前美国宪法仍不承认健康权,但各州的民意调查、评论员、社团以及法律委员会对健康权的倡导正在美国形成一种巨大的政治压力,迫使美国

---

① 国务院新闻办公室:《2007 年美国的人权记录》,2008 年 3 月 13 日发布。

② [美] 威廉·科克汉姆著、杨辉等译:《医学社会学》,北京:华夏出版社 2000 年版,第 153 页。

③ Jim Brunner," Ballot in Seattle to Contain Statement on Health", *The Seattle Times*, Sept. 7, 2005, at B2; Press Release, CQ Transcriptions, " Seattle Votes for a Right to Health Care" (Dec. 7, 2005), available at 2005 WLNR 19730701.

④ Jon Cohen, " 3 Million Uninsured: A Crisis; It is Time for New York to Step up to the Growing Challenge of Health Care Reform", *Newsday*, May 12, 2005, at A47.

⑤ Becca Stevens & Charles Strobel, "Join our Fast for the Sake of Poor and Ill Tennesseans", *The Tennessean*, Mar. 1, 2006, at 13A.

⑥ Kirsten Stewart, "Activists Say Give Health Care to All", *The Salt Lake Tribune*, July 10, 2006.

⑦ Puneet K. Sandhu, "A Legal Right to Health Care: What Can the United States Learn from Foreign Models of Health rights Jurisprudence", *California Law Review*, August, 2007, p. 1151.

对健康权进行重新审视。

（三）法学界态度转向

受国际经济、社会和文化权利影响，近年来美国法律界对健康权的漠视态度有所转变。最引人瞩目的是美国著名宪法学家前美国司法部法律顾问室顾问、现芝加哥大学法学院教授孙斯坦的态度转向。上个世纪90年代初期，孙斯坦坚决反对将经济和社会权利纳入东欧宪法，认为"在宪法中规定力量和施加积极义务——当然在苏联宪法中非常突出——就要冒着将宪法变为不再是能产生现实效果的法律文件的危险。一个创制了积极权利的宪法不太可能可以通过司法予以强制执行"。①

在南非宪法法院相关判例影响下，本世纪初孙斯坦教授从否定派演进为肯定派。他承认社会与经济权利，如食物、住处以及医疗保健等权利也应纳入宪法保护的范围。"18世纪末、19世纪初的宪法权利与现代的宪法权利之间存在明显差别。现代宪法权利应该包括社会和经济权利，其合理性在于这不仅是生活在绝望中的人们不能过上好日子，而且还因为民主社会要求每个人都有某种程度的独立性和安全感"。②

孙斯坦观点的改变反映了美国传统自由观的转变。将传统个人自由和经济权利相结合，承认一定的经济条件是个人自由的基础。这种观点在孙斯坦当时的同事阿马蒂亚·森的《以自由看待发展》中表达得更为淋漓尽致。③ 1999年，福利经济学家森在获得诺贝尔经济学奖的第二年，系统地提出了全新的自由和发展理论。④ 森提出可行能力（capability）观，认为自由是发展的首要目的，自由也是促进发展的不可促进的重要手段。森不仅"在重大经济学问题

---

① Cass R. Sunstein, "On Property and Constitutionalism', Law and Economics Working Paper No. 3 (2d series), 1991, www. law. uchicago. edu/Lawecon/index. html, 2007年5月24日登录。

② ［美］凯斯·R·孙斯坦著、金朝武、刘会春译：《设计民主：论宪法的作用》，北京：法律出版社2006年版，第221~238页。

③ 阿马蒂亚·森早在上个世纪70年代就对伦理、哲学领域以及人权问题进行了广泛而深刻的研究，著述颇丰，参见："Rawls versus Bentham: An Axiomatic Examination of the Pure Distribution Problem," Theory and Decision, 4 (1974). Reprinted in N. Daniels, ed., Reading Rawls (Oxford: Blackwell, 1975); "Ethical Issues in Income Distribution: National and International," in S. Grassman and E. Lundberg, eds., The World Economic Order: Past and Prospects (London: Macmillan, 1981); "Human Rights and the Limits of the Law," Cardozo Law Review, 27 (April 2006) 等。

④ 参见：［印］阿马蒂亚·森著、任赜等译：《以自由看待发展》，北京：中国人民大学出版社2002年版，第1~6页。

研究讨论中重建了伦理层面",并被誉为"经济学的良心",而且实现了西方传统自由观和亚洲价值观的结合。2001年,著名卫生法专家克里教授开拓性地指出,健康权相关国际条约对美国具有国际习惯法的效力。[①] 健康权是否构成国际习惯法还有待考证,但这种大胆的观点至少是国际人权条约对美国影响的间接佐证。

## 本章小结

在国家层面,宪法规定以及综合的、全面的卫生制度,是健康权获得国家有效保护的根本途径。本章选取南非、美国以及加拿大这三个在不同方面具有典型意义的国家对健康权的国家保护进行了阐释。

1. 南非是健康权司法保护最先进的国家。南非宪法明确规定了健康权。通过 Soobramoney v. Minister of Health 等司法实践,南非宪法法院给予那些反对通过司法途径保护健康权的人们有力的反击。南非实践表明,法院有能力在资源有限的背景下实现健康权与其他权利的平衡,保证健康权实体上以及程序上的公正。此外,南非宪法法院还确立了若干具体原则,包括:优先权配置原则和合理性原则,并将抽象的健康权转化为具体的政策请求权,增强了国家卫生决策的透明度。南非健康权保护的判例具有里程碑的意义,对健康权国际保护的发展有重要推动作用。

2. 加拿大签署了《经济、社会和文化权利》等人权条约,在全球层面承认健康权,并在国内建立了全民医疗保健制度,是世界上对健康权保护的最好的国家之一。然而,尽管加拿大人普遍认为他们享有健康权,加拿大宪法并没有确立健康权,因此健康权在加拿大法律中处于一种不确定的法律地位,并进而导致宪法保护中的二元现象。由于缺乏宪法保护,自 21 世纪以来,新自由主义对加拿大人享有健康权的威胁日益突出。学界由此出现了要求健康权入宪的呼声。

3. 美国研究具有对比意义。美国是唯一没有批准《经济、社会和文化权利公约》的西方发达国家,美国联邦宪法也没有规定健康权。美国实行市场

---

[①] Kinney E D, "The International Human Right To Health: What Does This Mean For Our Nation and World?" *Indiana Law Review*. 2001, vol. 34, p. 1475.

基础上的卫生体制，健康是一种特权，一种商品。只有特定人群，包括老年人、残疾人、穷人、犯人或患有晚期肾病的人可根据 Medicare 和 Medicaid 两项政策，享有一定健康权。部分州，包括阿拉斯加州、夏威夷州、怀俄明州、南卡罗来纳州宪法有相关规定。蒙大拿州宪法规定最为明确。20 世纪 60 年代以来，伴随着人口老龄化和医疗费用的激增，美国政界和科学界就是否应该确立健康权，开始了为期数代的争论。这场辩论除有否定和肯定双方以外，政府态度的变化，反映了健康权问题的复杂性，政治、经济以及国内国际多重因素都会对政府立场产生影响。21 世纪以来，受国际经济、社会和文化权利运动以及美国国内当前的社会基础影响，美国法律界对健康权的漠视态度以及传统个人自由观开始发生改变。各州的民意调查、评论员、社团以及法律委员会对健康权的倡导以及国际健康权运动正在美国形成一种巨大的政治压力，迫使美国对健康权入宪进行重新审视。

# 第五章

# 我国健康权保护制度的构建

## 引 言

21世纪以前，我国学者一直从民法角度对健康权展开探讨，没有专门研究国际人权法中的健康权。尽管我国1997年就签署了《经济、社会和文化权利公约》，2001年第9届全国人民代表大会常务委员会批准中国加入《经济、社会和文化权利公约》，但学界对健康问题的研究仍然没有脱离传统的技术和政治范式：即医生视野中的医疗技术问题以及政府视角下的卫生管理问题。真正对人权视角下的健康权开始研究，肇始于2003年SARS危机以及随后的禽流感暴发等一系列公共卫生事件。经过突发性公共卫生事件的洗礼，政府在保护人民健康中的责任问题得到高度重视；医疗服务中的公平性问题也成为法制的焦点。在此国际国内政治和社会背景下，《经济、社会和文化权利公约》第12条"人人有权享有能达到的最高的体质和心理健康"开始受到法学界的关注。笔者认为，无论是从履行国际承诺的角度出发，还是从目前我国的现实基础考虑，我国目前亟待构建健康权保护制度。本章将讨论下列4个问题：（1）我国健康权保护的法律现状；（2）构建我国健康权保护制度的现实基础；（3）构建我国健康权保护制度的意义；（4）构建中国健康权保护制度的设想。

## 第一节 我国健康权保护的法律状况

目前，我国健康权保护的法律状况可以概括为：在国际层面已经批准和签署了大量健康权相关条约和宣言，作出了国际承诺，但国内宪法尚没有确立健康权。本节首先对我国在国际上作出的健康权承诺进行梳理,然后揭示国内宪法对健康权的疏忽;之后从基本法以及卫生政策和规章两个层面分析健康权保护的法律状况,并重点突出卫生政策和规章领域中的国家和市场之争。

### 一、健康权的国际承诺

自健康权在国际人权法中产生之后半个多世纪的演进史中,我国一直坚定不移地作出相关国际承诺。我国签署和批准了大量健康权相关的人权条约,包括最重要的1966年《经济、社会和文化权利国际公约》(第12条)、1956年《消除一切形式种族歧视公约》(第5条)、1979年《消除对妇女一切形式的歧视公约》(第11条第1款和第12条)、1984年《禁止酷刑和其他残忍、不人道或有辱人格的待遇或处罚公约》以及1989年《儿童权利公约》(第24条)。

除《禁止酷刑和其他残忍、不人道或有辱人格的待遇或处罚公约》以外,上述其他5项人权条约都规定了缔约国的定期报告义务。我国政府严格履行公约义务,按照公约规定,认真撰写、提交履约报告,并以诚恳和合作的态度接受审议。截止2007年,中国提交履约报告的情况如下:就《经济、社会和文化权利国际公约》提交了首次报告;就《消除一切形式种族歧视国际公约》提交了5次报告并均已接受审议;就《消除对妇女一切形式歧视公约》提交了4次报告,已接受3次审议;就《禁止酷刑公约》提交了3次报告,均已接受审议;就《儿童权利公约》提交了2次报告,已接受1次审议。①

除了积极签署和批准健康权相关人权条约并积极履行条约义务以外,我国在诸多国际会议上也表达了对健康权的国际承诺,并缔结了相关国际会议文件。除最早的《世界人权宣言》外,还包括:1993年世界人权会议通过的《维也纳宣言和行动纲领》、1994年国际人口和发展会议上通过的《开罗行动纲领》、1995年世界社会发展首脑会议上通过的《哥本哈根社会发展宣言和世界社会发展首脑会议行动纲领及其后续行动》、2000年北京第四届世界妇女大会通过的《北京宣言》以及2000年纽约通过的《联合国千年宣言》等。尽管

---

① http://www.humanrights-china.org/cn/rqfg/fgjd/t20070321_220577.htm,2008年1月28日登录。

上述文件只具有"软法"性质，但它反映了我国在国际社会中对健康权所一贯持有的政治和道德态度。

我国对健康权作出积极承诺最初是由于战后的世界在遭受了希特勒和纳粹罄竹难书的罪恶行径后，寄厚望于未来，从而洋溢着一片献身热情的世界氛围所致。当然，更主要的原因在于健康权的政治价值。《联合国宪章》问世后的半个多世纪的人权史表明：人权成为国际政治的主要议题，并演化出巨大的政治价值。联合国大会发起与通过的相关健康权国际条约表明，健康权已经成为国际政治体系的重要价值组成。"富于雄辩的人权观念，尽管有些伪善，但已经成为时代精神的一部分，具有不可抗拒的吸引力。"① 因此，对健康权的国际承诺是我国在国际社会中取得政治正当性的重要条件。

健康权的安全价值也是我国在国际层面作出积极承诺的重要原因。正是因为一份特别备忘录宣称"医学是和平的支柱之一"，② 导致健康问题被纳入《联合国宪章》第55条，《联合国宪章》序言及相关规定也都反映出对健康权安全价值的肯定。③ 随着非传统安全概念的出现，健康权保护的安全价值还表现出新的时代意义。2007年5月15日，世界卫生组织（WHO）在瑞士日内瓦召开的第60届世界卫生大会第二天的全体会议，"国际卫生安全"作为会议主题受到各国代表的热烈讨论。中国代表团团长、卫生部部长高强在发言中所指出，"疾病无国界，国际卫生安全是人类面临的共同威胁，建立国际卫生防疫体系是我们共同的任务。虽然各国的经济社会发展水平不同，但各国人民在卫生健康方面应该拥有平等的权益"④。

当然，随着冷战的结束，人权问题告别意识形态领域内的纷争，对人权更为笃信，民主与人权得到普遍接受，国际社会呈现人本化趋势也是我国在国际社会就健康权作出积极承诺的重要原因。

---

① 〔美〕路易斯·亨金著、张乃根等译：《国际法：政治与价值》，北京：中国政法大学出版社2005年版，第268页。

② 该备忘录引用了当时的纽约主教斯佩尔曼（Spellman）的声明。见世界卫生组织《世界卫生组织第一个十年》（The First Ten Years of the World Health Organization），1958年，第38页。

③ 《联合国宪章》序言称，"欲免遭……战祸，重申基本人权之信念的决心"；第55条规定，"为……和平友好关系所必要之安定及福利条件起见，联合国应促进……国际间经济、社会、卫生及有关问题之解决；……全体人类之人权及基本自由之普遍尊重与遵守"。

④ 高强部长在第60届世界卫生大会全体会议上发言，http://www.moh.gov.cn/newshtml/19002.htm，2007年5月17日登录。

## 二、健康权的宪法保护

从人权演进史看,人权思想源远流长,人权法律保护的形成过程中,宪法的产生和发展起着决定性作用。近代西方资产阶级正是借助宪法这一国家根本法的形式,将反对封建神权和专制统治斗争,争取到的人权确认和巩固下来。尽管我国签署了一系列健康权相关国际条约,缔结了为数不少的国际文件,对健康权作出了国际承诺,但现行宪法并未确立健康权。

现行1982年宪法在前几部宪法的基础上对公民的基本权利和义务做了较大调整,不仅从宪法的机构上看排序较前,提到总纲之后、国家机构之前,突出了公民权利的优先地位;并增加了公民人格尊严不受侵犯、退休人员生活保障权、残疾公民的受物质帮助权,但从内容上看,健康权没有包括在公民的基本权利范围之内;只有年老、疾病或者丧失劳动能力的中国公民根据第45条规定享有一定的医疗保障。与健康最密切相关的是总纲第21条规定,"国家发展医疗卫生事业,发展现代医药和我国传统医药,鼓励和支持农村集体经济组织、国家企业事业组织和街道组织举办各种医疗卫生设施,开展群众性的卫生活动,保护人民健康"。从该条规定看,其主要强调的是国家在发展医疗卫生事业方面的职责,不能由此而认为我国宪法已经明确了公民的健康权。

纵观世界各国的宪法规定,健康权条款表现出不同的形式。美国学者Kinney对世界各国宪法中健康规定进行实证得出结论:67.5%的宪法中包括与健康权有关的条款。① 根据承诺强度的不同,Kinney将各国宪法条款划分为权利型、义务型、程序型、参照性和理想型五种类型。② 权利型条款明确规定公民享有健康权,典型的权利条款表述为,"所有公民有权根据法律享有医疗保健";义务型条款对国家在公民医疗卫生方面的义务作出规定;程序型条款是指对医疗保健和公共卫生筹资、服务提供或规制作出规定的条款,如"公民有权享有健康保险","公民医疗保健由国家、雇主、个人及集体保险共同出

---

① Eleanor D. Kinney & Brian Alexander Clark, "Provisions for Health and Health Care in the Constitutions of the Countries of the World", 37 *Cornell Int' L L. J.* 285 (2004), p.291.

② Eleanor D. Kinney & Brian Alexander Clark, "Provisions for Health and health Care in the Constitutions of the Countries of the World", 37 *Cornell Int' L L. J.* 285 (2004), p.290.

资";参照型条款规定参照国际人权条约和区域性人权条约中健康权有关规定;理想型条款并非指最为理想的宪法规定,而是指对公民享有的健康权益的理想目标进行规定的宪法条款。其中,权利型条款直接将个人作为权利主体,与国际人权所主张的个人价值最为契合;义务型条款表现为国家的集体承诺;理想型条款最为模糊。

我国现行宪法中的健康规定不属于上述任何类型。第45条没有明确规定个人享有健康权或是国家保护健康的积极义务,也没有对医疗卫生事业的筹资方式等程序性问题作出规定,甚至没有采用宣示性的语言,确立健康保护的理想目标。当然,宪法没有明确规定健康权,并不意味着我国政府没有积极履行保护公民健康的义务。为什么我国宪法没有明确规定健康权,笔者认为主要有以下两方面原因:

1. 政治原因

宪法中健康权缺位的重要原因在于政治意愿的缺乏,有国际和国内两方面背景。在国际上,人权长期以来具有浓厚的政治色彩,成为意识形态领域的斗争工具。人权公约制定后,东西方在人权领域内展开激烈政治斗争,政治意识形态分歧决定了东西方对人权具有截然不同的两种态度。以美国为首的西方国家将人权作为外交工具,经常对我国人权状况加以指责。这使得人权在我国具有高度政治敏感性。

不仅如此,长期以来我国实行高度集中的政治体制和社会管理体制。这种体制要求个人服从组织、下级服从上级、地方服从中央。表现在宪法上,它规定一切权力属于人民,领导人民当家作主的核心力量是执政党;个人利益服从集体利益、集体利益服从国家利益。国家利益在改革开放前表现为政治稳定;在改革开放后,表现为发展经济。尽管在国际法领域中,在某种程度上,个人价值被置于国家价值之上,① 但在国内法中,个人并没有从集体或国家中脱离出来。因此,健康无法作为个人的权利在宪法中得到确立。尽管以苏联为首的东方阵营在联合国的各种政坛上,经常表现出在实现工作权、健康权、社会保

---

① 〔美〕路易斯·亨金著、张乃根等译:《国际法:政治与价值》,北京:中国政法大学出版社2005年版,第259页。

障权方面的优越感,批评资本主义国家对于经济和社会权利过于漠视,① 但并不关注经济和社会权利在法律上的可诉性问题,甚至反对建立任何国际人权实施机制。② 基于上述国际国内背景,将健康权确立为宪法权利的政治意愿在我国就失去了产生的基础。

2. 社会原因

宪法没有突出对健康权的保护也由客观的社会、经济发展原因:健康保护在2004年宪法修改之前并非我国社会的主要矛盾,相反,发展经济才是上个世纪80年代以来我国社会生活中的主要矛盾。

新中国成立以后,我国在卫生领域作出了突出成绩。根据2000年2月国务院新闻办公室发布的《中国人权发展50年》中的统计数据:旧中国人民享受不到最基本的卫生医疗服务,如今,医疗机构遍布城乡,医疗卫生服务体系基本形成。1949年,全国的医疗卫生机构仅有3670家,医疗病床8.46万张,卫生技术人员50.5万人;每千人口拥有医疗床位0.15张、卫生技术人员0.93人、医生0.67人、护士(师)0.06人。到1998年,全国卫生机构已达到31.41万家,医疗床位314.3万张,卫生技术人员442.37万人;每千人口拥有医疗床位2.40张,卫生技术人员3.64人,医生1.65人,护士(师)1.00人。人民的健康水平大大提高。急性传染病发病率由1949年前的2万/10万下降到203.4/10万。人口死亡率由1949年前的33‰下降到1994年的6.49‰。国民平均预期寿命已从1949年前的35岁提高到目前的70.80岁,比发展中国家的平均指数高出10岁,达到中等发达国家的水平。③

上述成绩的取得很大程度上是由于我国坚持贯彻"预防为主"的方针,从而在50年代控制了天花、鼠疫、黑热病、斑疹伤寒、回归热和性病的流行;60年代初期消灭了天花。急性传染病报告发病率大幅下降。在保健方面,新

---

① 如在对联合国秘书长所作的"世界社会形势初步报告"进行评论时,苏联代表抱怨该报告对资本主义国家的社会问题过于轻描淡写。"尽管众所周知,在资本主义国家有几百万人失业或者不能工作,但这份报告对社会保险和保障状况方面缺乏关注,对美国和一些西欧国家的普遍失业状况却很笼统的话进行掩饰。""苏联的情况就完全不一样了,那里没有也不可能有失业问题。"参见 UN Doc. A/2172, 1952, 联合国经济和社会理事会报告。

② John P. Humphrey, *Human Rights & the United Nations: A Great Adventure*, New York: Transnational Publishers, Inc., 1984, p.144.

③ 国务院新闻办公室:《中国人权发展50年》,2000年2月发布,http://www.humanrights-china.org/cn/rqlt/rqwj/rqbps/t20061010_160029.htm,2007年3月29日登录。

中国采纳定县模式经验,致力于建设全国性的农村卫生保健系统,到 70 年代末,全国农村约有 90% 的生产大队实行了合作医疗,形成了集预防、医疗、保健功能于一身的县乡村三级卫生服务网络,被世界卫生组织和世界银行誉为"以最少投入获得了最大健康收益"的"中国模式"。① 因此,在很长时期人民的健康需求基本得到了满足,健康不是社会发展的主要矛盾。

与健康矛盾不突出形成鲜明对照的是,自 20 世纪 80 年代以来,发展经济成为我国社会主要矛盾。1988 年宪法修正案突出了私营经济的地位,并放宽土地使用权的转让;1993 年宪法修正案将改革开放写入序言,并对家庭联产承包制、实行社会主义市场经济、集体经济组织的自主权作出规定;1999 年宪法修正案确立了我国将长期处于初级阶段的思想,并明确规定了非公有制经济是社会主义市场经济的重要组成地位;2004 年宪法修正案进一步对个人的合法私有财产不受侵犯作出了明确规定。可见,这一时期宪法修正所要解决的是发展经济的主要社会矛盾。

### 三、健康权的制度保护

尽管宪法没有确立健康权,但自新中国成立以来,我国为提高国民健康的努力历时数代从未停止,这种努力体现在为数众多的卫生法制当中,从而为我国公民健康权的享有提供了具体的制度保护。

(一) 制度保护的三个层次

健康权制度保护主要体现在当前我国卫生法制的三个层次中:第一层次是全国人大常委会制定的卫生法提供的保障,如《残疾人权益保障法》、《未成年人保护法》、《老年人权益保障法》、《母婴保健法》、《国境卫生检疫法》、《职业病防治法》、《传染病防治法》和《药品管理法》。其中,《残疾人权益保障法》、《未成年人保护法》、《老年人权益保障法》和《母婴保健法》强调对弱势群体健康权的保护,体现了健康权的非歧视原则以及保护弱势群体的原则;《职业病防治法》和《传染病防治法》有助于促进《经济、社会和文化权利公约》中预防、治疗和控制传染病和职业病权利以及享有健康的工作环境权利的实现。

---

① 胡光宇、李尉东编著:《新健康革命》,北京:清华大学出版社 2006 年版,第 50 页。

另外,《初级卫生保健法》、《社会保险法》或《医疗保险法》已在2004年第十届全国人大常委会第十三次会议上被纳入立法规划。根据经济、社会和文化权利委员会发布的《第14号一般性意见》,初级卫生保健是缔约国履行健康权的根本义务,代表着健康权中国家义务的最低的基本水平。[①] 继1986年我国政府在第39届世界卫生大会上明确表示对世界卫生组织倡导的初级卫生保健目标的承诺之后,我国政府就于1988年将"人人享有卫生保健"作为2000年社会经济发展总体目标的组成部分;自1995年起,湖南、山西、山东、福建等省陆续制定了《农村初级卫生保健条例》和《初级卫生保健条例》等地方性法规;1997年中共中央和国务院联合发布《关于卫生改革与发展的决定》,也将"人人享有初步卫生保健"作为卫生工作的奋斗目标,但至今初级卫生保健尚未正式立法。《初级卫生保健法》的出台将进一步促进我国公民健康权的享有,同时这也是我国履行国际承诺的反映。

卫生法制的制度保障的第二个层次是卫生行政法规以及卫生部等国务院部委制定的近千件卫生行政规章所提供的保障,前者包括《国家突发公共事件总体应急预案》、《艾滋病防治条例》和《公共场所卫生管理条例》;后者如《传染性非典型肺炎防治管理办法》、《人类辅助生殖技术规范》、《中外合资、合作医疗机构管理暂行办法》的补充规定、《医疗机构管理条例实施细则》等。

卫生法制的制度保障的第三个层次是国务院和卫生部颁发的大量政策所提供的保障,包括《关于卫生工作改革若干政策问题的报告》、《关于深化卫生改革的意见》、《关于城镇医药卫生体制改革的指导意见》等。卫生政策在卫生工作,尤其是医疗体制改革中发挥着不可忽视的作用,对健康权的享有有重要影响。

(二) 制度保护的两个缺陷

毫无疑问,上述三个层次的卫生法制为我国人民健康权的实际享有提供了制度保障,但这种具体制度保障也有自身缺陷。

我国健康权制度保护的首要缺陷是重管理轻权利。正如有学者指出,尽管从目的和宗旨看,卫生法规、规章以及政策总体上都对保护健康作了规定,但

---

① 联合国经济、社会和权利委员会:《第14号一般性意见》,2000年,第43段。

存在的缺陷是：重行政管理的规定，轻视人民参与卫生活动的程序办法。① 个人参与的强调是健康权作为人权的本质属性之一，缺乏个人参与导致制度保护只能是一种间接的保护，并影响到健康权的享有。重管理轻权利还会导致卫生工作中目标与手段的倒置。如 2000 年卫生部和国家中医药管理局联合颁布的《关于实行病人选择医生促进医疗机构内部改革的意见》规定，"通过'病人选择医生'，带动医疗机构内部各环节、各岗位公平有序的竞争，改善服务态度，提高医疗质量、医疗水平和工作效率；坚持全员参与、公平竞争，使每一名医疗机构的工作人员都得到充分展示才能和工作业绩的机会，做到多劳多得、优劳优得"。② 该规定强调病人选择医生的工具价值，即促进医疗机构的管理和医务人员的收益，却忽视了选择权是健康权中自由因素的反映，病人健康权益的保障才是医疗机构内部改革的根本目的。

当前制度保护的第二个缺陷在于我国目前尚未确立卫生领域的基本法。健康权是要求综合的、全面的卫生制度的权利，但目前我国尚没有一部能全面体现国家卫生制度，全面反映公民健康权益，能够作为卫生事业发展基本纲领并对卫生法制建设全面发展起指导作用，具有母法地位的卫生基本法。③ 由于缺乏卫生基本法，目前整个卫生体系缺乏明确的职能定位，卫生领域的基本原则没有用法律加以明确；关于健康权利、义务和责任的规范分散在各个卫生单行法、行政法规以及规章中，缺乏统一性。

(三) 制度保护中的国家与市场

健康权缘起于工业革命时期对市场遏制的需要，是加强国家责任的反映。由于宪法没有确立健康权以及卫生领域缺乏基本法，在健康权的制度保护中存在国家与市场之争。尤其是在医疗体制改革中，自 20 世纪 80 年代末期以来，市场力量在健康保护中的影响日益增强，④ 国家主导还是市场化的争论一直伴随期间。

新中国成立以来，我国一直将卫生事业作为公益事业，政府在健康保护中

---

① 朱应平："卫生与健康权益保护的立法反思"，《中国卫生事业管理》，1999 年第 5 期，第 252 页。
② 卫生部、国家中医药管理局：《关于实行病人选择医生促进医疗机构内部改革的意见》，卫医发〔2000〕23 号，第 1、2 条。
③ "百名人大代表直言中国亟待建立卫生母法"，《当代医学》，2003 年第 9 期，第 24 页。
④ 曹海东、傅剑锋："中国医改 20 年"，《南方周末》，2005 年 8 月 4 日，第 A06 版。

起主导作用。市场作用萌芽于1985年8月卫生部起草的《关于卫生工作改革若干政策问题的报告》。该报告提出,"必须进行改革,放宽政策,简政放权,多方集资,开阔发展卫生事业的路子,把卫生工作搞好"。在该政策指导下,1985年成为医改的启动年。由于当时的大背景是百废待兴,医疗卫生还不能放在首要位置来考虑。于是改革的手段从最初就十分明确——"给政策不给钱"。财政卫生投入在整个比重中开始逐步减少。统计表明,1980年,政府卫生投入占卫生总费用的1/3,到1990降为1/4。

90年代以后,市场力量进一步壮大。1992年9月,国务院下发《关于深化卫生改革的几点意见》,掀起了新一轮的改革浪潮。政府主导还是市场改革成为这场争论的焦点。整个90年代,市场化的声音一直处于主导地位。1997年中共中央、国务院作出了《关于卫生改革与发展的决定》(中发〔1997〕3号),明确了"我国卫生事业的性质和新时期卫生改革与发展方向"。该决定指出,应当积极推进卫生改革。医疗机构应采取多种形式,多渠道筹集卫生资金,各地还可因地制宜开拓其他筹资渠道。举办医疗机构可以由其他社会力量作为补充,社会力量和个人办医实行自主经营、自负盈亏。1999年国务院《关于建立城镇职工基本医疗保险制度的决定》,打破了"建国以来的医疗制度体制和机制"。

21世纪兴起医院产权改革。2000年2月国务院办公厅转发了国务院八部委《关于城镇医药卫生体制改革的指导意见》(国办发〔2000〕16号),提出"实现卫生全行业管理,建立新的医疗机构分类管理制度,深化改革医院的运行体制和卫生事业单位人事制度、分配制度"等14条指导意见,指出卫生改革要建立适应社会主义市场经济要求的城镇医疗卫生体制,促进卫生机构和医药行业健康发展,要打破医疗机构的行政隶属关系和所有制界限,积极实施区域卫生规划,用法律、行政、经济等手段来加强宏观管理。在这个意见中,"鼓励各类医疗机构合作、合并","共建医疗服务集团、盈利性医疗机构医疗服务价格放开,依法自主经营,照章纳税"等条目和随后出台的13个配套政策文件,为医药卫生体制改革提供了实际操作规范。

2003年SARS危机之后,我国开始反思公共卫生体系的漏洞,进而开始检讨整个卫生事业。2005年3月,卫生部下属《医院报》头版头条发表卫生部政策法规司司长刘新明的讲话《市场化非医改方向》,指出"看病难"、"看病贵"的根源在于我国医疗服务的社会公平性差、医疗资源配置效率低,问题的解决必须主要依靠政府，而不是让医疗体制改革走市场化的道路。① 7月，《中国青年报》刊出报道，"国务院研究机构称我国医改不成功"再次传递出由市场进行健康权保护的失败。国务院研究报告认为，医改困境的形成是将近20年来医疗服务逐渐市场化、商品化引起的，而之所以出现这种情况，和政府对卫生医疗事业的主导不足、拨款不足有关，所以"核心问题在于强化政府责任"，医改路向选择上应以政府主导、公有制为主导，坚持医疗卫生事业的公共品属性。②

健康权缘起于工业革命时期对市场遏制的需要，是加强国家责任的反映。由于健康权在宪法中的缺位以及卫生基本法的缺乏，在我国医疗体制改革中，市场力量却呈膨胀趋势。在我国20年的医疗体制改革中，"政府派"和"市场派"的争论一直贯穿期间。这场争论进一步证明，健康权的制度保护只能是一种零散的、间接的保护，缺乏基本原则的规范，并将导致政府与市场之间的博弈，影响到人民健康权的享有。

## 第二节 构建我国健康权保护制度的现实意义

近年来法学界主张健康权入宪的呼声越来越高。主张者认为，"政府会为了发展经济水平，突出经济的比较优势，在得到了国民共识的一定期间内，可能会牺牲部分的健康利益以求得尽快发展。健康问题因而突出，公民健康权的尊重、保障与实现遇到许多新问题。我国健康权的保护仍任重道远，从宪法权利的角度进一步完善我国宪法的健康权制度尤为迫切"，③"不仅能使我国的人权立法向前迈进一步，而且可以彰显国家对公民健康权的重视程度，为其他法律的制定奠定宪法基础，从而有助于公民健康权益的最终实现"，④"还是政府正当性合法性来源的理论与现实依据"。⑤ 同时，也存在明确反对健康权入宪

---

① 刘新明："市场化非医改方向"，《医院报》，2005年5月24日，第1版。
② "国务院研究机构称我国医改不成功，医保成富人俱乐部"，《中国青年报》，2005年7月28日。
③ 杜承宪、谢敏贤："论健康权的宪法权利属性及实现"，《河北法学》，2007年第1期，第66页。
④ 于宝华："论健康权"，湖南大学硕士学位论文，2007年4月，第39页；蔡维生："人权视角下的健康权"，山东大学硕士论文，2005年10月，第39页。
⑤ 郑海涛："试论健康权及其法律保护"，山东大学硕士论文，2006年9月，第36页。

的观点。反对者认为,"我国现行宪法的不少条款(特别是权利条款)已经直接显示了'健康权'及其保障问题,完全没有必要另行确认'健康权'及其保障"。①

从上述两种意见的不同理由中可以看出,焦点在于是否需要采取"权利"路径保护人民健康权益。这些问题在第四章美国和加拿大的健康权是非之争中已经讨论;在第二章也通过分析不同世界性国际组织对健康权的结构权力影响,详细阐释了市场对国家保护健康的影响。这里需要在前文基础上,讨论在目前国内社会背景下我国构建健康权制度的现实意义。笔者认为,确立健康权既是当前构建和谐社会的需要,同时也是克服政府失灵和破解医改难题的需要。

### 一、构建和谐社会的需要

法律与政治关系的讨论在我国经历了改革开放之初旨在对法律和法学过度政治化倾向的批评后,正在回归理性。② 学者卓泽渊曾指出,"大量的法律现象都与政治现象是交叉或重叠的",人权入宪和构建和谐社会作为政治纲领提出同时发生在2004年,并随之掀起法学界和政治领域的两股热潮,③ 并非历史的偶然,从政治角度研究我国构建健康权制度的意义是健康权自身人权属性的必然结果。④ 如同国际法学者亨金所言,国际体系急于创设国际人权法,原因在于"该法的政治效用,胜过它们自身也要遵守该类法律而须承担的负担",⑤ 构建健康权保护制度是对于建设和谐社会具有重大政治价值,这既是

---

① 韦以明:"'生命权'、'生命安全权'、'生命健康权'谁宜入宪——'非典'现象中的生命权透视",《政法论坛》,2003年第6期,第76页。
② 卓泽渊:"政治与法律关系再探讨(笔谈)",《学习与探索》,2005年第5期,第88页。
③ 以2006年为例,法学界有关权利的论文约224篇,分别涉及到权利基本理论研究、人权研究、弱势群体的权利保护、生育权等新型权利多方面内容,参见王岩云:"权利的张扬与追寻——2006年中国权利问题研究综述",法制与社会发展,2007年第4期,第128~158页;构建和谐社会也逐渐成为党和政府文件、报告中的热门词汇。参见:佟丽华、白羽:《和谐社会与公益法——中美公益法比较研究》,法律出版社2005年版,第1页。
④ 西方学者关于人权的问题的种种观点表明,人权问题绝不是一个纯学术的、纯法律的问题,而是一个与政治、经济、意识形态密切相关的社会问题和国际问题。参见:张文显:《二十世纪西方法哲学思潮研究》,北京:法律出版社,2006年版,第436页。
⑤ [美]路易斯·亨金著、张乃根等译:《国际法:政治与价值》,北京:中国政法大学出版社,2005年版,第266页。

由人权与和谐社会的内在联系所决定,同时也有其自身的特殊性。

（一）人权保护是构建和谐社会的要求

解析人权与和谐社会的内在联系可以发现:人权与和谐社会具有本质同一关系;人权保障还是构建和谐社会的必然要求。

人权与和谐社会的本质同一关系主要表现在和谐社会的本质就在于以人为本、尊重人权。"以人为本是构建社会主义和谐社会的出发点和落脚点。它从本质上说是人的不断发展所形成和表现的一种社会存在状态。建设和谐社会必须从根本上实现人的和谐"。

此外,人权与和谐社会两者都具有高度的精神指引性。杰出的人权法学者斯杜兹纳称,"人权是隐藏在法律权利背后的乌托邦因素",是"一种对未来的展望"。① 从法国大革命开始,世界各国人民对人权的奋力抗争,不仅是对具体的个人尊严、自由的捍卫,更是对精神上人权至上的社会理想的不懈追求。构建和谐社会同样具有强烈的精神指引性。它不仅是社会生活中的具体目标和工作准则,更是一种社会理想。② 因此,同样具有乌托邦因素的人权与和谐社会二者具有同一的关系。

当然,作为法律权利的人权与作为政治理想的和谐社会有着根本区别,即前者为后者提供法律武器。③ 作为法律权利的人权可以为和谐社会的构建提供宪法和具体制度上的保障,更重要的是司法上的救济。因此,确立人权是和谐社会构建的要求,健康权作为第二代人权经济、社会和文化权利中的一种具体人权,具有重要意义。

（二）健康权保护是构建和谐社会的需要

健康作为人类生活必需品是人类永恒的追求,不仅对我国公民个人尊严和自由的享有,而且对我国社会的经济发展以及安定团结具有特殊价值。在经历了21世纪初肆虐我国的突发性公共卫生危机后,这种追求最终体现在健康权这个充满了"乌托邦"色彩的人权符号中。健康权不仅是要求政府履行积极义务、保护公民健康的法律武器,而且具有特殊的社会凝聚力作用,已经得到世界各国的承认。

---

① ［美］科斯塔·斯杜兹纳著、郭春发译:《人权的终结》,南京:江苏人民出版社2002年版,第260页。

② 佟丽华、白羽:《和谐社会与公益法》,法律出版社2005年版,第18页。

③ 卓泽渊:"政治与法律关系再探讨（笔谈）",《学习与探索》,2005年第5期,第88页。

我国健康权保护制度的构建

在人权保护历史最为悠久的欧洲,《欧洲社会宪章》中的健康权条款称为"社会凝聚力"（social cohesion）条款。① 受民主社会主义影响下的强烈社会团结意识影响,欧洲民主社会早就向其社会成员提供全民医疗保健。② 在健康权保护程度最高的加拿大,健康权被视为公民个人基本价值的体现,是公民权的组成成分,有助于增强整个社会的凝聚力。③

增强社会凝聚力、构建和谐社会在卫生领域面临的最大障碍是医疗领域的"看病难看病贵"以及公共卫生危机带来的不安定感。首先,"看病难看病贵"引起社会各界的高度关注,已不是一般性的问题,关系到社会公平正义,也关系到群众对政府的信任。根据中国社会科学院发布的"2007年中国社会形势分析与预测"蓝皮书,"看病难看病贵"首次成为城乡居民眼中最严重的社会问题。"全国和谐稳定调查"课题组进行的28省区市调查结果显示,在城乡居民消费结构当中,控制住房变量之后,医疗已经成为家庭除食品外的最大开销,占总消费的11.8%。中国社会科学院社会学所所长李培林指出,"不管是和发达国家相比,还是和我国历史上的消费结构相比,这都是非常之高的"。④ 医疗费用的喷发式增长使城乡家庭因病致贫、因病返贫的状况非常突出,在西部省份尤为明显。

另一方面,传染病频发引起的公共卫生危机给整个社会带来深刻的影响。尽管SARS危机被视为对政府公共卫生应急机制以及政府公信力的考验,对社会凝聚力的全面监测,⑤ 但传染病频发引发公众对环境安全、食品安全、传染病、慢性非传染病等各方面的健康威胁的关注,所带来的"非传统安全"从客观上影响到人们的社会安定感,影响到和谐社会的构建。

目前,公民健康权益的保障对于构建和谐社会的特殊价值已经取得政治共识,并体现在党和政府文件及报告中。如十六届六中全会通过的《关于构建社会主义和谐社会若干重大问题的决定》把加强医疗卫生服务,提高人民健

---

① 朱晓青:《欧洲人权法律保护制度研究》,北京:法律出版社2003年版,第129页。
② Carlo V. Diflorio, "Assessing Universal Access To Health Care: An Analysis of Legal Principle and Economic Feasibility", 11 *Dick. J. Int'l L.* 139, p. 153.
③ Antonia Maioni, The Commission on the Future of Health Care in Canada, Discussion Paper No. 34, Roles and Responsibilities in Health Care Policy (2002) p. 3~4, 24~28, available p. http://www.hc-sc.gc.ca, 2006年12月1日登录。
④ 董伟:"看病就业贫富差距是百姓三大痛点",《中国青年报》,2006年12月26日,第1版。
⑤ 秦德君:"政府公信力和社会凝聚力",《文汇报》,2003年6月3日,第5版。

康水平作为和谐社会建设的一项重大任务。2006年10月,胡锦涛总书记在主持中共中央政治局学习时强调指出,在经济发展的基础上不断提高人民健康水平是促进社会和谐的重要举措。十七大报告将"人人享有基本医疗卫生服务"作为实现全面建设小康社会奋斗目标提出的新要求中的一项具体内容,鲜明地提出"病有所医",将其作为推进以改善民生为重点的社会建设的一个重要方面。

因此,构建我国健康权制度是保护人民健康权益、构建和谐社会的需要。

## 二、克服政府失灵的需要

构建健康权保护制度是克服卫生制度中政府失灵的必然要求。自上个世纪80年代中期,我国开始了医改之路。20余年的医改仍然存在很多问题,根本原因被视为是"市场化"。市场失灵最终导致了医改诸多未能解决的问题。具体表现为医疗价格和医疗费用居高不下,医疗服务的普遍可及性差,资源分配不公等。① 笔者认为,市场失灵也就是政府失灵。因为市场和政府并不能截然分开。用查尔斯·沃尔夫的话说"不是纯粹在市场与政府之间的选择,而是经常在两者的不同结合间的选择以及资源配置的各种方式的不同程度上选择"。

具体分析我国医疗改革的20年,医疗市场化的过程其实正是国家不断将医疗机构和管理推向市场的结果,也是政府规则"缺位"和规则失灵的结果。正如公共选择理论指出,政府"并不是一个具有无所不在、正确无误的天赋的神圣建筑,我们没有丝毫理由认为政治市场一定比经济市场更道德、更公正、更人道,事实完全相反"②。政府失灵具体表现为:医疗法制不健全、市场准入规制不严格、价格规制存在缺陷、医疗质量和安全规制存在漏洞、完善的规制体制和规制模式尚未建立。③

在政府失灵的根源研究中,公共选择理论较为系统。在布坎南、穆勒等人

---

① 王丙毅:"医疗市场失灵与政府医疗规制制度的优化",《中国医院管理》,2006年第26期,第8页。

② [法]亨利·勒帕日:《美国新自由主义经济学》,北京:北京大学出版社1985年版,第314页。

③ 王丙毅:"医疗市场失灵与政府医疗规制制度的优化",《中国医院管理》,2006年第26期,第9~10页。

的著作中,他们运用个体主义方法论,从新政治经济学的角度将政府失灵的原因归结于政府对自身利益的追求以及约束机制和竞争机制的缺乏。① 政府在管理过程中同样是经济人,首先追求自身利益,而不同的部门之间则会产生不同的部门利益冲突。医疗体制改革牵涉到的不同政府部门,至少包括卫生部、财政部、劳动保障部、民政部,可能还包括国家发展和改革委员会。如2006年10月国家发展和改革委员会主任以及商务部部长联合签署《辽宁省外商投资优势产业目录》,包括医疗机构。允许外资医疗机构进入,这就可能对医疗服务的可及性、地理性等方面产生结构影响。

因此,政府失灵的存在,使得有必要寻求政府以外的权利路径来对政府失灵进行干预。健康权强调个人参与以及法律责任的强化。通过报告、指标、公布保健影响评估尤其是司法保护,健康权有助于克服政府失灵。

### 三、破解医改难题的需要

纵观我国医疗卫生改革的20年,"市场化"和"政府主导"两派的争论贯穿期间。破解当前的医疗难题需要第三种路径,即通过确立健康权实现政府与市场两种资源配置方式之间的平衡。李楯教授也提出,应当从人权法和宪政的视角来推动我国卫生事业改革。②

我国医改难题的症结在于缺乏坚实的价值根据。为了解决效率和公平问题,我国医疗改革经历了从走向市场到回归政府的循环路径,先后经历了五个阶段。第一阶段是20世纪80年代,以卫生部等三部委出台的《关于加强医院经济管理试点工作的通知》为标志的"给政策不给钱"的阶段。第二阶段是20世纪90年代的大争论阶段,在国务院《关于深化卫生改革的几点意见》指导下,卫生部采取"以工助医"、"以副补主"政策,医疗系统开始涌现点名手术、特殊护理、特殊病房等新事务。第三阶段是2000年伊始的产权改革阶段。国务院公布《关于城镇医疗卫生体制改革的指导意见》,确立了医药分业等几项原则,"鼓励各类医疗机构合作、合并","共建医疗服务集团、盈利性

---

① 张建东:"西方政府失灵理论综述",《云南行政学院学报》,2006年第5期,第83页。
② 李楯:"健康权:人权法与宪政的视角",曾光主编:《中国公共卫生与健康新思维》,北京:人民出版社,第76~103页。

医疗机构医疗服务价格放开，依法自主经营，照章纳税"。第四阶段始于2005年，医改突然变奏。2005年3月，卫生部下属《医院报》头版头条发表卫生部政策法规司司长刘新明的讲话《市场化非医改方向》，指出"看病难"、"看病贵"的根源在于我国医疗服务的社会公平性差、医疗资源配置效率低，问题的解决必须主要依靠政府，而不是让医疗体制改革走市场化的道路。① 7月，《中国青年报》刊出报道，"国务院研究机构称我国医改不成功"再次传递出由市场进行健康权保护的失败。② 第五阶段是2006年，国家确立医疗基调，政府将承担基本医疗。自这场为期20余年的医改伊始，"市场化"与"政府主导"两派观点就争论不断。两派观点各有其主张。③ 争论的焦点涉及到：医院的根本属性；卫生资源配置的方式以及效率与公平的平衡。

笔者认为，破解当前医改难题有必要采取新的路径。无论是医疗保险制度改革、医疗结构管理体制改革还是药品制度改革，最终都是为了"让老百姓较为公平地分享医疗卫生领域的发展成果"④。因此，个人作为医疗卫生体制改革的最终享有者，必然从政府与市场的争论当中脱颖而出。医疗卫生改革必须确立其人权基础。健康权的确立意味着享有最高可能的健康标准的权利是医疗卫生改革的最终目的；意味着将人权作为卫生发展的框架，评价和处理任何卫生政策、规划或立法的人权影响，从各个方面（包括政治、经济和社会）把人权作为制定、实施、监督和评价与卫生有关的政策和规划的组成部分。只有从基本的价值取向出发，制定长远的政策目标，医疗改革方能在资源分配及体制重整上定位，不致迷失方向。⑤ 从这一点出发，构建健康权保护制度是破

---

① 刘新明："市场化非医改方向"，《医院报》，2005年5月24日，第1版。

② "国务院研究机构称我国医改不成功，医保成富人俱乐部"，《中国青年报》，2005年7月28日，第5版。

③ 政府主导派以中国人民大学中国法律社会学研究所所长李楯教授副主任、国务院发展研究中心葛延风研究员为代表，主张医疗体制改革应由政府主导，公平要靠政府完成，市场只能解决效率问题。参见曾光主编：《中国公共卫生与健康新思维》，北京：人民出版社，第76～103页；王芳等："医疗卫生改革政府市场要合拍"，《中国信息报》，2006年3月2日，第2版。市场派以国务院振兴东北办副主任宋晓梧、日本国际大学国际关系学研究生院刑予青教授为代表，认为我国医改的失败在于反市场化，而非真正的市场化改革，医改未来之路仍应坚持市场化改革。参见宋晓梧：《医改方向没有问题 促进竞争需要市场化》，《现代医院报》，2006年5月25日，第4版；刑予青：《市场化不是医疗改革失败的替罪羊》，《21世纪经济报道》，2006年4月24日，第5版。

④ 杜仕林："医改的抉择：政府主导还是市场化"，《河北法学》，2007年第5期，第146页。

⑤ （中国香港）何宝英："医疗改革，何去何从？"，http：//www.ba.ncku.edu.tw/stuff/teacher/yong/zhe/filedown/555.htm，2007年8月12日登录。

解当前医改难题的关键。

## 第三节　构建我国健康权保护制度的设想

### 一、法律体系构建

健康权保护的实现需要建立完善的健康权保护法律体系。尽管我国在国际上对健康权保护进行了积极承诺,但由于宪法没有对健康权进行明确规定,目前健康权保护主要依赖卫生法体系中的具体规定,救济方式仅限于行政救济;而大量卫生法律法规缺乏卫生基本法的统领,重管理轻权利,缺乏对国家义务尤其是法律责任的明确规定。针对该情况,我国健康权保护的法律体系主要包括以下五个层次:

第一层次是我国签署和批准的健康权有关的国家人权条约。目前我国已签署和批准了大量健康权有关国际人权条约。包括:1966年《经济、社会和文化权利国际公约》、1956年《消除一切形式种族歧视公约》、1979年《消除对妇女一切形式的歧视公约》、1984年《禁止酷刑和其他残忍、不人道或有辱人格的待遇或处罚公约》以及1989年《儿童权利公约》。上述条约构成我国健康权保护法律体系的第一层次。

第二层次是宪法和基本法规定。该层次的健康权保护应确立健康权的宪法地位和对弱势群体健康权的保护。宪法自身的特殊地位决定,在宪法中确立健康权是我国履行国际法义务的集中反映,也是健康权保护的核心和基础。加紧宪法修订是构建健康权保护法律体系的重点。此外,应加强对弱势群体健康权保护的基本法制定。目前我国已制定《残疾人权益保障法》、《未成年人保护法》、《老年人权益保障法》和《母婴保健法》,体现了健康权的非歧视原则以及保护弱势群体的原则。针对当前城乡卫生不平等的现状,有必要制定《农民权益保护法》。

第三层次是以卫生基本法为中心的卫生法体系。卫生法体系是健康权保护的根本保障,提供健康权享有所需要的综合、全面和有效的卫生制度。目前我国已制定了《母婴保健法》、《国境卫生检疫法》、《职业病防治法》、《传染病防治法》和《药品管理法》等卫生法律,为预防、治疗和控制传染病和职业病权利以及享有健康的工作环境权利等健康权的具体构成因素的实现提供了保障。由于缺乏卫生基本法，卫生法体系难于克服零散之特点，当务之急在于制定卫生领域的基本法，以保护健康权的享有为立法原则，对诸多卫生立法进行统领。在条件成熟的情况下，针对健康权保护的国际标准，制定相应《医疗服务可供性法》、《医疗服务可及性法》以及《药品定价法》、《医疗服务支付法》等卫生立法。另外，应尽快出台《初级卫生保健法》。

第四层次是卫生法以外与健康权有关的法律体系。这一层次的法律法规内容众多，涉及到与健康有关的诸多方面，如新颁布的《环境影响评估法》、《对外贸易法》以及拟定中的《医疗保险法》。如《对外贸易法》中公共健康条款和与对外贸易有关的知识产权部分的规定都对药品可及性有重要影响。由于该层次中的法律法规与健康权多没有直接联系，表现为对贸易等其他方面的规制，更需要在立法时将对健康权享有的影响纳入审查范围。

第五层次是由最高法院进行的司法解释所构成的体系。在我国，司法解释已超越了司法权本身，具备了立法活动的实质内容和立法活动的外观结构，而演变为一种实实在在的立法行为或准立法行为。① 法院系统的学者型法官提出了宪法司法化的具体路径，认为应逐步将宪法引入诉讼程序，使宪法可以像其他法律法规一样直接作为裁判案件的法律依据。② 健康权目前的条约解释，即《第14号一般性意见》以及欧洲、美洲、南非和加拿大的健康权的司法保护实践已为我国司法解释的颁布提供了依据。最高法院可仿照《第14号一般性意见》，根据我国国情，对宪法中健康权规定尤其是卫生基本法的规定进行解释。对健康权中的国家义务以及国家是否合理履行积极义务进行具体司法解释在我国健康权法律保护构建体系中有重要意义。

总之，上述五个层次，从国际法到国内法、从宪法到具体制度、从卫生领域到其他领域、从立法到司法解释，为我国健康权保护提供了完善的法律体系。

---

① 苏力："司法解释、公共政策和最高法院"，《法学》，2003年第8期，转引自：田芳："法律解释如何统一———关于司法解释权的法律统一解释功能的思考"，《法律科学》，2007年第6期，第5页。
② 黄松有："宪法司法化及其意义"，《人民法院报》，2001年8月13日，第1版。

## 二、具体内容构建

根据我国目前的法律状况和世界健康权保护的发展，笔者认为，当前最紧迫的是修改宪法确立健康权以及制定卫生基本法。

（一）宪法条文

论文第二章对世界性国际组织对国家保护健康的结构性影响进行阐释，强调了来自全球市场力量对国内政府保护健康的侵蚀；第四章对南非宪法保护模式、美国的市场保护模式和加拿大的卫生法保护模式进行比较，得出结论：只有通过宪法确立健康权，才能抵制来自全球市场力量对人们健康权益的侵蚀。目前，我国宪法中只有"国家尊重和保障人权"的一般规定，公民的基本权利和义务部分并不包括健康权。所以，构建我国健康权保护制度的首要问题就是要在宪法中确立健康权。

具体而言，可在现行宪法第二部分公民的基本权利和义务中第44条后增补一条，"中华人民共和国公民有权享有能达到的最高的健康标准。国家在有限资源范围内，直接或与公共或私人组织合作，采取合理措施，逐步促进下列权利的实现：1. 初级卫生保健，即社会的所有个人或家庭可获得基本保健；2. 改善环境卫生和工业卫生；3. 预防、治疗和控制传染病、风土病、职业病以及其他疾病；4. 创造人人在患病时能得到医疗照顾的条件；5. 促使公民可以享有健康生活的条件，包括各种健康的基本决定因素；6. 为促进健康和鼓励在健康问题上的个人责任提供咨询和教育便利；7. 紧急医疗权"。

上述条文在《经济、社会和文化权利公约》第12条的基础上，参照了联合国人权条约、区域性人权条约和各国宪法中健康权相关规定的特点，并结合了健康权作为人权的基本范畴。具体说明如下：

第一，条文对健康权的具体构成进行了详细阐释，避免了因为模糊而带来的健康权实践性的缺乏。条文将初级卫生保健优先作为子条款的第一项，是因为初级卫生保健作为健康权的核心义务，代表着健康权保护的最低水平；紧急医疗权的规定则体现了社会成员的团结理念和人道主义精神。

根据健康享有由近及远的三个层面，条文分别规定了健康环境、预防和医疗的相应内容，并根据联合国经济、社会和文化理事会《第14号一般意见》的解释，对健康的基本决定因素作出了规定。在实践中，食物安全、安全饮用水等正是影响我国公民健康权的重要因素。

条文还对国家在健康促进方面的责任,即咨询和教育作出了规定。这并非对《欧洲社会宪章》第 11 条健康保护权相关规定进行盲目地法律移植,而是因为在影响个人健康的因素中,除遗传因素、医疗服务因素、环境因素和社会因素外,个人行为因素有重要影响。国家为促进健康和鼓励在健康问题上的个人责任提供咨询和教育便利,不仅是促进个人改善行为方式、享有健康权的重要环节,也是国家义务的应有内容。

第二,条文对健康的内涵只进行了一般性规定。条文没有如《经济、社会和文化权利公约》第 12 条进行体质健康和心理健康的区分,是因为整体健康权已经取得社会共识。尽管我国民法学界长期纠缠在生理健康说和生理、心理健康说的争论当中,① 但健康不限于生理健康,现在已成为共识。早在 1989 年世界卫生组织就提出健康包括生理健康、心理健康、社会健康、社会适应良好和道德健康(ethical health)。笔者认为,健康是一个动态的概念,随着经济、科学以及认识的发展而不断发展,无须在宪法中进行准确界定。

第三,条文对有限资源、最高可能以及国家的逐渐性义务作出了规定。有限资源和最高可能是健康权作为第二代人权的特有内在结构之一,二者的关系以及对健康权的影响在本书第一章健康权的基本范畴中已经进行了分析,这里不再赘述。条文对此进行明确规定,是基于务实的态度。

把健康权上升到宪法的高度,并以宪法条文予以明确规定具有以下作用:一是我国作为负责任的大国履行已签署和批准的国际人权条约以及国际宣言中的国际承诺的反映;二是现行宪法中"国家尊重和保护人权"条款的具体化,也是根据《世界人权宣言》,对现行宪法中公民基本权利和义务中没有的规定进行完善;三是可以为我国卫生法律法规指出明确方向,推动公民的健康权从实然权利转化为应然权利,以更好地保障我国公民健康权益的实现。

(二) 卫生基本法

在宪法中确立健康权的地位后,紧接着的问题就是对健康权的制度保护。本书在第一章已经将健康权的概念界定为"健康权是要求综合的、全面的卫生制度的服务的权利",因此,卫生制度是健康权实现的制度保障。具体说

---

① 参见:郭明瑞、丁乐超等主编:《中国损害赔偿全书》,北京:中国检察出版社 1994 年版,第 228 页;杨立新:《人格权法论》,北京:中国检察出版社 1996 年版,第 364 页。

来，卫生制度的根本目标、卫生制度的基本原则、卫生基本制度的内容、卫生资源的筹集和分配原则等问题都关系到健康权保护的实现，也是长期以来我国卫生体系中缺乏用基本法形式加以确立的内容，亟待制定卫生领域的基本法加以明确规定。笔者认为，《南非国家卫生法案》和《加拿大卫生法》具有借鉴意义，在此基础上参考区域和国家中的相关判例，结合实际情况，对我国《卫生法》的制定提出以下构想：

1. 卫生法的总则

卫生法总则必须体现人权原则，将宪法中的健康权规定作为核心。具体包括卫生制度的根本目标、卫生制度的基本原则和国家义务。

卫生制度的根本目标包括促进公民享有最高可能的健康标准、发展卫生事业、提高全民族的素质以及促进社会主义物质文明和精神文明建设。其中，保护公民健康权是一切卫生立法的首要目标。只有将公民健康权的享有作为卫生立法的首要目标才能体现以人为本，促进国家和市场这两种资源配置手段的平衡。

卫生制度的基本原则包括是否促进卫生服务的可供性、可及性、可接受性以及满足质量标准四项标准。可供性原则要求我国境内必须有足够数量的公共卫生和医疗保健、商品和服务以及计划；可及性原则包括卫生服务的非歧视性、地理和经济上的可获取性以及可以获得的卫生信息服务；可接受性强调医疗卫生服务必须尊重个人、少数群体、性别在文化传统方面的敏感性，遵守保密规定；质量标准要求卫生设施、商品和服务应当具有科学和医学上的适当质量标准。其中，卫生服务的可及性和可接受性具有突出现实意义。可及性原则有助于解决当前卫生资源城乡分配不公平和卫生服务收费贵的问题，促进卫生资源向农村和基层分布；可接受性原则有助于缓解就医过程中因医务工作者和患者地位不平等导致的医患矛盾。

卫生法总则中还应对国家义务进行明确规定。作为国际人权的健康权要求缔约国履行相应义务，根据不同的分类标准，包括逐步实现和立即的义务、尊重、保护和实现的义务以及核心义务。卫生法应明确规定，国家必须在有限资源范围内，不断采取措施促进公民健康权最大可能的享有。

2. 卫生基本制度

卫生基本制度主要包括：第一，全民医疗保障制度。扩大城镇职工基本医疗保险覆盖面；城镇居民基本医疗保险试点不断扩大；在全国农村全面推行新型农村合作医疗制度，不断提供个人筹资标准，其中中央和地方财政对参合农民的补助标准要不断提高；健全城乡医疗救助制度。第二，公共卫生服务制度。抓好重大疾病防治，落实扩大国家传染病免疫规划范围的政策措施，加大对艾滋病、结核病、血吸虫病等疾病患者免费治疗力度；加强地方病、职业病、精神病防治；做好妇幼保健工作，在中西部地区农村实施住院分娩补助政策；健全公共卫生服务经费保障机制。第三，城乡医疗服务制度。重点健全农村三级卫生服务网络和城市社区医疗卫生服务体系；加大全科医护人员和乡村医生培养力度，鼓励高素质人才到基层服务；开展公立医院改革试点；制定和实施扶持中医药和民族医药事业发展的举措。第四，国家基本药物制度和药品供应保障制度。保证群众基本用药和用药安全，控制药品价格上涨。重点向农村和基层倾斜。

3. 卫生资源的筹集和分配原则

健康权保护的物质基础在于卫生资源的筹集和分配。卫生资源的筹集应采取以国家财政拨款为主和逐步提高的原则。国家财政拨款为主才能体现我国卫生事业的公益性，保障人民健康权的享有；国家财政拨款逐步提高也应以法律形式明确加以规定，这既是我国人民分享改革成果的法律保证，也是国家在健康权保护中渐进义务的制度保障。具体可规定，"国家建立以财政拨款为主、其他多种渠道筹措卫生经费为辅的体制，逐步增加对卫生的投入，保证国家举办的医疗机构卫生经费的稳定来源。国家财政性卫生经费支出占国民生产总值的比例，应当随着国民经济的发展和财政收入的增长逐步提高。具体比例和实施步骤由国务院规定。全国各级财政支出总额中卫生经费所占比例，应当随着国民经济的发展逐步提高"。

卫生资源的分配原则，包括优先权原则和成本效益原则。优先权原则，要求国家在有限资源范围内，从整体角度考虑社会中多数人群的健康需要，确定卫生资源分配的优先顺序。成本效益原则，要求国家考虑卫生资源的投入和收益，进行卫生资源的合理配置。尤其是对于一些大型医疗设备的投入应加以科学论证。具体可规定，"国家财政性经费的投入遵循优先权原则和成本效益原则。坚持预防优先原则"。

4. 个人参与程序

个人参与是健康权作为人权的本质属性。联合国健康权特别报告员在历届向联合国大会提交的报告中反复强调个人参与的重要。在欧洲健康权保护的案例中也可以发现欧洲人权法院和欧洲社会权利委员会对公众知情和参与权的保护。2002年我国制定的《环境影响评估法》也对公众参与进行了规定。健康是个人全面发展的基础，卫生法直接涉及到每个公民的健康权益，充分保护公众的知情权和参与权尤为重要。具体可规定，"制定卫生行政法规、规章和地方性法规之前，应当举行论证会、听政会，或者采取其他形式，征求有关单位、专家和公众的意见。国家经营的医疗机构在报批大型医疗设备之前也应当举行论证会、听证会或者采取其他形式，征求有关单位、专家和公众的意见。报批的报告书应当负有对有关单位、专家和公众的意见采纳或者不采纳的说明"。

除了上述规定外，卫生基本法还应包括对医疗机构的设立条件、权利和义务、医务工作者的权利和医务以及医疗服务消费者的权利和义务以及法律责任等的规定。

## 本章小结

1. 我国健康权保护的法律现状表现为我国在国际社会中作出的国际承诺，但宪法中没有确立健康权，健康权主要通过卫生制度实现。现有卫生制度保护存在三个层次和两个缺陷。三个层次包括全国人大常委会制定的卫生法提供的保障；卫生行政法规以及卫生部等国务院部委制定的近千件卫生行政规章所提供的保障以及国务院和卫生部颁发的大量政策所提供的保障。两个缺陷表现为卫生制度重管理轻权利和缺乏卫生领域的基本法。健康权制度保护中存在国家与市场之争。

2. 我国构建健康权保护制度具有重要现实意义。在和谐社会和民生建设成为时代主旋律的背景之下，构建我国健康权保护制度既是建设和谐社会的需要，也是克服卫生领域中政府失灵和破解当前医疗体制改革难题的需要。

3. 构建我国健康权保护制度包括法律体系的构建和具体内容的构建。认为我国健康权保护法律体系主要应包括国际人权法、宪法和基本法、卫生法、卫生法以外的法律法规和司法解释五个方面内容。其中，在宪法中确立健康权是构建我国健康权保护制度的首要环节，并对宪法具体条文进行了设计；制定卫生基本法是根本保障，并从卫生制度的根本目标、基本原则、国家义务、卫生基本制度的构成以及卫生资源的筹集和分配原则等方面对其具体内容进行了全方位的制度构设。

# 结束语

正如杰出的人权法学者斯杜兹纳所言,"人权是隐藏在法律权利背后的乌托邦因素",是"一种对未来的展望",健康权是目前世界上最引人瞩目的词汇之一,它反映了人类对全球健康危机的不满,承载了人类对享有最高可能的身心健康的理想,表达了当前我国公民对医疗改革的希望以及对政府履行积极义务的要求。在全球健康危机和国内医疗卫生体制改革的时代背景下,本书通过从世界、区域和国家三个层面对健康权保护进行深入系统的分析,提出构建我国健康权保护制度的设想,具有重要理论意义和实践价值。

本书的主要学术价值和创新之处在于:

第一,在选题上。目前,我国国际法研究领域中尚无系统深入的健康权保护研究,现有的几篇硕士论文都是从民法、法理的角度对健康权进行分析。本书将国际人权视域下的健康权保护作为博士论文题目,在选题上具有创新性,填补了目前国内研究的空白。

第二,在内容上。论文注重从文本主义到功能主义,即首先通过健康权保护的基本范畴的分析建立健康权保护的理论根据,然后从世界、区域和国家三个层面对健康权保护进行了系统分析和论证,从基本理论到面向现实需求、解决各种现实问题。论文通过大量国际组织的"软法性"文件和区域及国内判例,揭示了侵蚀健康权享有的全球根源,证明了健康权司法保护的可能性和在国家宪法中确立健康权的必要性,并对我国健康权保护制度的构建提出设想。文中运用了大量最新外文资料,尤其是判例,具有较高的学术价值。

第三,在方法上。目前,国际人权法的研究仍囿于通过自然法理论和社会契约论对人权的证成上,无法对人权保护中世界性国际组织的实质影响进行回应。本书运用英国国际政治经济学大师苏珊·斯特兰奇的权力结构理论,对世界性国际组织对健康权保护的结构性"软法"影响进行了深入解析,为人权研究提供了新的视角。

第四,在观点上。论文将健康权界定为要求有效的和综合的卫生制度的权利,从而将国际人权条约中"人人有权享有最高的身心健康的标准"的抽象标准转化为对具体卫生制度的主张,具有创新性;论文通过对欧洲和美洲健康权保护的制度和案例分析,得出健康权司法保护正在趋于强化的结论;通过南非、加拿大和美国三个国家的健康权保护研究,得出健康权必须确立宪法地位才能抵制市场力量侵蚀的结论。另外,论文对我国健康权保护制度的构建提出了大胆假设,尤其是卫生基本法的设想部分具有一定价值。

本书面临的突出难题是健康权有关理论的匮乏。在国际法领域当中,相对历史悠久的海商法和正处于研究热潮中的国际经济法,无论是国际人权法还是国际卫生法都处于"婴儿时期"。冷战以后的国际法人本化趋势以及全球健康危机、贸易与公共健康的冲突,使得健康权日益彰显其时代价值。然而,人权的政治性和卫生的技术性却导致长期以来国际人权法游离于法律的边界之外。这种情况不仅存在于国际领域,也普遍存在于世界各国。

本书涉及的难题之二在于判例的缺乏。目前,健康权研究面临两大难题,即健康权规范自身的准确性和健康权的可诉性。上述问题的解决依赖于丰富的案例,因司法发展而发展。本书力图避免抽象的讨论,试图从案例中抽象出一般规则,如南非判例中的经济效益原则,但案例不够丰富导致理论深度的欠缺。

本书试图突破的难题是人权与制度之间的互动。健康权是要求有效的和综合的卫生制度的服务的权利。健康权的享有依赖综合卫生制度。受时间精力以及能力的限制,笔者难于对各国众多的卫生制度进行全面研究。因此,本书主要研究内容囿于人权条约和国家宪法中的规定,对卫生制度的研究不够全面。

对于健康权保护的法学研究,本书只是一个开始,还有很多问题有待进一步研究。真诚地希望本书能对该领域展开更深入的研究有所裨益。

由于笔者学识有限,文中难免谬误和纰漏之处,恳请学者前辈和同仁不吝赐教!

# 参考文献

## 一、中文类
### （一）著作

［美］汉斯·摩根索著、徐昕等译：《国家间政治——权力斗争与和平》，北京：北京大学出版社2006年版。

［英］苏珊·斯特兰奇著、杨宇光等译：《国家与市场》，上海：上海世纪出版集团2006年版。

［美］路易斯·亨金著、张乃根等译：《国际法：政治与价值》，北京：中国政法大学出版社2005年版。

王逸舟：《西方国际政治学：历史与理论》，上海：上海人民出版社1998年版。

［英］伊恩·布朗利著、曾令良、余敏友等译：《国际公法原理》，北京：法律出版社2003年。

杨泽伟：《国际法析论》，北京：中国人民大学出版社2007年版。

杨泽伟：《主权论——国际法上的主权问题及其发展趋势研究》，北京：北京大学出版社，2006年版。

张文显：《二十世纪西方法哲学思潮研究》，北京：法律出版社2006年版。

［美］科斯塔·斯杜兹纳著、郭春发译：《人权的终结》，南京：江苏人民出版社2002年版。

［美］罗纳德·德沃金著、信春鹰、吴玉章译：《认真对待权利》，北京：中国大百科全书出版社2002年版。

［英］A·J·M·米尔恩著、夏勇、张志铭译：《人的权利与人的多样性》，北京：中国大百科全书出版社2002年版。

徐显明主编：《国际人权法》，北京：法律出版社2004年版。

［美］托马斯伯·根索尔著、潘维煌、顾世荣译：《国际人权法概论》，北京：中国社会科学出版社1995年版。

白桂梅等编著：《国际法上的人权》，北京：北京大学出版社1996年版。

张爱宁：《国际人权法专论》，北京：法律出版社 2006 年版。

周勇：《少数人权利的法理》，北京：社会科学文献出版社 2002 年版。

夏勇：《人权概念起源——权利的历史哲学》，北京：中国政法大学出版社 2001 年版。

［挪］A·艾德、C·克洛斯等编：《经济、社会和文化权利教程》，成都：四川出版集团、四川人民出版社 2004 年版。

国际人权法教程项目组：《国际人权法教程（第一卷）》，北京：中国政法大学出版社 2002 年版。

［英］克莱尔·奥维、罗宾·怀特著，何志鹏、孙璐译：《欧洲人权法：原则与判例》，北京：北京大学出版社 2006 年版。

朱晓青：《欧洲人权法律保护机制研究》，北京：法律出版社 2003 年版。

［印］阿马蒂亚·森著、任赜等译：《以自由看待发展》，北京：中国人民大学出版社 2002 年版。

刘作翔：《多向度的法理学研究》，北京：北京大学出版社 2006 年版。

［美］凯斯·R·孙斯坦著、金朝武、刘会春译：《设计民主：论宪法的作用》，北京：法律出版社 2006 年版。

［美］路易斯·亨金：《宪政与权利》，北京：生活读书新知三联书店 1996 年版。

莫纪宏编：《全球化与宪政》，北京：法律出版社 2005 年版。

［美］安东尼·吉登斯著、赵旭东等译：《社会学》，北京：北京大学出版社 2003 年版。

［美］罗伊·波特等：《剑桥医学史》，长春：吉林人民出版社 2000 年版。

［美］沃林斯基著、孙牧虹等译：《健康社会学》，北京：社会科学文献出版社版 1993 年版。

［美］皮特·兰普蒂等著、郭维明、佘卫红等译，《迎接全球艾滋病的挑战》，北京：中国人口出版社 2003 年版。

胡鞍钢：《透视 SARS：健康与发展》，北京：清华大学出版社 2003 年版。

乌日图：《医疗保障制度国际比较》，北京：化学工业出版社 2003 年版。

那力、何志鹏：《WTO 与公共健康》，北京：清华大学出版社 2005 年版。

世界卫生组织出版物：《2007 年世界卫生报告：构建安全未来：21 世纪全球公共卫生安全（概要）》2007 年版。

世界卫生组织出版物：《关于卫生和人权的 25 个回答》2002 年版。

吴崇其主编：《卫生法学》，北京：法律出版社 2004 年版。

曾光主编：《中国公共卫生与健康新思维》，北京：人民出版社 2006 年版。

胡光宇、李尉东编著：《新健康革命》，北京：清华大学出版社 2006 年版。

王雨本编：《WTO 之外的国际经济组织》，北京：人民法院出版社 2002 年版。

刘颖、邓瑞平著：《国际经济法》，北京：中信出版社 2003 年版。

曾国平、赵学清：《WTO与经济发展》，重庆：重庆大学出版社2002年版。

杨树明：《生态环境保护法制研究》，重庆：西南师大出版社2006年版。

《辞源》，北京：警官教育出版社1993年版。

《辞海》，上海：上海辞书出版社1999年版。

(二) 论文

邓瑞平："公民隐私权民法保护之研究"，《西南师范大学学报（哲社版）》，1992年4期。

邓瑞平："论'天赋人权'法制化及其发展"，《西南民族学院学报（哲社版）》，1997年4期。

莫纪宏、李岩："人权概念的制度分析"，《法学杂志》，2005年第1期。

胡义成："人权研究方法论反思——重温马克思主义方法论原则"，《法律科学》，1994年第4期。

叶必丰："人权、参政权与国家主权"，《法学》，2005年第3期。

胡义成："人权研究方法论反思——重温马克思主义方法论原则"，《法律科学》，1994年第4期。

余敏友、张少敏："国际法学研究述评"，《法学研究》，2000年第1期。

何志鹏："权利发展与制度变革"，《吉林大学社会科学学报》，2006年第5期。

胡敏洁："论社会权的可裁判性"，《法律科学》，2006年第5期。

黄金荣："司法保障经济和社会权利的可能性与限度——南非宪法法院格鲁特布姆案评析"，《环球法律评论》，2006年第1期。

胡敏洁、宋华琳："美国宪法上的福利权论争"，《政治与法律》，2004年第4期。

刘慧英："能动还是克制：一场尚无结果的美国司法辩论——评司法能动主义"，《美国研究》，2005年第4期。

蒋月、林志强："健康权观源流考"，《学术论坛》，2007年第4期。

杜承铭、谢敏贤："论健康权的宪法权利属性及实现"，《河北法学》，2007年第1期。

韦以明："'生命权'、'生命安全权'、'生命健康权'谁宜入宪——'非典'现象中的生命权透视"，《政法论坛》，2003年第6期。

许明月、邵海："公民环境权的基本人权性质与法律回应"，《西南民族大学学报》，2005年第4期。

曾文革、陈力等："美国环境公民诉讼制度限制条款及对我国的启示"，《学术探索》，2007年第3期。

余敏友、李雪平："自由贸易与劳工权益保护——对'中美彩电反倾销案'的另一种思考"，《西南民族大学学报（人文社科版）》，2006年11期。

李幼蒸："符号学的认识论转向——从自然和文化世界中的记号到学术话语的语义学制

度",《国外社会科学》,2007年第2期。

陈勇:"略论符号学分析的方法论实质",《解放军外国语学院学报》,2006年第1期。

曾令良:"现代国际法的人本化发展趋势",《中国社会科学》,2007年第1期。

姜明安:"软法的兴起与软法之治",《中国法学》,2006年第2期。

龚向前:"试析国际法上的'软法'——以世界卫生组织'软法'为例",《社会科学家》,2006年第2期。

洪丹:"试论国际组织决议的法律效力问题——以世界卫生组织与我国迎战SARS危机为视角",《前沿》,2006年第9期。

李扬勇:"国际组织宣言和决议的法律意义——对国际环境法'软法'的探讨",《孝感学院学报》,2006年第2期。

那力、苏欣:"烟草贸易的国际法控制——世界卫生组织与《控制烟草贸易框架公约》",《甘肃政法学院学报》,2004年第6期。

李辉:"贸易与健康:多边贸易体制的公共卫生安全视角",《中国卫生法制》,2005年第1期。

王小万、刘丽杭:"世界贸易组织与国际卫生保健服务",《国外医学社会医学分册》,2003年第1期。

徐崇利:"中国的国家定位与应对WTO的基本战略——国际关系理论与国际法交叉学科之分析",《现代法学》,2006年第6期。

段明月:"世界银行贷款卫生项目对我国卫生发展的影响",《中国卫生经济》,2004年第2期。

张明:"世界银行性质的演变及发展趋势——兼论发展经济学的发展",《社会科学》,2002年第4期。

邹佳怡、莫小龙:"从世界银行政策变化看全球化的矛盾和发展援助的职能",《世界经济与政治》,2002年第1期。

朱锋:"'非传统安全'解析",《中国社会科学》,2004年第4期。

张明明:"论非传统安全",《中共中央党校学报》,2005年第4期。

任晓:"安全——一项概念史研究",《外交评论》,2006年第10期。

莫宏宪等:"'多维视野下的国家安全'笔谈",《武汉大学学报(哲学社会科学版)》,2006年第4期。

李薇薇:"论联合国经济制裁中的人权保护——兼评联合国对朝鲜的经济制裁",《法律科学》,2007年第2期。

司平平:"联合国大会维护和平职能的扩展——对《联合国宪章》第12条逐步扩大的解释",《法学评论》,2007年第2期。

赵海峰、吴晓丹著:"欧洲人权法院——强势和有效的国际人权保护司法机构",赵海峰等著：《国际司法制度刍论》，北京：北京大学出版社，2006 年版。

杨成铭："论欧洲人权机构对家庭生活权的保护"，《法学论坛》，2005 年第 2 期。

杨成铭："论欧洲人权机构对人身自由与安全权的保护"，《河北法学》，2007 年第 2 期。

贺鉴："论欧洲区域性国际人权保护制度"，《贵州师范大学学报（社会科学版）》，2005 年第 2 期。

李克西："卫生保健的私有化：拉丁美洲的教训"，《医学与哲学》，1997 年第 11 期。

冯洁涵："全球公共健康危机、知识产权国际保护与 WTO 多哈宣言"，《法学评论》，2003 年 12 期。

李双元、李欢："公共健康危机所引起的药品可及性问题研究"，《中国法学》，2004 年第 6 期。

徐蓉、邵蓉："《药品管理法》与人权保护"，《南京医科大学学报（社会科学版）》，2004 年第 1 期。

曲三强："论药品专利许可与公共健康权"，《学术探索》，2006 年第 1 期。

季卫华、马敏骏："TRIPS 下药品专利权与公共健康权的冲突与协调"，《法制与社会》，2007 年第 1 期。

孙晓云："中国医疗服务市场准入制度的困境与出路"，《金融与经济》2007 年第 7 期。

孙晓云："卫生服务贸易的国际规制探析——以 GATS 为中心"，《金融与经济》，2007 年第 11 期。

孙晓云："全球健康治理的理性思考"，《社会科学家》，2008 年第 3 期。

## 二、外文类

### （一）著作

Melish T J, *Social Rights Jurisprudence：Emerging Trends in Comparative and International Law*, New York：Cambridge University Press, M. Langford, ed., 2007.

Theodore H MacDonald, *The Global Human Right to Health：Dream or Possibility?*, Radcliffe Publishing, 2007.

Annas G J., *American Bioethics：Crossing Human Rights and Health Law Boundaries*, Oxford University Press, 2005.

Chapman, Audrey R., *Health Care Reform：A Human Rights Approach*, Georgetown University Press, 1994.

Thomas J. Bole, III and Williamn B. Bondeson, *Rights to Health Care*, Kluwer Academic Publishers, 1991.

David Harris and John Darcy, *The European Social Charter*, Transnational Publishers,

Inc. 2001, 2nd edition.

Jacobs, F. White, R., *The European Convention on Human Rights*, 2nd edition, Oxford Press, 1996.

Jo M. Pasqualucci, *The Practice and Procedure of the Inter - American court of Human Rights*, Cambridge University Press, 2003.

Tara J. Melish, *Social Rights Jurisprudence: Emerging Trends in Comparative and International Law*, New York: Cambridge University Press, 2007, M. Langford, ed. (forthcoming).

Kapur, Lewis, and Webb, *The World Bank: Its First Half Century*, Washington, D. C.: Brookings Institution Press, 1997.

R. J. Muscat, *Thailand and United States: Development, Security, and Foreign Aid*, Columbia University Press, 1990.

The Human Development Network, *State Motherhood and the World Bank: Lessons from 10 Years of Experience*, Washington, D. C.: The World Bank, 1999.

M. G. Taylor, *Health Insurance and Canadian Public Policy*, 2d ed., Montreal: McGill - Queen's University Press, 1987.

(二) 论文

Jennifer Prah Ruger, "Toward a Theory of a Right to Health: Capability and Incompletely Theorized Agreements", *Yale Journal of Law & the Humanities*, 2006. vol. 18.

Puneet K. Sandhu, "A Legal Right to Health Care: What Can the United States Learn from Foreign Models of Health Rights Jurisprudence?", *California Law Review*, August 2007.

Meier B M, "Employing Heath Rights for Global Justice: The Promise of Public Health in Response to the Insalubrious Ramifications of Globalization", 39 *Cornell Int'l L. J.* 711. 2006.

Eleanor D. Kinney, "The International Human Right To Health: What Does This Mean For Our Nation and World?", *Indiana Law Review*, 2001, vol. 34.

Steven d. Jamar, "The International Human Right to Health", *Southern University Law Review*, vol. 22, fall, 1994.

Virginia Leary, "Health, Human Rights and International Law", *American Society of International Law Proceedings*, April 20 ~ 23, 1988.

Lesley Stone, Lance Gable, and Tara Gingerich, "When the Right to Health and the Right to Religion Conflict: a Human Rights Analysis", *Michigan State Journal of International Law*, vol. 12, 2004.

Corinne A. Carey, "No Second Chance: People with Criminal Records Denied Access to Public Housing", *University of Toledo Law Review*, vol. 36, Spring 2005.

Lawrence O. Gostin, "The Human Right to Health: A Right to the Highest Attainable Standard

*177*

of Health", *Hastings Ctr. Rep.*, Mar, Apr. 2001, vol. 29.

Benjamin Mason Meier & Larisa M. Mori, "The Highest Attainable Standard: Advancing A Collective Human Right To Public Health", 37 *Colum. Human Rights L. Rev.* 101.

Theodore R. Marmor, "Rights to Health Care: Reflections on Its History and Politics," in Thomas J. Bole, III and Willianm B. Bondeson, *Rights to Health Care*, Kluwer Academic Publishers, 1991.

John D. Blum, "Law As Development: Reshaping The Global Legal Structrues of Public Health", *Michigan State Journal of International Law*, vo. 12, 2003.

Kenney ED, Clark BA., "Provisions for Health and Health Care in the Constitutions of the World", *Cornell Int Law J* 2004, 37.

Benjiamin Mason Meier, "Employing Health Rights for Global Justice: The Promise of Public health in Response to the Insalubrious Ramifications of Globalization", 39 *Cornell Int' I L. J.* 711. 2006.

Manfred Lachs, "Thoughts on Science, Technology and World Law", *American Journal of International Law*, vol. 86, 1992.

Yamin A E, "Not Just a Tragedy: Access to Medications as a Right under International Law", *Boston University International Law Journal*, vol. 21, 2003.

Melish T J., "The Inter – American Commission on Human Rights: Defending Social Rights Through Case – Based Petitions", *Social Rights Jurisprudence: Emerging Trends in Comparative and International Law*, New York: Cambridge University Press, M. Langford, ed., 2007.

M. Gregg Bloche, "The Invention of Health Law", 91 *Calif. L. Rev.*

Amartya Sen: "Elements of Human Rights", *Philosophy Public Affairs*, vol. 32, Blackwell Publishing, Inc.

Mary Ann Baily: "Defining the Decent Minimum", in Audrey R. Chapman, *Health Care Reform: A Human Right Approach*, Washington, D. C. : Georgetown University press, 1994.

Health and Human Rights Working Paper Series No. 1, "Human Rights, health & Environmental Protection: Linkages in Law & Practice", WHO.

Yoram Rabin and Yuval Shany, "The Israeli Unfinished Constitutional Revolution: Has the Time Come for Protecting Economic and Social Rights?" *Israel Law Review*, vol. 37, no. 300, 2003 ~2004.

Balakrishnan Rajagopal, "Pro – Human Rights but Anti – Poor?: A Critical Evaluation of the Indian Supreme Court from a Social Movement Perspective", *Human Rights Review*, vol. 18, no. 3, 2007.

Bebe Luff, Sofia Gruskin, "Getting Serious about the Right to Health", *The Lancet*, vol. 356,

参考文献

2000.

Marcela X. Berdion, "The Right to Health Care in the United States: Local Answers to Global Responsibilities", 60 *SMU L. Re.*

Obijiofor Aginam, "Global Health Governance: International Law and Public Health in a Divided World", *Stanford Journal of International Law*, vol. 43 (summer 2007).

*Report of the Special Rapporteur on the Right of Everyone to the Enjoyment of the Highest Attainable Standard of Physical and Mental Health*, UN document, A/61/338, September 2006.

WHO, *The selection and use of essential medicines*. Geneva: World Health Organization, 2003. Technical Report Series, vol. 920.

WHO, *Revised Procedure for Updating WHO's Model List of Essential Drugs*, EB109/8, Geneva: World Health Organization, 2001.

Dominic McGoldrick, "Sustainable Development and Human Rights: An Intergraded Conception", *International and Comparative Law Quarterly* 45, 1996.

Beth Lyon, "Discourse in Development: A Post-Colonial Theory 'Agenda' For the UN Committee on Economic, Social and Cultural rights", *American University Journal of Gender, Social Policy & the Law*, vol. 10, 2003.

Schieber GJ, Gottret P, Fleisher LK, Leive AA, "Financing Global Health: Mission Unaccomplished", *Health Affairs*, vol. 26, 2007.

Wolfgang Hein und Lars Kohlmorgen, "Global Health Governance: Conflicts on Global Social Rights," Working Paper for Global and Area Studies in German Oversees Institute.

Jennifer Prah Ruger, "The Changing Role of the World Bank in Global Health", *American Journal of Public Health*, vol. 95, 2005.

Daniel D. Bradlo," The World Bank, The IMF, and Human Rights", 6 *Transnat'l L. & Contemp. Probs.* 47.

John Williamson, "Democracy and the 'Washington Consensus' ", 21 *World Dev.* 1329, 1993.

Beth Lyon, "Discourse in Development: A Post-Colonial Theory 'Agenda' For the UN Committee on Economic, Social and Cultural rights", *American University Journal of Gender, Social Policy & the Law*, vol. 10, 2003.

Laurell AC, Arellano OL, "Market Commodities and Poor Relief: the World Bank Proposal for Health", *Int J Health Serv.* 1996; 26 (1).

K. Abbasi, "The World Bank and World Health: Under Fire", *British Medical Journal*, vol. 318, 1999.

Balanya B, Doherty A. Hoedeman O. Ma'anit A. Wesselius E: "WTO Millennium Bud:

TNC Control over Global Trade Politics", *Corp Eur Observer*, vol. 4, 1999.

David Price, "How the World Trade Organization is Shaping Domestic Policies in Health Care", The Lancet, Vol. 354, 1999, November 27.

Virginia Al Leary, "Defining the Right to Health Care", Health Care Reform: A Human Rights Approach, edited by Audrey R. Chapman, Georgetown University Press/ Washington, 1994, D. C. .

Yuval Shany, "Stuck in a Moment in Time: The International Justifiability of Economic, Social and Cultural rights", *Research Paper No.* 9 ~ 06, August 2006.

Henriette D. C. Roscam Abhing, "The Right to Care for Health: The Contribution of the European social Charter", *European Journal of Health Law*, vol. 12, 2005.

D. Feldman, "The Developing Scope of Article 8 of the European Convention on Human Rights", 1997, *EHRLR*.

Melish, "Rethinking the 'Less as More' Thesis, Supranational Litigation of Economic, Social and Cultural Rights in the Americas", *New York University Journal of International Law and Politics*, vol. 39.

J D B, "Law as Development: Reshaping the global Legal Structures of Public Health", 77 *Temp. L. Rev.* 247.

Wilt, Harmen van der; Krsticevic, Viviana, "The OAS System for the Protection of Human Rights" in Hanski, Raija; Suksi, Markku (eds.), *An Introduction to the International Protection of Human Rights – A Textbook*, 2nd, revised edition, Institute for Human Rights, Abo Akademi University, 1999.

Inter – American Commission on Human Rights, Report on the situation of Human rights in Ecuador, OAS, Washington, D. C. , 1997.

Hans V Hogerziel, Melanie Samson: "Is Access to Essential Medicines as Part of the Fulfillment of the Right to Health Enforceable through the Courts?" The Lancet, vol. 368, 2006.

HCJ van Rensburg, "Sough African Health Care in Change" (1991) 22 *South African Journal of Sociology* 1.

Charles Ngwena and Rebecca Cook, "Rights Concerning Health", *Socio – Economic Rights in South Africa*, Danie Brand and Christof Heyns eds, Pretoria Universtiy Law Press, 2005.

Sibonile Khoza, "Reducing mother – to – child transimission of HIV: The Nevirapine case", *ESR Review*, vol. 3, no. 2, 2002.

Conference Board of Canada: Canadians' Values and Attitudes on Canada's Health Care System: A Synthesis of Survey Results, Ottawa: Conference Board of Canada, 2000.

Arthur Shafer, *Waiting for Romanow: Canada's Health Care Values Under Fire*, Ottawa: Canadian Centre for Policy Alternatives, 2002.

Nola M. Ries, "The Uncertain State of the Law Regarding Health Care and Section 15 of the Charter", 11 *Health L. J.* 217, 2003.

Barbara von Tigerstrom, " Human Rights and Health Care Reform: A Canadian Perspective" in Timothy A. Caulfield & Barbara von Tigerstrom, eds. , Health Care Reform & the Law in Canada: Meeting the Challenge Edmonton: University of Alberta Press, 2002.

M. Jackman, "The Protection of Welfare Rights Under the Charter" (1988) 20 *Ottawa L. Rev.* 257; I. Johnstone, "Section 7 of the Charter and Constitutionally Protected Welfare", 1988, 46 *U. T. Fac. L. Rev.* 1.

R. Howse, "Another Rights Revolution? The Charter and the Reform of Social Regulation in Canada", P. Grady, R. Howse & J. Maxwell, eds. , *Redefining Social Security*, Kingston: School of Policy Studies, Queen's University, 1995.

M. Jackman, "Poor Rights: Using the Charter to Support Social Welfare Claims", 1993, 19 *Queen's L. J.* 65.

Sujit Choudhry, "The Enforcement of The Canada Health Act", 41 *McGill L. J.* 461.

N. M. Ries, "Legal Rights, Constitutional Controversies, and Access to Health Care: Lessons from Canada", 25 *Med. & L.* 45, 2006.

Aharon Barak, "Foreword: A Judge on Judging: The Role of a Supreme Court in a Democracy", 116 *Harv. L. Rev.* , 2002.

Puneet K. Sandhu, "A Legal Right to Health Care: What Can the United States Learn from Foreign Models of Health rights Jurisprudence", *California Law Review*, August, 2007.

Marcela X. Berdion, "The Right to Health Care in the United States: Local Answers to Global Responsibilities", *SMU Law Review*, fall, 2007.

Jason B. Saunders: International Health Care, "Will The United States Ever Adopt Health Care For All? A Comparison Between Proposed United States Approaches To Health Care And The Single - Source Financing Systems of Denmark and Netherlands", 18 *Suffolk Transnat'l L. Rev.* 711, Summer, 1995.

Wendy E. Parmet, "Health Care and the Constitution: Public Health and the Role of the State in the Framing Era", 20 *Hastings Const. L. Q.* 267.

Ann I. Park, Comment, Human Rights and Basic Needs: Using International Human Rights Norms to Inform Constitutional Interpretation, 34 *UCLA L. Rev.* 1195, 1987.

Rand E. Rosenblatt, "The Courts, Health Care Reform, and the Reconstruction of American Social Legislation", 18 *J. Health Pol. Pol'y & L.* 439, 1993.

Thomas J. Bole, III, "The Rhetoric of Rights and Justice in Health Care" in Thomas J. Bole,

III and William B. Bondeson, eds. , Rights to Health Care, Boston: Kluwer, 1991.

American Association for the Advancement of Science (AAAS), Consultation on the Right to Health Care, Summary and Assessment, Session III, Washington D. C. , Dec. 4, 1992.

Lousi Henkin, "Economic – Social Rights as 'Rights': A United States Perspective", *Human Rights Law Journal*, vol. 2, 1981.

U. S. Catholic Conference, " Health and Health Care", 1981, cited in Jose Lozano, M. C. , " Health Care in the United States and Social Teachings of the Catholic Church," Physicians for a National Health Program newsletter, October 1991.

Carlo V. DiFlorio, "Assessing Universal Access to Health Care: An Analysis of Legal Principle and Economic Feasibility", 11 *Dick. J. Int'l L.* 139, 1992.

Baruch A. Brody, " Policy Debate and the Right to Health Care" in Thomas J. Bole, III and William B. Bondeson, eds. , *Rights to Health Care*, Boston: Kluwer, 1991.

Jon Cohen, "3 Million Uninsured: A Crisis; It is Time for New York to Step up to the Growing Challenge of Health Care Reform", *Newsday*, May 12, 2005, at A47.

Becca Stevens & Charles Strobel, "Join our Fast for the Sake of Poor and Ill Tennesseans", *The Tennessean*, Mar. 1, 2006, at 13A.

Kirsten Stewart, "Activists Say Give Health Care to All", *The Salt Lake Tribune*, July 10, 2006.

Cass R. Sunstein," On Property and Constitutionalism', *Law and economics Working Paper No. 3 (2d series)*, 1991.

Paul Haunt, "Right to Highest Attainable Standard of Health", *the Lancet*, vol. 370, 2007.

Cass R. Sunstein, "Social and Economic Rights? Lessons From South Africa", in Constitutional Forum (2001) 11, 4.

Paul Hunt, "Right to the Highest Attainable Standard of Health", *The Lancet*, vol. 370, August 2007.

Tamara Friesen, "The Right to Health Care", *Health Law Journal*, vol. 9, 2001.

Martha Jackman, "Constitutional Jurisdiction over Health in Canada", *Health Law Journal*, vol. 8, 2000.

## 三、案例

1. *The International Federation of Human Rights Leagues (FIDH) v. France*, Complaint No. 14/2003, European Committee of Social Rights.

2. *Confédération générale du travail (CGT) v. France*, Complaint No. 22/2003, European Committee of Social Rights.

3. *Marangopoulos Foundation for Human Rights* (*MFHR*) *v. Greece*, Complaint No. 30/2005, European Committee of Social Rights.

4. *International Centre for the Legal Protection of Human Rights* (*INTERIGHTS*) *v. Croatia*, No. 45/2007, European Committee of Social Rights.

5. *International Helsinki Federation for Human Rights* (*IHF*) *v. Bulgaria*, No. 44/2007, European Committee of Social Rights.

6. *LCB v. United Kingdom* (App. 23413/94), Judgment of 9 June 1998; (1998) 27 ECHR 212.

7. *X and Y v. Netherlands*, Judgment of 26 March 1985, Series A, No. 91; (1985) 8, ECHR 235.

8. *Moreno Gomez v. Spain* (Application no. 4143/02), Judgment of 16 November 2004, ECHR.

9. *LCB v. United Kingdom* (App. 23413/94), Judgment of 9 June 1998; ECHR.

10. *Nevmerzhitsky v. Ukraine* (App. No. 54825/00), 43 ECHR. Rep. 32 (2005).

11. *Lopez Ostra v. Spain*, 20 ECHR. Rep. 277 (1995).

12. *Guerra and others v. Italy* (App. 14967/89), Judgment of 19, February 1998; (1998) 26 ECHR 357.

13. *Moreno Gomez v. Spain* (Application no. 4143/02), Judgment of 16 November 2004.

14. *Giacomelli v. Italy* (Application no. 59909/00), Judgment of 2 November 2006.

15. *Niemetz v. Germany*, Judgment of 16 December 1992, Series A, No. 251B; (1993) 16 ECRR, 1997.

16. *Dickson v. The United Kingdom* (Application no. 44362/04) Judgment, ECHR, 18 April 2006.

17. *Guerra and others v. Italy* (App. 14967/89), Judgment of 19 February 1998, ECRR.

18. *Moreno Gomez v. Spain* (Application no. 4143/02), Judgment of 16 November 2004, ECRR.

19. *Giacomelli v. Italy* (Application no. 59909/00), Judgment of 2 November 2006, ECRR.

20. *Roach and Pinkerton cases*, Res. 3/87, Case 9647 (U. S.), Inter – Am. Comm. H. R., OEA/Ser. L/V/II. 71 Doc. 9 rev. 1 (1987).

21. *Juan Hernández v. Guatemala*, Case 11.297, Report No. 28/96, Inter – Am. Comm. H. R., OEA/Ser. L/V/II. 95, doc. 7 rev. (1997).

22. *Victor Rosario Congo v. Ecuador*, Report No. 63/99, Case 11.427, Inter – Am. Comm. H. R., OEA/Ser. L/V/II. 102, doc. 6 rev. (1999).

23. *Dami? o Ximenes Lopes v. Brazil*, Case 12.237, Report No. 38/02, Inter – Am.

C. H. R. , OEA/Ser. L/V/II. 117, doc. 1 rev. 1 (2003).

24. *Ximenes Lopes v. Brazil*, Judgment of July 4, 2006, Inter – Am. Ct. H. R. (Ser. C) No. 149.

25. *Paul Lallion v. Grenada*, Case 11.765, Report No. 55/02, Inter – Am. C. H. R. , OEA/Ser. L/V/II. 117, doc. 1 rev. 1 (2003).

26. *Benedict Jacob v. Grenada*, Case 12.158, Report No. 56/02, Inter – Am. C. H. R. , OEA/Ser. L/V/II. 117, doc. 1 rev. 1 (2003).

27. *Mendoza Prison Inmates v. Argentina*, Report No. 51/05, Petition 1231/04, Inter – Am. Comm. H. R. , Annual Report 2005.

28. *Adolescents in the Custody of the Febem v. Brazil*, Case 12.328, Report No. 39/02, Inter – Am. C. H. R. , OEA/Ser. L/V/II. 117, doc. 1 rev. 1 (2003).

29. *Ana Victoria Villalobos et al. v. Costa Rica*, Case 12.361, Inter – Am. C. H. R. , Report No. 25/04, OEA/Ser. L/V/II. 122, doc. 5 rev. 1 (2005)

30. *Jorge Odir Miranda Cortez etal v. El Salvador*, Case 12.249, Report No. 29/01, Inter – Am. C. H. R. ,

31. Yanomami v Brazil, Case 7615, 5 March 1985, Res. No. 12/85, IACH, Annual report, 1985.

32. The Kichwa Peoples of the Sarayaku community and its members v. Ecuador, Case 167/03, Report No. 62/04, Inter – Am. C. H. R. , OEA/Ser. L/V/II. 122 Doc. 5 rev. 1 at 308 (2004).

33. *Yakye Axa Indigenous Community of the Enxet – Lengua People v. Paraguay*, Case 12.313, Report No. 2/02, Inter – Am. C. H. R. , OEA/Ser. L/V/II. 117, doc. 1 rev. 1 (2003).

34. *Soobramoney v Minister of Health*, Kwazulu – Natal 1998 (1) SA765 (CC) (S. Afr.).

35. Governmnet of the Republic of South Africa and Others v. Grootboom, 2001 (1) SA 46 (CC).

36. *Minister of Health v. Treatment Action Campaign*, Case CCT 8/02.

37. *Soobramoney v Minister of Health*, Kwazulu – Natal 1998 (1) SA765 (CC) (S. Afr.).

38. *Stoffman v. Vancouver General Hospital*, [1990] 3 S. C. R. 483.

39. *Eldridge v. British Columbia* (Attorney General), 1997 CanLII 327 (S. C. C).

40. *Auton (Guardian ad litem of) v. British Columbia* (Attorney General), 2004 SCC 78 (CanLII).

41. *Chaoulli v. Quebec* (Attorney General), 2005 SCC 35 (CanLII).

42. *Mia v. Med. Servs*, Comm'n of B. C. , [1985] 17 D. L. R. (4th) 385.
43. *Wilson v. Med. Servs*, Comm'n of B. C. , [1989] 53 D. L. R. (4th) 171.
44. *Jackson v. City of Joliet*, 715 F. 2d 1200, 1203 (7th Cir. 1983).
45. *Bowers v. DeVito*, 686, F. 2d 616, 618 (7th Cir. 1982).

# 后 记

本书是笔者两年前同名博士学位论文再修改的成果,其出版为我在西南政法大学的博士生涯留下了难忘的印记。

2005年9月,出于对法律的向往以及专业拓展的迫切愿望,从事大学外语教学的我考入西南政法大学,攻读国际法。尽管具有三年法律硕士教育背景,跨专业学习仍让我备受考验。不仅如此,我就读的西南政法大学和工作单位中国人民解放军第三军医大学分别在法学和医学这两个领域享誉盛名。前者是耳闻遐迩的法学人才培养基地,拥有龙宗智教授、孙长永教授等国内知名法学家;后者是一所军事医学特色鲜明的医科大学,国际学术交流频繁,在半个世纪的办学历程中,构建了以战创伤为重点的军事医学学科体系,培养了众多杰出学者。参军入伍的十余年不仅孕育了我对科研的敬仰之心,而且让我对走上科研道路的愿望日益迫切。然而,两所高校不同的研究氛围、研究方法却让我如同身受两大武林高手的调教,时有迷惘之感。

在毕业论文选题上,出于对工作单位鲜明医学特色的考虑,怀揣着杰出人权法学者斯杜兹纳所言的乌托邦情节,我力图将国际人权法和卫生法相结合,最终选择了"国际人权法视域下的健康权"这一命题,试图探索人类对享有最高可能的身心健康理想实现的法律路径。随着研究的深入,我发现作为国际人权的健康权十分抽象,人权的政治性和卫生的技术性都导致长期以来国际人权法游离于法律边界之外,相关理论研究和案例十分匮乏。为此,我常常冥思苦想,甚至夜不能寐,时常在世界、区域和国家三个层面进行时空穿梭,力图从文本主义到功能主义,从基本理论到解决各种现实问题。

闽南语俗谚,"生一个子,落九枝花"。回想博士入学以来收集资料、选题准备到半年多封闭写作,再到后来论文结稿,薄薄一册书凝聚了三年博士生涯的心血。尤其是2008年春,全国遭遇罕见冰雪灾害之时,我蛰伏在歌乐山

# 后记

下的三尺陋室，常常凌晨四点才进入梦乡，上午九点又从床上一跃而起，第一件事就是打开电脑、敲击键盘。这样的日子持续了三个多月，虽然艰辛，但每当想到和师弟马一、师妹康娜在校园内散步，共同探讨，想到不少西政学子和我一起，都以凤凰台的"毛驴"精神在追求，就丝毫不觉孤单；而在宁静的校园外，我的战友们正在抗击冰雪灾害、保障人民安全，身为军人的热血就开始在体内沸腾，尽管衣带渐宽，却始终不曾有悔。

文章千古事，得失寸心知。我深知学术功底浅薄，论文价值有限，还有不少疏漏之处，但治学精神丝毫不敢马虎。在本书付梓之际，首先要衷心感谢导师邓瑞平教授。在我攻读学位期间，他不仅在学业上要求严格和精心指导，而且在生活上也给予了无微不至的关怀。论文从选题立意、结构安排、文献收集、初稿撰写到最后修稿、定稿，都凝聚着导师的大量心血。其渊博的学识、严谨的治学态度、勇于创新的科学精神、踏实做人的品格，将使我终生受益。

还要衷心感谢国际法学院赵学清教授、杨树明教授、刘想树教授在论文写作过程中给予的指点与支持，提出了很多宝贵意见与建议；感谢徐泉教授、赵生祥教授（已故）以及重庆大学曾文革教授等在入学之初就选题和资料收集等方面给予的谆谆教诲。也要感谢王国锋师兄、林广海师兄、徐睿霞师姐、张春良师兄、周江师弟、郭东师弟、张华师弟等各位师兄弟姐妹给予的关心和帮助。

真诚感谢所在单位领导和同事给予的关心指导和鼎力相助，他们对我的理解和鼓励是我克服困难完成学业的重要条件，尤其是在2008年初全国遭遇罕见冰雪灾害时，笔者为论文废寝忘食时，校基础部徐迪雄主任（现任校科研部部长）和郭忠诚政委亲自致电，给予亲切问候和巨大鼓舞。

更要感谢我的家人给予的充分理解和持久支持，他们坚定的支持是我不可或缺的精神动力。希望他们能分享论文出版的喜悦。

特别感谢教育部高等学校社会科学发展研究中心提供此次"高校社科文库"部分资助出版计划，感谢所在第三军医大学科研部和人文社科学院给予的积极支持，使此书的出版得以实现。

回想三年博士生涯，感动并无限感激。如今，重返绿色军营的我选择了卫勤法作为今后的研究方向。我深信一句格言：人生即努力，努力即幸福。

孙晓云

2011年6月底于重庆第三军医大学